张彪 著

地方政府立法协作制度研究

RESEARCH

ON

LOCAL

GOVERNMENT

LEGISLATIVE

COOPERATION

SYSTEM

社会科学文献出版社
SOCIAL SCIENCES ACADEMIC PRESS (CHINA)

本书系国家社科基金青年项目"合宪性视域下地方政府立法协作制度研究"（17CFX059）结项成果

前　言

随着科技的快速发展，特别是政治、经济和社会结构的变迁，公共事务具有越来越明显的外溢特征。诸如大气污染防治、河流整治、公共安全等公共事务逐渐超越了原本单一行政区的空间限制，传统的以单个行政区为基础的"行政区治理"模式呈现出较为明显的能力不足。为了适应上述变化，一系列以跨行政区为特征的原理、制度和技术得以演绎。地方政府立法协作作为其中的一个重要制度演绎成果，成为地方政府突破地域管辖权限制，进行横向联系最为重要的制度手段之一。但从另一个面向来说，地方政府立法协作既是地方政府应对跨域公共事务议题的重要手段，它本身也是需要进行有效规制的治理对象。

在新的时代背景之下，满足地方政府之间的区域经济一体化和跨域治理需求，需要进行更为积极主动的横向互动。为了给予这种横向互动足够的合法性支撑，地方政府立法协作被各国政府广泛采用，由此形塑出一种新型的国家治理结构形式。其中，较为典型的实践类型包括中国的地方政府立法协作、美国的州际协定等。然而吊诡的是，以提供合法性支撑为目标的地方政府立法协作，本身是否具备足够的合法性和正当性仍然存有疑问。立法权作为国家主权的主要表现形式之一，它的运作本身必须有明确的法律依据。但无论是联邦制国家，抑或单一制国家，其立法体制的安排均遵循自上而下的设计逻辑。至于地方政府之间是否能够进行立法联系，则不在立法体制设计的考虑范围之内。换言之，地方政府立法协作的合宪性并未在理论上获得完整的证明。地方政府立法协作的合宪性问题成为它进行制度演绎所必须解决的基础性、前提性问题。

尽管规范主义公法思想内含着对地方政府立法协作的价值否定，但这并不足以成为拒绝地方政府立法协作制度演绎的理由。从功能主义公法思想的角度来看，政府的责任日趋广泛，能力和效用正在取代权威成为政府合法性的基础。这意味着，在有关政府的定位上，社会需要更为积极的政府。地方政府立法协作属于横向府际关系的新形态，但它其实和中央与地方关系密切相关。在某种程度上我们可以这样认为，地方政府立法协作是中央与地方关系图谱在横向府际关系上的映射，中央与地方关系对其发挥着决定性的影响。在经典理论中，地方政府立法协作之所以无法被限制框架的合宪性链条所接受，一个关键的原因就是受中央与地方关系的影响。循此思路，各国都在尝试对中央与地方关系进行新的制度建构，两者的关系从命令、服从逐渐走向合作。受其影响，地方政府之间的关系也从竞争向合作发展。这些都成为地方政府立法协作正当性与合法性的主要依据。

正是在上述政府角色转变的背景下，地方政府立法协作才得以付诸实践。尽管缺乏正式的制度确认，但无论是中央政府，抑或地方政府，双方都在积极地推动地方政府立法协作，并将其视为实现区域经济一体化和跨域议题治理的重要手段。这是一种新型的政府权力运作模式。我们应按照原则之治的理念，以更加宽容的姿态为其进化式发展提供制度空间。具体而言，地方政府立法协作应当遵循法治统一、治理效能和法律地位平等三大原则。这三大原则同时也指引了地方政府立法协作具体模式的构建。就立法主体来说，按照法律地位平等原则的要求，参与立法协作的各个地方政府彼此之间应该具备平等的法律地位，这意味着立法协作只能在同级政府之间进行。就立法权限而言，从各个地方政府实际协作立法的情况来看，立法事项范围大多集中于环境保护、交通、旅游、文化、市场等领域。考虑到地方政府立法协作对宪制框架稳定可能产生的不利影响，我们认为应当秉持更为谨慎的制度设计思路，在地方政府立法协作制度运行初期对其立法权限进行较为严格的限制。就立法程序而言，我们可以将地方政府立法协作在总体上划分为"立法协作的准备程序"和"立法协作的正式程序"两个部分；在流程上包括立法协作规划、起草、提案、审议、表决和公布六个环节。

地方政府立法协作既是地方政府之间围绕区域经济一体化和跨域议题的权力运作，同时也是应对区域经济一体化和跨域议题的治理结果。就中国而言，在全面依法治国的大背景下，无论是其中的权力运作，还是最终的立法结果，都应当被纳入法治轨道。在具体的实践中，自发启动的地方政府立法协作尚缺少周全的合宪性控制机制。由此所引发的问题是，一方面，地方政府立法协作常常逸脱合理的空间范围，其效力因此存在疑问；另一方面，地方政府立法协作又自我抑制，表现出较为典型的保守色彩。无论是何种情况，与地方政府立法协作所欲达成的治理目标都存在一定的偏差。因此，应当运用复合型合宪性控制方案为地方政府立法协作提供充分的合宪性支撑，同时确保地方政府立法协作在法定的目标和框架范围内进行。但是，复合型合宪性控制方案本身的强度和范围应当受到限制。倘若将地方政府立法协作无差别地纳入合宪性控制之中，这在某种程度上也意味着中央政府对地方事务的全面介入。综合中央和地方两方面的核心利益诉求，我们认为应当允许合宪性控制的例外存在。一个比较可行的方案是，将地方政府立法协作的事项分为政治事项、经济事项、社会事项、文化事项和生态保护事项五种不同的类型。其中，涉及政治事项的立法协作应当作为立法禁区加以明确禁止，而与经济、社会、文化和生态保护相关的事项，则应当按照所涉地方政府层级、事项影响范围、事项协作方式等核心要素做个案式的具体分析。

目　录

第一章　问题之缘起：跨域治理需求
与土地管辖权限制

　　国家自其成立之日起，就要解决如何按地理区划治理国家的问题。为了实现有效治理，大多数国家选择将行政区作为基本的治理单元，并在行政区的基础上进行国家权力配置。与国家治理相关的立法权、行政权、司法权等均基于从中央政府到地方政府的逻辑予以架构。由此，一种可以被概括为"行政区治理"的模式正式进入国家治理的制度范畴。这种治理模式在世界范围内被广泛采纳。在各国的国家结构形式安排中，无论是单一制，还是联邦制，都是"行政区治理"的具体表现形式。

　　"行政区治理"的法理基础来自土地管辖权。国家为了实现对人民的管理，必然"按地区来划分它的国民"。[①] 可以说，土地管辖权既是"行政区治理"的正当性来源，也构成了"行政区治理"的边界限制。无论"行政区治理"的制度模式如何演绎，它都不能超越土地管辖权所要求的刚性空间范围。然而，制度的设计和现实世界的发展通常难以吻合。随着科技的快速发展，特别是政治、经济和社会结构的变迁，公共事务具有越来越明显的外溢特征。诸如大气污染防治、河流整治、公共安全等公共事务逐渐超越了原本单一行政区的空间限制。在应对上述跨域公共事务治理需求时，传统的以单个行政区为基础的"行政区治理"模式呈现出较为明显的能力不足问题。为了适应上述变化，一系列以跨行政区为特征的原理、制度和技术得以演绎。地方政府立法协作作为其中的一个重要制度演绎成果，成为地方政府突破土地管辖权限制，进行横向联系的制度手段。但从另一个面向来说，地

　　[①] 《马克思恩格斯全集》第28卷，人民出版社，2018，第199页。

方政府立法协作既是地方政府应对跨域公共事务议题的重要手段，同时它本身也是需要进行有效规制的治理对象。

第一节　从单一行政区治理到跨域治理

2006 年，黑龙江、吉林、辽宁三省启动了地方政府立法协作，尝试在车辆管理、环境保护、市场监管等领域建立统一规则，避免因规则差异出现监管漏洞。这也是地方政府立法协作首次正式进入公众视野，旋即引起了理论界的高度关注和广泛讨论。2022 年，《地方各级人民代表大会和地方各级人民政府组织法》修订，允许地方人民代表大会就跨域议题进行立法协作。两个事件尽管形式不同，但体现出来的逻辑是一致的，即它们试图在坚持单一行政区治理的基础上，修补这种管理模式的漏洞。可以说，地方政府立法协作之所以会产生，与当前行政区划的设置逻辑存在密切关联。

一　作为治理单元的行政区划

人类的存在和人类社会活动的开展需要依托一定的时间和空间维度，区域正是空间维度的表现形式之一。要对如此古老而又基础的概念进行界定，着实不易。即使是在以区域为学科研究对象和研究中心的地理学中，也没有能够形成有关区域概念的共识。英国经济学家哈利·W. 理查森（H. W. Richardson）甚至把"精确地定义区域"视为"一个可怕的梦魇"。[①] 区域的概念之所以如此难以精确定义，关键在于区域本身的相对性和开放性。绝大多数由概念、逻辑、原理、命题和方法等元素构成的社会科学研究都可以找到与区域相关的联系并由此而发展出对区域概念的独特认知。不同学科依据不同的研究视角，自然会得出对区域概念的不同结论，这也进一步增加了我们把握区域概念的难度。

---

① H. W. Richardson, "The State of Regional Economics: A Survey Article," *International Regional Science Review*, 1978, 3 (1): 1-48.

　　将区域作为一个专业概念加以研究最早发生在地理学中，这或许是源于人类渴望认识、理解自己生存环境的本能冲动。早期的地理学主要研究资源、气候、生物、土壤等各种人类生活的客观物质环境的特性，由此衍生出了地貌学、土壤地理学、植物地理学、气象学等多个学科分支。随着活动范围的扩大和生产水平的提升，人类不满足于单纯地认识、理解客观物质世界，改造客观物质世界的需求逐渐增加。把握客观物质世界的规律性是对其进行改造的前提，这样，区域的概念就开始萌芽。当时的研究者希望借助区域的概念，找到客观物质世界发展的一般性规律。所以在早期地理学中，"区域概念是用来研究各种现象在地表特定地区结合成复合体的趋向的。这种结合在一定意义上说，将给予这类地区以区别于其周围地区的特点。这些复合体有一个场所、一个核心和他们边缘地区的、明确程度不同的变化梯度"。① 因此，从本源上来说，"区域"应当是一个地理空间概念，它指称的是"地球上的某种或某些性质相同的"② 地理单元的集合。但是，随着人类社会活动的进一步拓展和人类对自然改造能力的大幅提升，在与自然的关系中，人的主体性地位进一步凸显。"把人放在地理学研究的中心位置上"③ 成为地理学的主流，人文地理学研究开始兴起。在这种背景下，原本以地理特性为核心的区域概念界定就显得过于刻板和机械。为了避免自然地理学和人文地理学在研究基础上出现对立，区域的概念被做了模糊化处理。在《简明不列颠百科全书》中，区域是指"有内聚力的地区，根据一定标准，区域本身具有同质性，并以同样标准与相邻诸地区、诸区域相区别"，从中我们已经很难直接看到区域的地理或人文特性。当然，也有不少对区域概念的定义选择了融合区域的地理和人文特性，区域既不是单纯的地理描述，也不是绝对的人文载体，它"因自然、经济和社会等方面的内聚力形成，并

---

① 转引自蔡之兵、张可云《区域的概念、区域经济学研究范式与学科体系》，《区域经济评论》2014 年第 6 期。

② A. 布洛克、O. 斯塔列布拉斯主编《枫丹娜现代思潮辞典》，中国社会科学院文献情报中心译，社会科学文献出版社，1988，第 492 页。

③ 罗伯特·迪金森：《近代地理学创建人》，葛以德等译，商务印书馆，1980，第 136 页。

由历史奠定具有相对完整的结构"。① 这个"相对完整的结构"之所以能被概括为"区域",是因为它的组成单元"在地理环境、社会经济文化方面具有相同特征,能与毗邻地区和其他地区相区别"。②

社会科学的高速发展使学科分类呈现出更加专业化、精细化的趋势,当越来越多的学科研究介入区域领域时,区域概念的自洽性、合理性受到了更加严峻的考验。怎么样才能让区域的概念呈现出更大的包容性?怎么样才能形成各专业研究共同承认的区域概念?有学者尝试通过尽可能地拓展区域概念的外延来解决这一问题。③ 泛化区域的概念固然可以增强区域概念的包容性,使其更加开放地包容不同学科的研究成果。但是,概念的泛化和学科专业研究对概念精准性的需求本身就有着内在矛盾。所以多数学科仍在尝试按照自己的学科特性和研究需要构筑单独的区域概念,这也推动了区域概念的多样化、科学化发展。在经济学研究中,"区域"是指"由人的经济活动所造就的,具有特定的地域构成要素的经济社会综合体"。④ 区域经济学按照同质、异质的方法又进一步对其进行了细化。有人认为区域是指"经济活动相对独立,内部联系紧密而较为完整,具备特定功能的地域空间"⑤;有人认为"所谓区域,是指在经济上具有同质性或内聚性且构成空间单元具

---

① 刘树成主编《现代经济辞典》,凤凰出版社、江苏人民出版社,2005,第821页。
② 李鑫生、蒋宝德主编《对外交流大百科》,华艺出版社,1991,第347页。
③ 在一些理论研究中,有学者尝试把区域的概念尽可能扩大。区域被界定为用某个或某几个特定指标划分出来的一个连续而不可分离的空间,这个空间是指地球表层的一定范围,它的界限是由一些指标来确定的。这些指标可以是"均质共性(例如,气候区、植被地带等);也可以是辐射吸引力(例如,运输枢纽、流域、贸易区等);也可以是一定的管理权(例如,行政区、教区等);更可以是一定的土地类型结构分布范围(例如,即一定土地类型组合在该区内经常重复出现构成一定复域分布的自然区);还可以是起着一定的职能作用(例如,城市规划中的功能分区)"。这其实已经不是简单地针对区域的概念定义了,它事实上打破了传统的学科定义方法,在不知不觉中把区域做了"元区域"和"具体区域"的划分。而他们在界定"元区域"时,所遵循的方法是传统上同质、异质的划分方法。具体论证可参见陈传康《区域概念及其研究途径》,《中原地理研究》1986年第1期;蔡之兵、张可云《区域的概念、区域经济学研究范式与学科体系》,《区域经济评论》2014年第6期。
④ 参见胡代光、高鸿业主编《西方经济学大辞典》,经济科学出版社,2000,第941页。
⑤ 张敦富主编《区域经济学原理》,中国轻工业出版社,1999,第2页。

有一定的共同利益的彼此邻近的地区，是通过选择与特定经济问题相关的特性并排除不相关特征而有目的地界定的"①；有人认为区域是由"不同种类、不同等级的、具有较强自组织能力、相对独立却高度开放的经济功能区，彼此之间交互作用形成的一种具有网络特征的经济空间"②；也有人把区域理解为"在地理学和政治学关于区域概念的基础上，还要考虑某个地域空间的人口、经济、环境、资源、公共设施和行政管理等的特点，指的是居民高度认同、地域完整、功能明确、内聚力强大的经济地域单元"。③

在国际政治学中，区域同样是一个重要的基础性概念。国际政治和国际关系是国际政治学的主要研究分支，所以传统的国际政治学以主权国家为其研究的起点，涉及区域的研究并不突出。但是，全球化的发展改变了这一局面。如前文所说，万物相克相生而时时处于变化之中，全球化的快速推进反而促进了区域化的发展，区域和区域主义在国际政治学中逐渐成为一个重要的研究阵地。美国著名政治学家约瑟夫·奈（Joseph Nye）认为，区域应当是国际性的，它是"由有限数量的国家，借着彼此间地缘关系及一定程度的相互依赖性，而连接在一起的"。在国际政治学研究中，对区域的识别可以依据"社会文化相似度""政治态度和对外政策的相似度""政治上的相互依存度""经济上的相互依存度""地理位置上的邻近程度"五个标准加以确定。④ 公共管理学研究也在向区域领域拓展。在界定区域的概念时，公共管理学似乎糅合了地理学和行政区划学的研究成果，区域在公共管理学的研究中被视为一个"基于行政区划又超越于国家和行政区划的经济地理概念"。⑤

除此之外，社会学、管理学、历史学等诸多学科也都有过对区域概念的界定，在此不一一细表。通过以上描述和列举，我们应当能够发现区域概念

① 张可云：《区域经济政策——理论基础与欧盟国家实践》，中国轻工业出版社，2001，第12页。
② 高进田：《区域、经济区域与区域经济学的发展轨迹》，《改革》2007年第7期。
③ 孙久文主编《区域经济学》，首都经济贸易大学出版社，2006，第2~3页。
④ 参见 B. M. Russett, *International Regions and the International System: A Study in Political Ecology*, Rand McNally&Co., 1967, pp. 1–13。
⑤ 参见陈瑞莲《论区域公共管理研究的缘起与发展》，《政治学研究》2003年第4期。

的复杂性，不仅是不同学科之间存在理解差异，即使是在同一个学科内，也少有关于区域概念的共识。但是，经过仔细梳理我们仍然可以发现各个学科对于区域概念理解的一般性规律。首先，不同学科总是基于自己的学科品性和研究需要来定义区域。比如传统地理学对区域的界定是围绕着如何更好地认识、理解和改造客观物质世界而展开的，所以地理因素在区域概念中是核心。再比如，区域经济学以"生产要素的不完全流动性"、"生产要素的不完全可分性"和"产品服务的不完全流动性"① 为学科的主要研究基石，所以它更加侧重从各类经济要素流动性的角度为区域作出定义。其次，无论各个学科对区域的认识存在多大差异，它们定义区域的一般性方法都是选择一个与学科高度相关的因素作为标准划定区域的范围。因为研究视角不同，依据的标准不同，所以不同学科针对区域范围所得出的结论各异。但是，在这些不同的结论中，我们仍然可以发现共通之处：无论是何种界定，"区域"总是被视为一个具体的存在实体。

回到法学研究。从现有的情况来看，虽然已经出现了很多和区域相关的法学研究成果，但是这些研究都没有真正注意到区域概念的重要性。在无法回避区域概念的时候，拿来主义的倾向比较明显。有"结论拿来主义"，比如一些针对西部区域法治的研究，就是借用了区域经济学关于全国经济区域划分的研究成果。也有"方法拿来主义"，比如一些以法治先行区、先导区为主张的区域法治，就是借用了以同质或异质划定不同区域的方法，差别主要体现在对同质或异质标准的不同选择上。我们并不是否定学科之间的相互借鉴和相互支撑，只是无论是何种借鉴何种支撑，都不能放弃学科自身的独立品性。"结论拿来主义"借鉴区域经济学的研究成果，这样的法学研究独立性不足，很可能会成为区域经济相关研究的"附庸"。"方法拿来主义"从表面上看坚持了法学研究的独立性，但其科学性还有待商榷。

"法学是以法律现象为研究对象的各种科学活动及其认识成果的总

---

① 孙久文：《现代区域经济学主要流派和区域经济学在中国的发展》，《经济问题》2003 年第 3 期。

称"①，社会关系是法学研究最重要的基础之一。从法学的角度界定"区域"的概念，应当更多地着眼于"区域"背后所反映出来的社会关系。纠结于如何确定划分区域的标准或是确定区域的范围，属于舍本求末。不但会造成法学研究对区域概念理解的混乱，还会消解法学的独立品性。"区域"概念的兴起与改革开放以来中央向地方分权存在正向关系，它的本质是地方政府的崛起和由此引发的国家结构形式的改变。这也在某种程度上解释了"区域"的概念一直存在，但是直到改革开放以后才引起理论界高度关注的原因。从社会关系的角度来看，区域其实是地方政府彼此跨区域活动的一个场域。所以我们在理解"区域"时，一方面当然不能脱离"区域"本身所具有的地理空间属性，但另一方面也必须着重考虑"区域"所反映的社会关系。从这两方面出发就会发现，区域，它既是地方政府之间进行横向联系的载体，也是地方政府之间横向关系的集中体现。

行政区划包含着物理空间的客观性，也兼具社会关系的主观性。对行政区划的内涵界定，不同学科基于不同的视角，其强调的重点存在一定的差异。地理学上的行政区划强调它的客观性和物质性，认为"行政区划是一个国家权力再分配的主要形式之一，也是一个国家统治集团及政治、经济、军事、民族、习俗等各种要素在地域空间上的客观反映"。② 政治学强调行政区划在国家治理体系中的作用。从政治学的视角来看，所谓行政区划指代的就是行政区域划分，"是指一个国家的统治阶级，按照行政管理的需要，在自己的领土范围内，划分若干区域，并相应建立各级政权机关，在中央政府的统一领导下，分地区分层次地进行管辖，以实现国家管理职能的制度"。③ 法学研究者更多的是从权力配置的角度理解行政区划。在法学研究者看来，所谓行政区划就是"国家行政管理范围的区域划分。国家为了实现自己的职能，便于有效管理，按地域将全国分级划分为大小不等的若干区

---

① 张文显主编《法理学》，高等教育出版社、北京大学出版社，2003，第2页。
② 浦善新：《中国行政区划改革研究》，商务印书馆，2006，第1页。
③ 廖盖隆等主编《马克思主义百科要览》（上卷），人民日报出版社，1993，第1358~1359页。

域，建立各级国家行政机关，并赋予其行政职权，在党中央统一领导和管辖下，实行分层管辖的区域结构形式"。①

尽管地理学、政治学、法学对行政区划的界定各不相同，但在其中我们也能发现较为明显的融合交叉特性。行政区划既是客观存在，更是主观构造。在兼具行政区划客观性和主观性的立场上，我们可以将行政区划理解为一种必需的国家结构形式安排。在客观方面，它不仅具有空间性和层次性，而且对行政区划的主观构造发挥着根本性的影响。任何行政区划的设置，必须要立足于客观方面的民族、人口、历史、地理、文化、风俗等因素。在主观方面，行政区划表现为强大的国家政治意志。这种意志以国家的有效治理为终极目标，并且反向影响着行政区划的客观性。

然而，无论主观条件如何影响行政区划，客观的物质条件仍然是行政区划所必须重点考虑的影响因素。按照地理学的理解，人类社会自产生以来，它所有的生产、生活活动都需要依赖一定的地理空间。地理空间是所有人类活动，包括国家成立之后的行政管理活动所必需的载体。在这个自然载体，也就是自然地理区域的基础上，进一步衍生出了政治区域、经济区域、行政区域等主观概念。基于以上分析，我们可以对行政区划的形象作出一个相对周全的描述。质言之，所谓行政区划就是国家根据地理区域的刚性约束，对地理空间所做的人为划分，由此形成了一种相对封闭的治理单元，其目的在于实现公共事务的有效治理。

"行政区治理"的发生有其必然性。如果我们对人类发展的进程进行历史梳理和观察可以发现，在最初的人类社会中，并不存在所谓的"行政区治理"。早期人类社会的治理主要依据血缘关系进行。在血缘关系上形成的一系列氏族制度，是早期人类社会治理的主要手段。然而，随着生产力的发展，血缘关系逐步被打破，新的上层建筑得以形成。"行政区治理"实际上是"生产力发展到一定阶段的产物，是随着地缘关系逐渐取代血缘关系而产生的一种上层建筑。也就是说，行政区划是在国家出现以后，由于国家对

---

① 许崇德主编《中华法学大辞典·宪法学卷》，中国检察出版社，1995，第698页。

其所属臣民不再按血缘关系，而是按地缘关系进行分区分级的统治与管理形成的一种国家制度"。① 行政区划的产生历史表明，它是主观的构造，但是这种主观构造必须以客观的地理空间为约束条件。

在中央和地方的纵向维度上，行政区划得到了较为充分的讨论。现有研究普遍承认这样一个观点：行政区作为国家治理的基本单元具有充分的正当性。透过单个的行政区，国家得以在纵向上形成了单一制、联邦制等多种结构形式。无论是哪一种国家结构形式，在本质上都是通过行政区划来解决中央与地方权力划分这一重大问题。行政区划既是国家结构形式的空间映射，同时也决定着国家结构形式的具体安排。为了达成设置行政区划的治理目标，在具体设置环节，需要综合考虑政治、人口、文化、民族和地理等多种因素。合理的行政区划设置，可以有效维护国家的统治，实现治理目标。这又在一定程度上强化了行政区划的正当性，并最终向"行政区治理"传递。

从历史的发展过程来看，"行政区治理"确实有其充分的正当性，并且对维护国家政治安全、经济发展、民族团结等发挥着重要作用。作为国家治理的主要方式，不同政治体制下"行政区治理"的模式并不完全相同。但它在实践逻辑上都遵循着从中央到"单个"行政区的逻辑路径。也就是说，"从雅典民主共和国的自治区和古埃及村社组成的州到今天丰富多彩的行政区类型，行政区划无论其外表还是内涵都已发生了巨大的变化，但按地区分级划分其国民这一本质特性始终没变"。② 在单一行政区这个特性的涵摄之下，"行政区治理"表现出如下共性特征。

首先，"行政区治理"的社会背景较为一致。"行政区治理"打破了传统的血缘治理格局，并且在农业社会和工业社会的国家治理需求中表现出较为显著的一致性。可以这样说，"行政区治理"是农业社会的产物，并且由于它的自我封闭性，其与工业社会的国家治理需求相吻合。依附于"行政区治理"之上的科层制就是典型例证。尤其是在工业分工的要求之下，科

---

① 刘君德等编著《中外行政区划比较研究》，华东师范大学出版社，2002，第15页。
② 杨爱平、陈瑞莲：《从"行政区行政"到"区域公共管理"——政府治理形态嬗变的一种比较分析》，《江西社会科学》2004年第11期。

层制被进一步强化。但是，这种自我封闭的特性排斥制度创新，已经越来越难以适应复杂社会治理需要。

其次，从"行政区治理"的价值来看，其主要目的是维护一种单向度的统治秩序。无论是农业社会，还是工业社会，它们对于确定性的需求是一致的。这种价值需求传导至国家权力配置领域，就表现为一种封闭式的治理倾向。我们可以明显地看到，在"行政区治理"模式之下，行政区划内部的公共事务是治理的重点。治理的出发点和着眼点都是为了强化单个行政区治理的正当性。由此出现了对跨行政区公共事务的治理空白。在社会事务较为简单的情况下，此类跨行政区公共事务尚可以透过高强度的上级协调得到解决。但是在本质上，它仍然坚守"行政区治理"的立场，否定跨行政区治理的正当性。

最后，从"行政区治理"的运行机制来看，它的封闭性必然会出现从权力到权力的运行机制。一方面，"行政区治理"的主体具有唯一性，政府及其组成部门是唯一适格的治理主体。从制度经济学的角度看，这意味着政府公权力垄断了国家治理的权力，它背后的支撑逻辑是万能政府的合理性。作为全能的治理主体，政府不仅在逻辑上具有透视一切治理需求的先见之明，而且它还拥有父爱治理的能力，可以有效回应社会需求。另一方面，"行政区治理"的权力运作方向是单的。特别是在单一制国家，中央政府掌握着治理的最高决断权。地方政府尽管可以拥有一定范围和一定程度的治理裁量空间，但它最终仍然会对中央政府的政治权威保持足够的尊重。这套机制依靠科层官僚体系维系，而维系它的官僚体系本身又进一步强化了这种单向度的权力运作机制。但是必须承认的是，这种单向度的权力运作机制过度依赖政府行政命令，它可以适应静态的社会变迁，但无法因应复杂的社会结构。尤为重要的是，它不仅消解了地方政府的能动性，而且压缩了其他治理主体的参与空间，社会治理所要求的快速、有效等无法得到有效回应。

二 单一行政区治理的正当性

尽管"行政区治理"在治理主体、治理机制和治理能力等方面存在诸多缺陷和不足，但是它作为国家治理基本单元的地位并未发生改变。换言之，"行政区治理"仍然具备足够的正当性。

"行政区治理"在本质上是国家权力配置的结果。在马克思主义经典理论看来："国家和旧的氏族组织不同的地方，第一点就是它按地区来划分它的国民。正如我们所看到的，由血缘关系形成和联结起来的旧的氏族公社已经很不够了，这多半是因为它们是以氏族成员被束缚在一定地区为前提的，而这种束缚早已不复存在。地区依然，但人们已经是流动的了。因此，按地区来划分就被作为出发点，并允许公民在他们居住的地方实现他们的公共权利和义务，不管他们属于哪一氏族或哪一部落。这种按照居住地组织国民的办法是一切国家共同的。"① 人的居住属性是无法改变的客观现实，或许个体的居住属性会有差异，但作为整体，居住属性保持着动态的稳定。所以，当我们为行政区划加上行政管理、国家治理等主观标签后，仍然要承认作为治理载体的地理空间的根本性。

从更为深层次的角度来说，单一行政区治理是国家结构形式安排的必然结果。国家结构形式的概念化工作最早由苏联学者完成。"1949 年之前，我国学者编撰或翻译出版著作中没有使用过国家结构一词，也没有使用过任何其他语词来概括由国家结构一词所表征的事物。"②"五四宪法"制定出台之后，国内学术界开始统一采用国家结构形式来描述作为整体的国家和作为个体的地方之间的关系。在许崇德先生看来，所谓国家结构形式"是指国家整体是由哪些部分组成的，具体是指国家统治阶级根据什么原则，采取何种形式来划分国家行政单位，调整国家整体与组成部分之间的相互关系"。③在吴家麟先生看来，国家结构形式"指的是特定国家表现其国家的整体和局部之间相互关系所采取的外部总体形式"。④ 总体而言，国家结构形式就是中央与地方关系安排的总称，其中的地方，就是指地方行政区划。

① 《马克思恩格斯全集》第 28 卷，人民出版社，2018，第 199 页。
② 童之伟：《国家结构形式论》，武汉大学出版社，1997，第 74 页。
③ 许崇德主编《中国宪法》，中国人民大学出版社，1989，第 153 页。
④ 吴家麟主编《宪法学》，中央广播电视大学出版社，1991，第 241 页。

在国家治理环节，中央政府可以进行多维度的交叉治理，但单个行政区仍然是治理的基本单元。这是经济、政治、文化、地理等多种因素共同影响的结果。就政治和经济因素而言，马克思主义经典理论将其视为单一"行政区治理"的决定性因素。在思考回答有关国家结构形式的问题时，马克思敏锐地察觉到其中的隐蔽问题，并最终形成经济基础决定上层建筑的论断。可以这样认为："国家纵向权力结构的深层根源恰恰是社会的经济结构。"① 特别是对中国这样一个社会主义国家来说，中央政府和地方政府所承担的任务中，经济建设是重中之重。因此，经济因素对国家结构形式的影响更为显著。为了实现经济增长，中国建构了一种与众不同的以单个地方为基本单元的治理模式。这种模式在经济领域可以被概括为"晋升锦标赛"。按照周黎安先生的观点，"晋升锦标赛是由上级政府直至中央政府推行和实施，行政和人事方面的集权是其实施的基本前提之一，而晋升锦标赛本身可以将关心仕途的地方政府官员置于强力的激励之下，因此晋升锦标赛是将行政权力集中与强激励兼容在一起的一种治理政府官员的模式，它的运行不依赖于政治体制的巨大变化"。② 所以，为了维持这种竞争激励机制，进而实现中央政府的发展目标，在整个国家治理模式的建构过程中，必须强化单个地方政府，也就是单一"行政区治理"的正当性。作为空间治理的主导模式，单一"行政区治理"是社会发展到一定阶段的必然产物。它随着国家的产生而产生，只要国家存在，单一"行政区治理"的正当性就能够得以维系。

第二节　土地管辖权的限制与悖论

在利益分析盛行的时代，我们很容易把区域问题的本质归结为区域利益冲突。但是，利益冲突是社会发展的常态，也正是因为利益冲突的普遍存在，才使社会发展有了足够的推动力量。在区域治理实践中，区域之间存在

---

① 薄贵利：《中央与地方关系研究》，吉林大学出版社，1991，第135页。
② 周黎安：《中国地方官员的晋升锦标赛模式研究》，《经济研究》2007年第7期。

利益竞争，并不必然导致区域问题的发生，相反，良性的区域利益竞争反而能够促进区域发展。由此可见，区域利益只是区域问题的前提或者是它最为直观的表现形式，并不能作为分析区域问题的基础。

现象与本质既是相互联系的，也是彼此对立的。理解区域问题的本质，固然需要以大量客观存在的区域问题表现为基本出发点，进行合理的抽象归纳，但更需要把握区域问题本身所包含的"特殊矛盾"。事实上，对区域问题的分析离不开区域关系，区域问题和区域关系呈现出高度正向的密切关联。在地方治理过程中出现的种种区域问题，深刻地反映着区域关系发展所面临的内在矛盾，是区域关系紊乱的必然结果。

通过前文对区域关系发展历史脉络的梳理我们很容易发现，我国区域关系的发展面临着现实需求迫切而法治化、制度化建设供给不足的基本矛盾。可以说，这一矛盾几乎是内生的，从真正意义上的区域关系发生的那一天起，就注定了这一矛盾会存在并影响区域关系的走向，因为区域关系的发生是必然，也是意外。从其必然的一面来说，地方政府作为一个独立的利益主体，基于自身利益最大化的考量，势必会与其他地方政府发生联系。而且随着政治、经济和社会结构的高速发展与变迁，地方政府所面临的治理问题日趋复杂。原本在单一行政辖区内可以完成的公共事务，如公共安全、河流治理、环境整治、社区发展、社会服务、教育文化、城市发展等，不仅涵盖地方的政治、经济、社会与空间系统，同时也跨越不同行政辖区，具有越来越明显的"公共性"、"外部效益"和"政治性"[①]，以单个行政区为基本单元的治理模式，已经难以满足诸多跨域公共事务的治理需求。因此，要应对这些跨域公共事务，就必须选择区域联动，从这个角度来看，区域的崛起着实是一种必然。从其意外的一面来说，中央确实曾寄希望于通过权力下沉来增强地方的发展积极性和发展能力，从而实现由局部到整体的全面进步，巩固自身执政的合法性。但这并不意味着中央政府允许地方政府任意地进行横向

[①] 赵永茂：《府际关系对地方自治权与自治发展的冲击》，《府际关系研究通讯》（台湾）2008年第1期。

跨区域联系，相反，无论是长期以来"大一统"和"独尊中央"的文化影响，还是基于维护自身权威的考量，中央政府都会更加倾向于把地方政府的跨区域联系置于其能力控制范围之内。但随着社会事务的膨胀，地方治理所要应对的问题日趋复杂而又多变，作为应对，地方横向跨区域联系逐步从经济领域扩大到行政、司法、立法等公共权力领域，中央政府已经很难通过政治性的安排实现全面控制。所以对于中央政府而言，区域关系的发生和区域关系的多样化迅速发展，着实是一种意外。

摆在我们面前的情况是，国家治理和地方治理需要承认并肯定地方政府横向跨区域联系的合理性，同时也需要对这种横向跨区域联系进行适当的规范调整，使其在合法的空间范围内理性发展。但是我们的理论研究，尤其是宪法学的理论研究，所关注的重点是政府权与公民权的关系问题，对政府权与政府权的关系很少涉及，某些研究也仅仅局限在中央与地方关系这一传统经典的宪法学命题中，区域关系没有引起理论界应有的重视和深入研究。同时，我们的制度建设也较为滞后，区域关系较为杂乱也就不足为奇了。区域关系杂乱最为集中的表现是缺少规范层面的制度支撑，无论是基于国家治理体系和治理能力现代化的立场，还是基于宪法自我发展完善的考虑，这一情况都不应该发生，它至少引发了三个方面的问题。

第一，宪法本身的完整性和科学性受到挑战。从词义本源上来看，"宪法在英文中为 Constitution，是由拉丁语 Constitutio 发展而来。Constitutio 在拉丁语中是组织、结构、规定的意思"。① 从源头上来说，宪法的本义仅仅在于确定国家的组织结构形式。当然，这是因为在早期，"人们并不认为政府和个人之间存在着不可调解之矛盾"。"只是到了16世纪与17世纪，部分由于宗教势力的衰微和新兴商业阶层与封建贵族之间的利益冲突，西欧出现了中央统一政府的需要，由此兴起了霍布斯等提倡的绝对君主学说"②，相应地，反对君主无限权力的学说也开始出现。这一时期，保守主义和自由主

---

① 周叶中主编《宪法》，高等教育出版社、北京大学出版社，2005，第35页。
② 参见张千帆《宪法学导论》，法律出版社，2008，第57~58页。

义这两种政治意识形态对宪法的发展和演进产生了较大影响。保守主义关注权威、尊崇传统，并把原子化的个人视为社会秩序的有机组成部分；自由主义更多地关注自由权和个人自治的问题。两者的内涵虽有不同，但是它们都把政府视为个人自由的对立面。保守主义和自由主义孵化出了规范主义的控权主张，认为宪法的终极任务是限制政府权力，保障人权。在这些思潮的影响下，宪法要解决的主要问题是政府权与公民权的关系问题，也就是如何实现对政府权力的有效控制，防范政府权力非法侵入受保护的私人领域。反映在宪法内容结构的安排上，中央与地方的关系就是一个非常重要的制度设计。在保守主义和自由主义的引导下，地方自治对于维持小政府规模，保障个人自由具有重要意义，在宪法中规范中央与地方关系，目的就是防止中央权力妨害地方自治，从而影响个人自由的实现。至于区域关系，它的地位远不及央地关系那么显耀。但是，任何政治意识形态及下位的制度安排都有其存在的时代背景和客观条件，脱离了时代背景和这些客观条件，它不但不能促进社会的进步，反而还会成为社会进步的障碍。19世纪以来，保守主义和自由主义为政府所塑造的"守夜人"角色已经没有办法解决工业快速发展而引起的一系列社会问题，福利国家的需要与有限政府的设计难以相容。新的社会实践催生了"社会实证主义""进化论社会理论""实用主义"等新的思潮[1]，它们把政府视为一种"进化式变迁的机构"，政府不再是个人权利的对立面，相反，它是实现个人积极权利的必要手段和主要依靠。地方政府作为最接近公民的治理主体，它的作用逐步凸显，同时，在能动型国家和积极行政的要求下，地方政府采取主动的横向跨区域合作成为现实选择。这种权力性质的转变和权力运作模式的变迁需要宪法及时作出回应，在宪法内容结构中设计合理的区域关系条款是必然选择，这一点，在美国宪法关于"州际关系"的条款变迁中得到了较为充分的体现。可以说，在社会发展背景下，缺少对区域关系的规范将会影响宪法本身的完整性和科学性。

第二，地方政府横向跨区域联系的合法性不足。时代的变迁会带动社会

---

[1]　参见马丁·洛克林《公法与政治理论》，郑戈译，商务印书馆，2002，第146页。

思想的变化，社会思想的演进也会推动时代的进一步发展，但这并不是必然的，因为我们还必须考虑传统所内含着的强大的历史惯性。虽然时代的发展要求地方政府应当在水平面向上展开积极合作，但是传统文化惯性对其产生的负面影响不可小觑。如同我们所一再强调的那样，中国是一个有着浓厚"大一统""独尊中央"文化传统的国家，这种文化传统下的社会认知对地方分权或自治怀有天然的文化和政治偏见。所以，虽然我们关于国家治理结构的宪法文本设计与实际政治安排存在偏差①，但它仍然能够借助于传统文化的惯性获得认可。仅仅是地方分权或自治就已经如此艰难，若要推动地方政府积极主动横向跨区域活动更是难上加难，如果不能首先在宪法安排上对其进行合法性确认，地方政府横向跨区域活动断然难以维系，并且暗含着相当程度的失控风险，而这恰恰是制度现状。我们要求在宪法层面对区域关系作出规范，其意义一方面在于赋予地方政府横向跨区域联系足够的合法性，以回应社会发展的变迁需求，透过地方政府的能动性，更好地实现社会治理；更为重要的是，唯有通过这种合法性的界定，才能把地方政府的水平联系置于法定的目的和空间范围内，才能保证其横向联系的合理开展，并防止其能动性的失控。如果宪法设计继续忽略或忽视对区域关系的制度关怀，地方政府横向跨区域活动势必陷入原始的蛮荒状态，宪法架构的稳定性亦将不可避免地受到冲击。

第三，压缩了地方政府横向跨区域联系的发展空间。和中央与地方关系相比，区域关系的制度化建设严重滞后。虽然《宪法》对中央与地方关系的直接表述仅限于第三条第四项"中央和地方的国家机构职权的划分，遵循在中央的统一领导下，充分发挥地方的主动性、积极性的原则"，但是《宪法》第三章以国家机构职权安排的形式大致勾勒出了中央与地方关系的初步架构。同时，通过《地方各级人民代表大会和地方各级人民政府

---

① 现行宪法中地方人民代表大会的民主安排赋予了地方实行自我管理的合法性，但在实际的政治运作中，地方政府的党政负责人却是由上级政府或党委决定，进而在事实上塑造了由上而下命令式的治理结构。具体论证可参见周刚志《"过度分权"与"过度集权"：中国国家结构形式的"制度悖论"及其宪法释义》，《交大法学》2014年第4期。

组织法》和《立法法》等一系列法律的安排，我们也可以对中央与地方关系作出一个相对详细的描述。尤其是《立法法》关于法律、行政法规、地方性法规和规章的效力位阶安排，地方性法规、地方政府规章的备案审查制度设计，以及地方性法规和部门规章的冲突处理，不但确立了中央和地方关系的具体内容，更为其纠纷解决提供了制度场景。这些关于中央与地方关系的制度安排，不但可以在一定程度上缓解前文提到的"关于国家治理结构的宪法文本设计与实际政治安排存在偏差"所造成的制度紧张，还可以推动中央与地方关系朝着更为合理而规范的方向深入发展。但区域关系远没有这么幸运。无论是在宪法还是在宪法性法律中，我们都找不到有关区域关系的条款设计。地方政府之间是否可以展开跨区域的横向联系？这种横向联系应当在何种范围内展开？是否存在跨区域联系的禁止性范围？在具体联系的过程中，相关组织如何设计？职责权限如何划定？人员安排如何进行？活动经费如何分担？由此而进一步引发的问题是，在跨区域活动中产生的各种责任，包括政治责任、行政责任、法律责任、民事责任、刑事责任等，该以何种形式体现？责任主体是谁？责任大小或比例如何确定？这些关系到区域关系能否规范运行的基础性问题没有任何法定依据可循。制度建设的缺失使地方政府陷入一种进退失据的境地，面对实践的需要，地方政府在开展跨区域活动时，一旦触及实质性问题就可能止步不前，不敢越雷池一步，置跨域治理需求于不顾；或者利用规范的缺失追求自身利益最大化。无论是何种情况，其对区域关系的发展都是致命的，它们不但会把区域关系带入歧途，更会影响社会民众对地方分权或自治以及地方政府跨区域活动的认识，迫使他们寻求以反对地方分权的方式满足对区域秩序和跨域公共事务治理的需要。而这种倾向，在针对区域问题的治理方案设计上，已经有所体现。

土地管辖权是单一"行政区治理"的主要依据，也构成单一"行政区治理"的主要限制。地方政府的各项权力只能在本行政区的范围内行使，超出本行政区范围的权力运作将会被施以违法的负面评价。

这一制度安排的目标在于维护国家治理的效能。但是理论界对土地管辖权限制的批评逐渐增多，特别是"行政区治理"所表现出来的高强度权力封闭性和排他性，诱发了关于"行政区治理"是否能够适应治理需求的诸多质疑。主流的观点认为，单一"行政区治理""存在诸多不合时宜甚至致命的缺失，比如僵化的行政区划管理导向、单一的治理主体、金字塔式的权力结构等等。特别是在人类迈入 21 世纪后，世界全面过渡到一个复杂性社会（后工业社会、后现代社会、知识社会、信息社会、流动性社会、第三次浪潮、失控的世界等诸多称谓的统称）"。① 这意味着，国家治理想要因应"复杂性社会"的变迁必须改变传统"行政区治理"的模式。随着科技的快速发展，特别是政治、经济和社会结构的变迁，公共事务具有越来越明显的外溢特征。诸如大气污染防治、河流整治、公共安全等公共事务逐渐超越了原本单一行政区的空间限制。在应对上述跨域公共事务治理需求时，传统的以单个行政区为基础的"行政区治理"模式呈现出较为明显的能力不足。

从逻辑上来说，这种局面的发生带有一定的必然性，这与"区域主义"的兴起密切相关。民族国家的出现是区域主义兴起的主要动因。在传统的区域研究中，"经济学将区域视为由人的经济活动所造成的、具有特定地域特征的经济社会综合体；政治学认为区域是进行国家管理的某一行政单元；而社会学则将区域看作具有相同语言、相同信仰和民族特征的人类社会聚落"。② 但自从民族国家诞生之后，单一"行政区治理"的封闭性被打破。可以清晰地看到，"过去那种地方的和民族的自给自足和闭关自守状态，被各民族的各方面的互相往来和各方面的互相依赖所代替了"。③

对于我国而言，土地管辖权面临的诘问来自客观情势的变化。起点是国家治理理念的变化。作为典型的政党驱动型国家，执政党的治理理念对土地管辖权的正当性具有决定性的影响。"执政党治理理念的变化，一方面深刻

---

① 杨爱平、陈瑞莲：《从"行政区行政"到"区域公共管理"——政府治理形态嬗变的一种比较分析》，《江西社会科学》2004 年第 11 期。

② 陈瑞莲：《论区域公共管理研究的缘起与发展》，《政治学研究》2003 年第 4 期。

③ 《马克思恩格斯选集》第 1 卷，人民出版社，2012，第 404 页。

地影响创立新的制度安排的预期成本和利益，因而也就深刻影响对新的制度安排的需求；另一方面，改变了政治秩序提供新制度的能力和意愿，而这种意愿和能力是决定制度变化供给的至关重要的因素。"① 在计划经济时期，国家经济社会发展都必须服从中央政府的计划和指令。在地方政府之间，不存在所谓的跨区域公共事务治理需求。即使需要进行跨区域协调，这一工作也在中央层面由中央政府及其组成部门通过工作会商等机制予以解决。来自中央政府的权威展现出了高效的治理能力，地方治理能力缺少足够的实践空间。然而，改革开放以后，中国共产党的治理理念发生了重大变化，"以经济建设为中心"成为社会主义初级阶段基本路线的主要内容。随之而来的是，中央政府以下放立法权、行政权、财政权、管理权的方式，为地方政府治理赋能；辅以周黎安先生所归纳的"晋升锦标赛"机制，地方政府发展积极性和主动性得到完全释放。

为了在政治竞争中获取优势，地方政府获得发展权限之后，以极大的热情投入经济建设之中，而经济的快速发展催生了大量的跨区域公共事务。但是，由于土地管辖权的限制，跨区域公共事务的治理出现了制度空白。特别是在经济领域，地方保护、重复建设、恶性竞争等问题层出不穷。张可云先生将这类问题概括为"区域大战"。② 第一阶段的主要特征是重复建设。地方政府获得财政权和管理权之后，为了快速发展本地经济以获得更多的财政分成，纷纷从国外引进相同的工业设备，诱发了全国性通货膨胀。第二阶段的主要特征是原料恶性竞争。第一阶段地方政府所引进的项目具有较强的相似性，直接导致上游原材料层面需求重复。原材料价格上升又进一步拉高了最终工业产品的价格，导致全国物价失控。第三阶段主要特征是地方保护、市场封锁。为了确保本地企业经营和产品销售，地方政府不惜使用经济、行政甚至法律手段设置关卡，这又进一步导致全国经济疲软。可以说，在经济层面，"区域经济关系混乱已成为一个全局性的问题，它导致了一系列微观

---

① 沈承诚：《区域公共管理制度创新——解决当代我国区域经济一体化中"行政区经济"问题的新思路》，南京师范大学硕士学位论文，2007。

② 张可云：《预防新一轮区域经济冲突》，《战略与管理》2002 年第 2 期。

与宏观的经济问题，各地方都深受其害。人们强烈要求消除区域冲突，加强区域经济合作。要使区域经济运行合理化绝不是轻而易举之事，在提出解决问题的各种对策措施之前，必须明确区域经济运行合理化目标，并选择切合实际的、科学合理的调控模式"。①

总体而言，土地管辖权的限制意在维护有效的国家治理。但是，"以分权让利为主线的市场化改革在充分调动地方政府发展经济和参与市场竞争的积极性的同时，也导致了地方政府间的恶性竞争，产业同构、地区封锁、地区大战层出不穷，甚至出现区域公共问题'霍布斯丛林'的局面，显然这一状况与区域经济一体化的进程是背道而驰的"。② 土地管辖权形塑了以单一行政区为基本单元的治理模式，但是在实际运作中，这种模式自身的封闭性和排他性，导致其与新的区域治理需求存在较大偏差。也就是说，以保证国家治理效率为正当性基础的土地管辖权和基于土地管辖权的一系列制度，反而成为国家治理效率的制约因素，由此产生了土地管辖权限制的悖论。

第三节　国家治理的挑战与因应

区域问题的广泛存在已成为不争的事实，任由其继续无序发展，有百害而无一利。国家的整体发展因为区域合作无法进行，区域冲突屡禁不止而产生了严重的资源浪费；跨域公共事务的治理也被虚置，能动型政府的目标难以实现。理论界对区域问题一直保持着高度的关注，不同学科都在尝试寻找解决区域问题的根本之道。基于学科的分析视角不同，理论界对区域问题产生的原因也有着各自不同的理解，在此基础之上推演出来的解决方案进而呈现出多样化的色彩。为了方便对现有各种方案进行分析，我们以各类方案解决区域问题所依赖的"核心路径"为标准，粗略地把这些方案划分为利益调整方案和主体调整方案两种不同的类型。

---

① 张可云：《中国区域经济运行问题研究》，《经济研究》1992 年第 6 期。
② 金太军：《从行政区行政到区域公共管理——政府治理形态嬗变的博弈分析》，《中国社会科学》2007 年第 6 期。

一　利益调整方案

通过改变利益动机来诱导地方政府的行为，是利益调整方案的基本出发点。经济学界最早注意到区域问题的存在，并把它概括为"诸侯经济"，"也就是说，30个省、市、区是30路大诸侯，300多个地区、市是300多路中诸侯，2000多个县（市）是2000多路小诸侯，各求发展，各据一方，各自为政"。[①] 这种理解的核心是把区域问题和地方市场分裂做对等处理，暗含着对区域不合作及恶性区域竞争的否定性评价。市场在经济学研究中具有重要的地位，按照一般经济学理论，市场的大小、辐射范围一方面取决于产品本身的生产成本、交易费用、保存条件，另一方面取决于地区消费习惯、交通运输条件等客观因素，所以人为造就的市场分裂并不符合市场发展的一般性规律。在分析区域问题的成因时，经济学界普遍把"行政性分权"和"税收激励机制"，也即我们在前文所提到的行政分权和财政分权，视为诱发区域问题的核心因素。这种认知是如此强烈和坚定，几乎已经成为经济学界分析区域问题的固定模式。[②] 尽管如此，经济学研究并没有因为地方市场分裂而否认"行政性分权"和"税收激励机制"本身的合理性。经济学界认为，"行政性分权"和"税收激励机制"属于中性甚至是带有积极意义的制度安排，虽然权力下沉确实导致了区域问题的发生，增加了经济发展成本，但它同时也刺激了地方政府的发展意愿，进而推动全国经济高速发展。在行政性分权不可逆和税收激励机制无法调整的情况下，解决区域冲突最为有效的办法是转变政府职能，通过政府职能的转变，"弱化（地方政府）利益主体身份，强化（地方政府）调控主体身份"，才能抑制地方政府的"过热倾向"和用行政权力谋取私利的现象。[③]

---

① 沈立人、戴园晨：《我国"诸侯经济"的形成及其弊端和根源》，《经济研究》1990年第3期。
② 参见国家计委宏观经济研究院课题组《打破地方市场分割对策研究》，《经济研究参考》2001年第27期。
③ 参见沈立人、戴园晨《我国"诸侯经济"的形成及其弊端和根源》，《经济研究》1990年第3期。

也有学者认为是改革开放之后所推行的经济体制改革策略导致地方行政单元变成了"零碎分割的内部市场和受地方政权控制的封地"。[1] 同时，我国的渐进式改革路线正在推进过程中，改革的"实施成本和摩擦成本"[2] 迅速增大。地方政府作为既得利益主体，为了维持既得利益，其更倾向于"扭曲的、无效的"制度长期存在，这在某种程度上会进一步加剧地方政府之间的冲突。[3] 面对这些问题，经济学界要求尽快转变政府职能。其认为，只要地方政府从经济活动的参与者，变为经济活动的管理者，就能割断地方政府与经济利益之间的牵连，地方政府也就因此失去了干预经济活动的利益动机，区域冲突问题就此解决。从表面上看，这种方案仍然以肯定"行政性分权"和"税收激励机制"为前提，但它事实上暗含着对地方政府作为独立利益主体合理性的否定。事实上，只有承认地方政府的利益主体地位，才能充分发挥中央与地方"两个积极性"。否定地方政府的利益主体地位，那么全国的发展就只能回到中央的计划之下进行。我国政府职能转变成效显著，政府已经从微观经济活动的参与者转变为宏观经济调控的管理者，但是区域之间的冲突并没有得到有效解决，反而以"区域规划冲突"的形式重新出现，"诸侯经济"不过是变成了"诸侯规划"而已。[4]

除此之外，政治经济学也发展出了以"地方官员治理"为基本点的分析模型对区域问题进行剖析，从而更加直观地解释了区域问题的发生及演进。在其理论预设中，任何一个组织要想获得持续的进步和发展，必须解决以下几个问题：第一，该组织运行的目标是什么？第二，如何实现组织设定的运行目标？第三，在实现预定目标的过程中，如何评估组织内部不同部门的贡献值？第四，针对不同部门的不同贡献，如何设

[1] Alwyn Young, "The Razor's Edge: Distortions and Incremental Reform in the People's Republic of China," *Quarterly Journal fo Economics*, 2000, CXV (4): 1091.
[2] 刘宪法：《谨防渐进改革之路上的"陷阱"》，《开放导报》1998 年第 11 期。
[3] 参见 S. Joel, "Hellman and Winners Take All: The Politics of Partial Reform in Postcommunist Transitions," *World Politics*, 1998, 50 (2): 203-234。
[4] 吴良镛：《城市地区理论与中国沿海城市密集地区发展》，《城市规划》2003 年第 2 期。

立奖惩机制?[①] 在这中间，又以对不同部门贡献值的评估和奖惩最为关键。作为公共管理机构，政府在运行的过程中同样要面临这些问题，解决这些问题的核心是建立科学合理的绩效考核机制。改革开放之后，为了增强地方发展动力，尽快使我国经济获得增长进而增强党的执政合法性，我们确立了以经济绩效为中心的单一相对绩效考核机制。这种制度安排使地方政府官员同时被赋予了经济人与政治人的双重角色。作为经济人，其要大力发展本地区经济；作为政治人，其要极力追求政治晋升。在以经济绩效为中心的绩效考核机制之下，地方经济发展水平的高低成为决定地方政府官员能否获得仕途升迁最为重要的依据。谁在经济指标上取得领先地位，谁就在政治晋升上处于优势地位。也正因为如此，地方政府及其官员特别钟情于经济发展，其中最为集中的体现就在于 GDP 崇拜主义。地方政府的全部行为，都围绕如何发展经济、如何使 GDP 指标高速增长来进行。但是，对于地方政府官员而言，其不得不面对的一个残酷现实就是政治晋升资源的有限性。不管在何种政治体制之下，更高层次的权力，总是为更少数的人所有，这就意味着并非所有的地方政府官员都能得到政治晋升的机会，只有在绩效考核中处于优势地位的人才能得到晋升。但是，在"单一相对绩效考核机制"之下，这种优势并非绝对优势，而是相对优势，也即地方政府在竞争中获胜，并不以地方政府达到某项发展指标来计算，而是依据地方政府和其他相类似地方政府的对比优势。换言之，不需要地方政府发展得有多好，只要它比其他相类似地区发展得好，就可以使其主要官员在政治晋升的竞争中获胜。同时，一个人的提升机会增加，必然导致其他人提升机会的减少。因此，地方政府最为关心的不是本地的发展水平，而是其他地区的发展水平。这就使得地方政府及其官员不仅会大力发展自己所辖区域的经济，在某些情况下甚至会采取非合作乃至破坏的方式降低其他区域的经济发展水平。

　　不可否认的是，政治经济学的这种分析方法是极具洞见力的，借助于这

---

① 参见 D. Otley, "Performance Management: A Framework for Management Control Systems Research," *Management Accounting Research*, 1999（10）: 362-382。

种方法，我们可以更进一步分析区域问题的种种。首先就区域不合作而言，按照这种方法的推演，在地方官员治理模式或者绩效考核模式之下，区域合作绝无实质发生的可能。（1）地方政府间的合作绩效无法准确计算，地方政府因此而不倾向于分工合作。这就如同在市场竞争中，我们可以很直观地看出每个企业的经济效益，进而在这些企业之间作出效益排名。但是就某一个企业而言，很难区分该企业内部不同的部门对该企业发展的贡献值。这是因为，企业的发展并不是依靠某一个部门，它是内部各个部门之间通力合作的结果，而每个部门的职能不同、作用不同，很难有一个标准的衡量尺度适用于所有的部门。这种困难同样存在于政府之间的分工与合作之中。地方政府之间的合作是以分工为前提的，只要存在分工就意味着地方政府在合作中扮演的角色不同、作用不同，这就很难去衡量每个地方政府在合作之中的贡献值。由于无法衡量其贡献值，这就意味着政府间的合作在绩效考核上属于无用功，地方政府自然不会倾向于区域合作。所以我国地方政府在产业结构上基本都是属于"小而全"的类型，结构都类似，工业门类齐全，不考虑自身的资源禀赋优势，片面追求完整的工业体系。（2）政治晋升的压力，使地方政府不可能寻求彼此合作。如前文所述，政治晋升是地方政府官员最为核心的利益，而在单一相对绩效考核机制之下，要实现政治晋升，不需要本地区经济上的绝对发展，只需要超过其他参照地区。在如何超越其他参照地区上，地方政府有两个选择：一是全心全意大力发展本地经济，二是全心全意尽量打压其他地区发展。在现实的选择上，地方政府的"理性"做法是一边极力促进本行政区经济发展，另一边采取各种措施，限制其他地区发展。

其次，就区域冲突而言，绩效考核分析法不但可以推演出区域冲突发生的必然性，同时也能对实践中的区域冲突作出相对合理的解释。政治经济学认为，地方政府之间的正常竞争会在绩效考核的诱导之下逐步趋恶，原因同样在于单一相对绩效考核机制放大了地方政府官员在政治晋升上的利益矛盾，使他们之间的博弈成为零和博弈。在政治人角色中，政府官员基于自身利益最大化的考虑，总会追求更大的权力、更多的金钱收入、更高的声望以及便利和安全。美国政治学家安东尼·唐斯（Anthony Downs）在讨论官僚体制下政府官员的行为模式时曾经指出："每个权力攀登者都寻求权力、收入以及声望的最大化，他总是渴望更多地拥有这些利益。"① 对政府官员而言，获取上述利益最根本的方法即在于拥有更高层次的权力，因此，作为政治人的政府官员，其最大的行为动机就在于追求政治上的晋升。这一点在我国的官僚体系中表现得尤为明显，这是由我国官僚体系的封闭性决定的。官僚体系的封闭性使我国政府官员的行为选择非常狭窄，"一旦被上级领导罢免、开除，就很难在组织外部找到其他工作，作为官员个人也不能随意选择退出已有的职位，仕途内外存在巨大落差，产生一种很强的'锁住'效应，个人一旦进入官场就必须努力保住职位并争取一切可能的晋升机会"。② 而晋升资源的有限性决定了一方在政治晋升博弈中的胜出必然以其他方在博弈中的失败为前提。为了达到政治晋升的目的，地方政府官员之间不但不会合作，反而暗自角力，甚至直接制造区域冲突。区域冲突是指"在区域经济竞争与区域相互作用过程中，区域利益主体为追求区域利益而采取的有损于其他区域或整个社会的利益，因而区域经济关系偏离理想的区域均衡态的利益争夺行为，其结果是冲突各方都陷入'囚徒困境'之中"。③ 简而言之，所谓区域冲突就是区域利益主体为增进自身利益或损害他人利益，采取非理性竞争手段而引发的各类问题。我国的区域冲突集中表现为大规模的重复建设和严重的地方保护主义。对地方政府官员而言，大规模的建设非常有利于其政治晋升。原因在于，一方面地方政府通过建设，可以刺激本地区经济发展。另一方面大量的重复建设也可以扰乱市场秩序，使其他地区的建设投资达不到预期的发展效果。如此一来，虽然提升了本地区的绩效指标，但可能影响其他地区的发展。正是地方政府狭隘的利益选择，导致我国重复建设现象屡禁不止：1980 年前后，在轻纺产品、缝纫机、手表等基本生活领域；

① 安东尼·唐斯：《官僚制内幕》，郭小聪等译，中国人民大学出版社，2006，第98页。
② Li-An Zhou, "Career Concerns, Incentive Contracts and Contract Renegotiation in the Chinese Political Economy," Ph. D. Thesis, Stanford University, 2002.
③ 张可云：《区域大战与区域经济关系》，民主与建设出版社，2001，第355页。

1985～1988 年，在洗衣机、电视机等生活耐用消费品领域；1992 年至 20 世纪末，重复建设在电子、石化、汽车等领域大规模出现。① 如此众多的重复建设行为在微观上导致企业效益低下，宏观上使我国区域产业布局极不合理，大规模的产业结构雷同又引发了原料竞争、产品过剩、价格竞争等一系列问题。地方保护主义同样源于地方政府官员的零和政治晋升博弈。地方政府官员通过行政手段，封锁本地区市场，既可以保证本地区产品的销售，又可以阻止其他地区产品进入本地区市场。在自己获得发展的同时，又可以阻碍其他地区发展，地方保护主义因此长期盛行于我国的区域发展之中。

按照这种逻辑推演，毫无疑问，现有的官员绩效考核体制是区域问题产生的根源所在。所以相关解决方案也是围绕着如何"改革传统绩效考核体系"而展开的。具体而言，就是把绩效考核中的经济发展指标权重降低，增加社会发展、环境保护、公共服务供给的指标权重。它在本质上和经济学所提出的方案是一样的，那就是，改变政府对经济发展的诉求，辅之以其他利益作为政府发展的主要目标。这种方案看似合理，实则和转变政府职能的设计面临同样的矛盾。除此之外，它还存在一个天然的缺陷，政府之间的竞争关系是永远存在的，改变绩效考核的指标体系，并不能从根本上去除政府竞争的生长土壤。而只要竞争关系继续存在，那么地方政府之间的零和博弈就会继续发生，只不过是从原有的经济领域转移到其他领域。所以，对绩效考核体系的调整或改革并不能解决区域问题。转变政府职能、改革绩效考核体系之所以失效，原因在于它们对区域问题的理解仅限于经济范围，它们预设了政府在非经济领域不存在竞争关系的前提，而这显然和实践并不相符。

二 主体调整方案

主体调整方案的一个共同特点是主张通过变更区域管理或区域治理的主

---

① 参见魏后凯主编《从重复建设走向有序竞争：中国工业重复建设与跨地区资产重组研究》，人民出版社，2001，第 1～3 页。

体来消除区域之间的壁垒。具体包括行政区划调整、设立跨区协调组织、府际治理和广域行政四种主张。

（一）行政区划调整

20 世纪 90 年代初，地理经济学在解释区域问题的时候引入了"行政区经济"的概念，在其研究视域下，行政区经济的产生具有必然性，它是我国"从传统计划经济体制向社会主义市场经济体制转轨过程中，区域经济由纵向运行系统向横向运行系统转变时期出现的具有过渡性质的一种区域经济类型"，行政区经济主要表现为"企业在竞争中渗透着强烈的地方政府经济行为、生产要素的跨行政区流动受阻、行政区经济呈稳态结构、行政中心与经济中心的高度一致性、行政区边界经济衰竭等重要特征"。① 地理经济学对行政区经济的描述显然比区域问题的表现更为宽泛，但它仍然对地方政府用"经济、行政、法律手段建立起来的关卡"表示忧虑。不过和经济学及政治经济学不同的是，地理经济学对区域问题的解释更加侧重于考虑地理因素的影响，这可能与它对行政区经济（区域问题）源头的不同理解有关。行政区经济理论的核心是把"行政区划对区域经济的刚性约束"② 作为行政区经济产生的根本原因。按照这种逻辑推演，我们很自然地可以在更早的历史脉络中找到行政区经济的踪迹，进而把改革开放之后地方政府之间的冲突视为行政区经济加速发展的一种表现。因此，地理经济学对区域问题解决方案的设计和利益调整方案有着明显的区别。基于"行政区划是影响区域经济发展的一个重要因子"，而行政区划之间的界限"如同看不见的墙成为区域间经济联系的壁垒"③ 导致生产要素的跨区流动受阻的考量④，地理经济学认为解决这一问题的关键在于"科学运用行政区划手段，适时、适度调整行政区划"，"彻底打破行政区划的分割，形成以利益为纽带、区域共同

---

① 参见舒庆、刘君德《中国行政区经济运行机制剖析》，《战略与管理》1994 年第 6 期。
② 舒庆、刘君德：《一种奇异的区域经济现象——行政区经济》，《战略与管理》1994 年第 5 期。
③ 参见刘君德、舒庆《论行政区划、行政管理体制与区域经济发展战略》，《经济地理》1993 年第 1 期。
④ 参见舒庆、刘君德《一种奇异的区域经济现象——行政区经济》，《战略与管理》1994 年第 5 期。

发展的新格局"。①

这种方案和区域治理中的传统改革主义有着很多相似之处，它们普遍把行政区划的调整重构视为解决问题一劳永逸的最佳模式。但是，这种方案很难在实践操作层面实施，并且伴随着无法消解的内部矛盾。首先，从实践操作层面来看，这种方案就存在很大的不足。恩格斯在论述国家的起源时曾经指出："国家和旧的氏族组织不同的地方，第一点就是它按地区来划分它的国民。"② 国家如何按照地区来划分其"管制下的人民"，就是行政区划所要解决的问题。具体而言，行政区划是指："国家或地区根据政权建设、经济建设和行政管理的需要，遵循有关法律规定，充分考虑政治、经济、历史、地理、人口、民族、文化风俗等客观因素，按照一定的原则，将一个国家的领土划分成若干层次、大小不同的行政区域，并在各级行政区域设置对应的地方国家机关，实施行政管理。"③ 历史经验表明，行政区划对于一国的政权建设具有极其重要的意义，它是"国家对地方进行有效管理的基础和基本手段，是国家行政管理和政权建设的重要组成部分，与政治体制、经济体制，与民主政治建设、民族团结进步，与巩固国防、安定团结等息息相关"。④ 正因为如此，行政区划的设定要综合考虑安全因素、经济因素、民族因素和历史因素等多个方面，其中政治安全决定着国家本身的存续，是行政区划的首要考虑因素。重新调整行政区划是一项复杂的工程，涉及政治、经济、文化等各个方面，有可能会产生某些局部的不稳定因素。⑤ 行政区的边界一经划定，就不得随意变更，因为行政区边界过度频繁的调整，会对中央与地方关系以及地方政府间关系产生相当大的不利影响。所以国家非迫于紧急、特殊的情势变更，一般不会对行政区之间的边界作出重大、频繁的调整。其次，从其内部矛盾来看，以调整行政区划的方式解决区域问题仅能解一时之急，

① 参见刘君德《中国转型期"行政区经济"现象透视——兼论中国特色人文—经济地理学的发展》，《经济地理》2006年第6期。
② 《马克思恩格斯全集》第28卷，人民出版社，2018，第199页。
③ 刘君德等编著《中国政区地理》，科学出版社，2017，第3页。
④ 浦善新：《中国行政区划改革研究》，商务印书馆，2006，第5页。
⑤ 孙学玉：《公共行政学论稿》，人民出版社，1999，第110页。

不具有根本性。边界特定具体，是行政区划的基本要求。行政区划是国家综合考量政治、经济、历史、民族等多种因素而设定的。国家为了政权建设的需要，通过行政区划对国土进行划分，形成了不同的行政区，从某种意义上说，国家就是由大小不同的行政区所共同组成的大行政区，行政区的地理边界必须是明确的，这是国家权力运行的必然要求。和这种确定性不同，经济要素的流动并不具有明确的边界可循。所以无论如何调整，都不可能满足促进经济要素自由流动的需求。退而言之，如果行政区划之间的界线是区域冲突发生的主要原因，那么无论如何调整现有行政区划都难以解决这一问题。因为调整行政区划，消除原有行政区边界的同时，同样也产生了新的行政区边界。如此往复，势必陷入"冲突—调整—再冲突—再调整"的恶性循环。

（二）设立跨区协调组织

行政区划调整方案成本高，且难以解决根本问题。与其相比，设立"跨区协调组织"的方案似乎更具可行性。事实上，自区域冲突发生至今，主张通过区域协调组织解决问题的呼声从未中断。在实践操作层面，各种类型的区域协调组织也是层出不穷。综合理论研究与具体实践，这些协调组织可以分为"中央主导的紧密型跨区协调机构"和"地方主导的松散型跨区协调机构"两种类型，其区别的关键在于协调组织是否拥有充分的协调职权，也即体制动员力。由中央政府出面，设立高权区域协调机构解决地方政府协调难的问题，很符合中国大国治理的思维惯性[1]，并且在域外法治发达国家也多有体现。比如在 1963 年，法国政府于中央层面设立了"国土规划与区域行动委员会"，并将该委员会作为协调区域发展的专职管理机构，以此协调地方政府在发展过程中可能出现的合作需求。虽然在 20 世纪 80 年代，法国经历过一次分权运动，中央政府的部分管理权限被下放到地方政

---

[1] 历史上，中央政府出于政治安全的考量，倾向于使地方政府内部相互分权、外部相互分立。这样一来，虽然最大限度维护了中央政府的政治安全，但同时也引发了地方政府协调难的问题。因此，中央政府往往向地方政府下派临时官员以解决地方政府内部协调和外部协调的问题，如汉代的刺史、唐代的采访使、宋代的转运使、明清的巡抚和总督等。参见靳润成《明朝总督巡抚辖区研究》，天津古籍出版社，1996。

府，但是"国土规划与区域行动委员会"作为全国区域协调管理机构的地位并未改变。同时，"国土规划与区域行动委员会"还承担了外部协调职能，它对外代表法国，与欧盟及其成员国协调相关区域合作和区域竞争问题。再比如日本，虽然其奉行地方自治，但是在地方自治团体的协调问题上，中央政府并没有放弃监督权限。为了避免地方自治团体在产业政策、国土规划等方面产生冲突，1974年6月26日，日本政府在总理府内设置"国土厅"，统筹全国区域发展。"国土厅"的具体任务为："通过适当地利用国土，综合推进国土行政，确保健康、文明的生活环境和谋求国土的均衡发展，有助于富裕而舒适的地区社会的形成。"①2001年，依据《中央省厅等改革基本法》（1998年），日本正式启动了新一轮中央行政机构改革。这次改革与我国2008年推行的大部制改革较为类似。此次中央行政机构改革完成之后，日本内阁由改革前的1府（总理府）22省厅，缩编为1府（总理府）12省厅，北海道开发厅、国土厅、建设省和运输省4省厅整合后成立"国土交通省"，统筹负责全国国土的综合利用、开发工作，制定平衡发展的国土建设整备政策等。基于中央高权协调机构的有效运作，中央政府得以发挥对地方自治团体的监督职能，进而有效满足了地方自治团体相互合作的发展需求。在我国，高权协调的区域管理模式也曾多次出现。比如20世纪80年代，为了解决长三角地区产业结构严重雷同、重复建设屡禁不止、区域市场关卡林立等问题，国务院特别设立了"上海经济区"和"国务院上海经济区规划办公室"，这也是高权协调模式可以见诸行政机关记录的最早实践。但是高权协调模式的实践效果并不理想，其中最主要的原因是紧密型协调组织强调高权协调，地方政府的发展权限势必向上倾斜，不利于地方政府能动性的发挥。同时，加大行政协调力度的方式并非万能，否则在省级单位内部就不会出现类似的区域问题。如果紧密型协调机构能够解决本区域的协调问题，那么如何确保协调机构本身与其他协调机构之间的协调，当新的"块块"出现时，是否需要在协调机构之上再设立新的协调

---

① 《国土厅设置法》，第三条，1974。

机构，又是需要回答的新问题。所以增设新的协调机构，加大行政协调力度，可以一时缓解特定地区的区域冲突但无法从根本上解决问题，而且不具有普遍适用效用。还有一点需要注意的是，高权协调机构发挥作用的前提是其本身拥有充分而合法的协调权限，这样一来，地方政府的发展空间不可避免地会受到压缩。所以，高权协调一般仅作为一种临时、专项的应急方案，而不能长期维系并普遍推广。比如，为确保北京 APEC 会议期间的空气质量，中央政府特于 2013 年 10 月成立了"京津冀及周边地区大气污染防治协作小组"，用以协调北京、天津、河北、山西、内蒙古、山东六省区市的空气治理工作。"京津冀及周边地区大气污染防治协作小组"就是典型的高权协调机构，它的任务仅限于特定时期的大气污染防治工作。这里可能会存在一个疑问：同样作为区域问题的应对方案，为什么域外法治发达国家可以选择实施高权模式并将其作为一个常规性的制度安排应对广泛的区域问题？答案在于，虽然理论上关于高权协调模式的建构方案并无太大差别，但是它们成长的制度空间存在差异。高权协调模式作用的发挥必须以中央与地方权限明确清晰、高权协调机构的成立及运作有充分的法律依据等前提性条件为基础，否则要么其效用难以展现，要么在发展过程中异化。也就是说，我们首先运用法治化手段保障高权机构的运行，同时把它的运行限定在法定的目的和范围之内，才能达到机构设置的预期目标。不具备这些前提性的条件，高权协调模式就无法在我国区域问题的治理实践中全面推行。

　　相较于高权协调模式，由地方政府主导的松散型跨区协调机构在实践中的发展更为迅速。据不完全统计，仅 20 世纪 80 年代中后期，各种类型的地方性区域协调机构就有 100 个以上。地方性区域协调机构之所以能够获得高速发展，原因有三个方面。一是就时代背景而言，有中央政府政策文件的支持。需要注意的是，中央对地方政府主动成立的跨区协调机构的支持仅限于经济事务领域的技术性事项，在其他公共事务治理领域并没有中央的政策性授权。二是就主观条件而言，地方政府在长期的区域冲突中损耗较大，不得不寻求相互合作，减少冲突。三是就客观条件而言，地方性区域协调机构多为松散型协调议事机构，其成立依赖于地方政府合意，建设成本相对较低，比较容易设立。在这些有利条件的支持下，地方政府主导的松散型跨区协调机构曾经在我国大量出现。这些跨区协调机构，在合作层次上既包括"省（区、市）际的经济协作区""省（区、市）毗邻地区经济协作区"，也包括"省（区、市）内经济协作区""城市经济技术协作网络"；在结构模式上既有紧密型组织体，也有半紧密型组织体和松散型组织体；在组织形式上涵盖了包括"经济协调会""经济技术协作联席会""经济发展联络会""经济联合会""经济互促会""经济联合恳谈会""市长联席会""专员联席会""经济协作区"等在内的多种形式。① 但是，大量松散型跨区协调机构的出现并没有有效缓解区域冲突。相反，"从80年代初的盲目引进与重复布局到80年代中期的地区原料大战再发展到80年代末的地区市场封锁，区域冲突不断升级"。② "一边是区域合作组织蓬勃发展，一边是区域冲突不断加剧，区域发展冰火两重天。"③ 作为一种机动、灵活、便宜的区域协调模式，地方政府主导的松散型跨区协调机构之所以无法发挥作用在于其发展面临着一些基础性障碍，具体包括法律因素、权力因素和组织因素等。由于无法发挥实际效用，这些地方性区域协调组织逐步沦为摆设，其运行基本处于停滞状态。④ 目前地方性区域协调机构在我国大规模复兴，但是就其组织形式、职权配置、运行规则等来看，与20世纪80年代所出现的协调机构并无本质区别，其在区域协调中的作用亦很难呈现出乐观态势。

（三）府际治理

"区域主义"的崛起和区域问题所造成的混乱，同样引起了部分公共行政学学者的担忧。⑤ 公共行政学界显然已经意识到"阻碍区域经济一体化的

① 参见张万清主编《区域合作与经济网络》，经济科学出版社，1987，第271~281页。
② 张可云：《区域大战与区域经济关系》，民主与建设出版社，2001，第124页。
③ 周叶中、张彪：《促进我国区域协调组织健康发展的法律保障机制研究》，《学习与实践》2012年第4期。
④ 陆大道等：《中国区域发展的理论与实践》，科学出版社，2003，第361页。
⑤ 参见陈瑞莲《论区域公共管理研究的缘起与发展》，《政治学研究》2003年第4期。

根本原因不是行政区划"。① 在其看来，问题的关键在于现行体制"缺乏超越各地方政府的区域性合法性权力"，导致区域管理出现"权力真空和治理盲区"。② 在调整行政区划不可取的情况下，"跨域"就成为解决问题的逻辑起点。公共行政学界提出了多种解决方案。以主体为标准，这些方案可以分为以"区域行政"为代表的"政府联合跨域管理模式"和以"区域网络"为代表的"非政府联合跨域治理模式"。区域行政是指"在一定区域内的政府，为了促进区域的发展而相互间协调关系，寻求合作"③，它强调以"政府"为主体，以"联合"为模式，打破行政区之间的管理界限。区域行政的设计思路与"地方主导的松散型跨区协调机构"多有类似之处，但同时又具备了"中央主导的紧密型跨区协调机构"的高权特征。但是，具体到实践操作层面，区域行政应当如何安排，制度应当如何设计，公共行政学界并没有给出清晰的答案。行政法学界在此基础之上设计出了"行政协议"的治理方案，绕开了"区域行政"这一敏感话题，但逻辑推演的结果仍然是区域政府，因此面临着与"区域行政"一样的合法性困局及技术性难题。与区域行政类似，区域网络同样强调"跨域"视角，但其更加注重由政府和非政府组织共同形成"多中心性"和"多层次性"④ 的区域治理格局。"针对两个或两个以上的不同部门、团体或行政区，因彼此之间的业务、功能和疆界相接及重叠而逐渐模糊，导致权责不明、无人管理与跨部门的问题发生时，借由公部门、私部门以及非营利组织的结合，通过协力、社区参与、公私合伙或契约等联合方式，以解决棘手难以处理的问题。"⑤ 区域网络的核心在于承认现有行政区划的合法性和跨域事务发生的必然性，在不改

---

① 王健等：《"复合行政"的提出——解决当代中国区域经济一体化与行政区划冲突的新思路》，《中国行政管理》2004 年第 3 期。

② 参见金太军《从行政区行政到区域公共管理——政府治理形态嬗变的博弈分析》，《中国社会科学》2007 年第 6 期。

③ 参见陈瑞莲、张紧跟《试论我国区域行政研究》，《广州大学学报》（社会科学版）2002 年第 4 期。

④ 全永波：《区域公共治理的法律规制比较研究》，《经济社会体制比较》2011 年第 5 期。

⑤ 林永波、李长晏：《跨域治理》，五南图书出版公司（台北），2005，第 3 页。

变现有行政区划的前提下，通过公私部门"合作、协调、谈判、伙伴关系"① 来共同应对跨域公共事务。这种主张的理论源泉是西方的治理理论，而治理理论产生的基础是为了回应一元民主之不足以及科层官僚体制和市场竞争机制在应对公共事务时所产生的效率缺失、成本较高等问题。治理理论强调在政府与市场之外，通过网格化的设置，引入公民或私人机构参与公共事务的治理。需要注意的是，治理理论需要依托能动型政府、公共精神等多个前提条件才能发挥效用，同时我国是典型的政府主导型发展国家，在政府尚不能够应对问题的情况下，按照治理理论的设计而引入非政府组织参与公共事务的治理恐怕很难实现预期目标。

（四）广域行政

所谓广域行政，广义上是指"为因应跨越既存的行政区域间，所产生的行政需求，而涉及的相关制度与运作"，狭义上是指"两个以上的地方自治团体，其事务的共同处理；或地方自治团体的合作"。② 也有研究将其概括为跨区域事务行政。换言之，这是地方自治团体（主要是指地方政府）就其事务经由正式化且被法制化的制度设计，以合作的方式，为社会提供公共服务。从合作主体角度观察，有同级地方自治团体水平方向的广域行政，也有中央与地方不同自治团体基于层级的垂直方向的广域行政。探究日本地方自治团体突破土地管辖权的限制推进跨区域行政，重点应关注来自公共服务"利益扩散"和"经济规模"的要素。诸如消防、卫生、环保、一般政务、公共设施等公共服务的提供，需要地方自治团体投入大量成本。这些投入所产生的效益，就是本行政辖区人民的满意度。但是，每一项公共服务如何以最低的成本投入产生最大的效益，除了公共支出经济效益的考量外，地方自治团体还要在制度层面进行更为有效的制度设计。这也是日本广域行政发生的社会背景。具体而言，广域行政意味着政府利用其他地方自治团体所提供的公共服务，来降低其在该项公共服务方面的支出，同时确保本行政辖

---

① 杨爱平、陈瑞莲：《从"行政区行政"到"区域公共管理"——政府治理形态嬗变的一种比较分析》，《江西社会科学》2004 年第 11 期。

② 赵永茂等：《府际关系》，元照出版公司（台北），2001，第 50 页。

区的人民能够完整享受此类公共服务。当然，更多的时候，广域行政多为两个地方自治团体经由合作的方式共同办理某一项公共事务，在降低各自的成本投入之外，还能使双方行政辖区的人民享受更好的公共服务。

根据日本地方自治法的规定，可以类型化的广域行政共有十种。（1）"公共设施之区域外设置及其他团体公共设施之利用"。普通公共团体可以和其他公共团体对区域外设置的公共设施使用签订协议，将其他地方公共团体的公共设施提供给自己的居民使用。（2）"协议会"。普通地方公共团体为了共同管理、执行某一行政事务，或者为了对管理、执行的事务进行联系协调，或者为了共同制定、设计涉及广域事务的综合性规划，可以设置普通地方公共团体协议会。这种协议会并不具有独立的法人资格，它的组成人员由各个普通地方公共团体自主选任，不设置协议会专员。（3）"机关、职员之共同设置"。普通地方公共团体可以依照协议制定规约，共同设置委员会、委员、附属机关等。区别于前述协议会，这种模式的目标是在节省经费和确保行政运作空间之间达成平衡。（4）"事务之委托"。普通地方公共团体可以依照规约，把本属于本行政辖区的公共事务委托给其他普通地方公共团体管理、执行。在形式上，"事务之委托"与"机关、职员之共同设置"多有类似，但在法律效果上，"机关、职员之共同设置"的法律效果被视为地方公共团体所管理、执行公共事务的法律效果。（5）"职员之派遣"。为了满足处理地方公共事务的需要，普通地方公共团体首长、委员会、委员，可以向其他普通地方公共团体首长、委员会、委员要求派遣职员。职员的财政支出由请求主体负担。（6）"互助救济事业经营之委托"。普通地方公共团体因自然灾害遭受财产损失后，可以委托全国性公益法人作为它的代表，与其他普通地方公共团体共同举办互助救济事业。（7）"地方政府首长、议长之全国性联合组织"。为了协调彼此之间的联系，共同处理跨域公共事务，都道府县、市町村的首长、议长可以自主成立与跨域公共事务相关的全国联合性组织。包括全国知事会、全国都道府县议会议长会、全国市长会、全国市议会议长会、全国町村会、全国町村议会议长会等六种法定组织。（8）"都会区协议会"。针对东京都和其他特别区域之间的相互联络，特别设置都会区协议会。（9）"特别地方公共团体组合"。在处理地方发展规划、产业政策、社会民生、环境卫生、教育、防灾减灾等事务时，可以成立包括"一部事务组合""广域联合""全部事务组合""一场组合"在内的特别地方公共团体组合。（10）"地方行政联络会议"。《地方行政联络会议法》将日本划分为北海道、东北、关东、东海、中国等九个区，为了促进中央政府和地方都道府县之间的紧密合作，可以由相关都道府县知事、指定都市议长以及中央派驻地方的首长组成行政联络会议。① 总体而言，广域行政作为日本应对跨域公共事务的制度创新，其成功的原因包括赋予了地方足够的治理权力，允许地方政府横向联系进行资源配置等。但最为重要的原因在于，广域行政的改革合法性具有较为坚实的基础。从推行广域行政改革开始，日本政府先后出台了《地方自治法》《市町村合并促进法》《地方行政联络会议法》三部法律规范。与此同时，日本政府还从政策层面提供了配套，出台了有关广域行政改革的具体指引，包括《广域市町村圈整备措置纲要》《大都市周边地域振兴整备措施纲要》等。②

然而，无论是日本的广域行政，还是英国的区域治理，它们所主张的都是以"行政权"为中心的跨域公共事务治理模式。但是，正如前文所述，跨域公共事务治理之所以出现治理困局，关键就在于土地管辖权排斥跨行政区的权力运作，否定其合法性。因此，仅有行政权范围的跨域治理方案，并不能从根本上解决问题。推进跨域公共事务治理，最关键的在于如何从前端的立法环节为一系列制度演绎提供合法性支撑。据此，一种以"立法权"为中心的跨域公共事务治理模式逐渐产生。在中国语境下，我们可以将其概括为"地方政府立法协作"。但随之而来的问题是，地方政府立法协作本身具有合法性和正当性吗？它的合宪性基础是如何得以成立的？地方政府立法协作是否需要被设置一定的限度以保障现有宪制框架稳定？在宪制框架稳定

---

① 参见村田敬次郎《新广域行政论——明日地方自治》，第一法规出版株式会社，1965，第12~18页。
② 参见邱力生、赵宁《我国跨区划公共经济管理机制形成探索——借鉴日本广域行政的经验》，《广州大学学报》（社会科学版）2010年第2期。

与政府积极能动的制度创新之间，如何寻求平衡？这一系列问题不仅关系着地方政府立法协作本身是否可以获取足够的发展演绎空间，而且对于更新国家结构形式理论和中央与地方关系研究，也具有积极意义。

第四节　研究现状与进展

为了更好地聚焦本书研究主题，需要对理论界现有关于地方政府立法协作合宪性问题的研究进行全面系统的归类分析。按照传统的研究手段，这一工作需要以人工的方式加以完成。但是，这种方式在实际操作过程中却往往会形成一种"主观介入"的非客观思维。对文献的全面占有并不意味着对文献的全面解读，更不能说明解读的客观性。为了解决这一问题，我们借鉴情报学科对文献共现研究的处理思路，采用情报计算机手段对有关地方政府立法协作的研究进行"非介入式"的现状分析。

具体而言，我们将陈超美教授开发的 CiteSpace 软件作为基础分析工具。陈超美教授曾是美国德雷塞尔大学信息科学与技术学院终身教授，大连理工大学知识可视化与科学发现联合研究所美方所长，主要从事信息可视化、知识可视化、科学前沿图谱、科学发现理论研究。他所开发的 CiteSpace 软件在文献研究领域已经被各个学科广泛使用。基于 CiteSpace 软件所内嵌的分析算法，可以让我们更加客观地梳理某一主题的研究脉络及主题变化。本书所要研究的主题是地方政府立法协作合宪性问题和制度构建，但是在实际研究过程中，有关地方政府立法协作的表述存在一定差异。为了确保分析文献的完整性，我们将地方政府联合立法、区域立法、立法协作、立法协同等作为关键词，以主题搜索的形式在中国知网数据库中进行文献检索，共得到期刊文献 543 篇。经过人工识别，并剔除发表刊物影响因子极低的文献，共得到与地方政府立法协作有关的研究文献 232 篇。将 232 篇文献经过格式处理、数据降噪后，导入 CiteSpace 软件进行分析。分析结果具体讨论如下。

一　地方政府立法协作研究主题分布

将中国知网的文献数据导入 CiteSpace 软件，进行研究主题运算。从图

1-1中可见，按照研究集中度区分，地方政府立法协作研究主题依次分布在区域立法、协同立法、地方立法、示范区建设、立法协调、制度变迁、区域经济和民族法治等领域。其中，区域立法显示度最高，并且进一步辐射协同立法、立法协调等研究主题。这表明，目前理论研究已经接纳了区域的概念，并且注意到地方政府立法协作与区域概念的兴起存在密切关联。对聚类主题进一步归类，可以将其划分为4个类别。

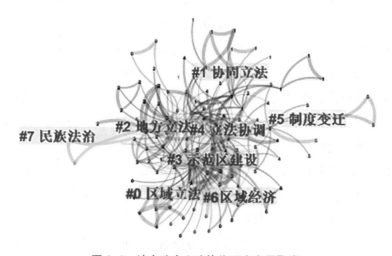

图1-1　地方政府立法协作研究主题聚类

资料来源：CiteSpace软件分析运算结果。

一是有关地方政府立法协作制度模式的研究。在现有的8个聚类中，显示度排名前三位的是区域立法、协同立法、地方立法，关注的是地方政府立法协作的具体模式。这表明，这类研究对地方政府立法协作的性质定位并不关注，其自然地将地方政府立法协作界定为地方立法的一种形式。基于《立法法》和现有立法体制的安排，这意味着目前理论研究倾向于将地方政府立法协作限定在地方立法的程序范围之内，中央政府对此干预的空间较小。二是有关地方政府立法协作制度合宪性的研究。其中，排名第六的研究主题是制度变迁，说明在地方政府立法协作性质这一问题上，其和第一类研究存在一定的认识分歧。在公法理论研究中，制度变迁往往与权力结构的重大变化密切相关。一部分研究者将地方政府立法协作与制度变迁做理论关联，说明他们认为地方政府立法协作改变了现有的国家权力配置格局。由此必然会带来有关地方政府立法协作合宪性的讨论。三是有关特定区域的立法研究，主要集中在示范区建设和民族区域立法两个主题聚类中。这部分研究关注的重点虽然是区域，但其实更多的是将区域作为一个与国家相对的整体概念，它们对区域内部的权力构造并不关心。四是有关地方政府立法协作发生机理的研究，主要集中在区域经济的主题聚类中。这说明现有研究把地方政府立法协作发生的原因定位于经济因素，而诸如大气污染防治、河流整治、垃圾处理、交通治理等跨域公共事务并未以研究主题的形式进入理论研究视野。

二　地方政府立法协作研究内容分析

针对地方政府立法协作研究内容的分析，有助于我们更好地了解现有研究关注的焦点。为此，我们将232篇文献的关键词进行抽取，建立关键词词库。同时，运用CiteSpace软件对关键词进行词频分析，基于词频进一步计算各个关键词的中心度，由此形成关于232篇文献关键词词频和中心度的排列结果。

从表1-1可见，地方政府立法协作的研究内容大致可以划分为两个研究面向。一是地方政府立法协作的基本理论研究，中心度前五位的研究内容，即区域立法、地方立法、区域法治、立法协作、协同立法都是地方政府立法协作基础理论研究的表现。二是地方政府立法协作在某一特定领域应用的研究，主要集中在京津冀、长三角、东北三省等地区。

表1-1　地方政府立法协作关键词中心度

关键词	频率	中心度
区域立法	58	100
地方立法	58	32
协同立法	51	21
协同治理	44	16
海洋污染	38	3

续表

关键词	频率	中心度
区域法治	13	31
立法	12	19
立法协作	11	29
立法协调	10	17
区域经济	10	13
京津冀	9	16
长三角	9	20
立法模式	8	12
协同发展	6	11
协调机制	6	9
一体化	6	11
区域	6	6
协调	5	10
大气污染	5	9
区域发展	5	12
区域协作	5	12
基本原则	4	6
东北三省	4	16
法治	4	4
区域治理	4	12
区域规划	4	10
法制协调	3	9
法治建设	3	3
法律制度	3	8
区域协同	3	9
法制	3	6
城市群	3	2
制度设计	3	6
法律依据	3	5
环境保护	3	6
执法	3	4
协调发展	3	4
区域合作	3	5
政府合作	2	4

关键词	频率	中心度
利益补偿	2	9
协作模式	2	2
必要性	2	3
飞地经济	2	4

资料来源：CiteSpace 软件分析运算统计结果。

三　研究进展

从现有研究的发展脉络不难看出，区域协调发展战略是催生地方政府立法协作的实践基础。正是在区域协调发展战略的影响之下，地方政府立法协作的相关研究一直将"区域经济"作为关注的核心，与之相伴的协同立法、立法协调，都是为了回应更好地发展区域经济这一时代命题。但是，从理论研究的自洽性来说，地方政府立法协作研究的基础需要从区域协调发展战略向更深层次转移。

首先，将区域协调发展战略作为实践基础有其合理性。区域发展不协调是世界上绝大多数国家在发展过程中普遍面临的问题。虽然新古典理论学派一再强调，在市场自由竞争、生产要素充分发挥作用和资本、劳动力自由流动的前提下，资本将会自觉地由高收入、高工资的发达地区流向低收入、低工资的不发达地区；而劳动力也会在市场机制的作用下由收入较低的不发达地区转向收入较高的发达地区，最终消除区域之间的发展差距，使区域发展格局在市场力量的作用下"自动达到平衡"。[①] 1965 年，美国经济学家威廉姆逊（J. G. Williamson）选取了包括美国、英国、巴西、西班牙等在内的 24个国家，分别从横向和纵向两个方面进行比较。其研究发现，经济发达国家区域间差异较小，而发展中国家区域间差距较大。就单个国家而言，其区域发展一般都经历了由均衡到不均衡再到均衡的发展阶段。威廉姆逊由此得出

---

① 张可云：《区域经济政策》，商务印书馆，2005，第 50 页。

了著名的"倒 U 形曲线论"。该理论认为:"国家发展水平与区域不平衡之间存在倒 U 形的关系。亦即在发展初期,区域间以收入差距扩大和'南北'二元性增强为特征;在国家成长和发展到较为成熟阶段后,则以区域间趋同和'南北'问题消失为特征。"① 倒 U 形曲线论的出现,为区域协调私权模式提供了现实例证。

但在区域发展的实际过程中,受制于交易理性误判、信息传递不完全等多种因素影响,市场机制的作用很难得到充分发挥,区域发展很难实现上述前提,市场机制的作用难以得到充分发挥。换言之,即使市场机制能够充分发挥作用,资本、劳动力和其他生产要素能够自由流动,区域发展不平衡的情况同样会出现。市场机制作用下的区域发展是"趋异"而非"趋同"。20 世纪 50 年代,瑞典著名经济学家冈纳·缪尔达尔(Gnna Myrdal)提出"循环累积因果理论"来证明区域发展的趋异性。该理论认为,国民经济发展在空间上并不具有同步性,一些"区位优势"较为明显的地区会率先取得发展。当该地区发展到一定水平,超过初级阶段后,它就获得了自我发展能力。这种自我发展能力确保该地区可以不断地积累有利因素,为自己进一步发展创造有利条件。在市场机制的自发作用下,"自由市场力量的作用使经济向区域不均衡方向发展是一个内在的趋势"。② 发达地区越富,则落后地区越穷,造成了两极分化,"市场机制的作用不是导致(区域)均衡,而是导致(区域)发展差距的强化"。③ 在此情况之下,一国之内区域发展不协调问题的有效解决,必须依赖政府对区域发展合理、高效和规范的介入。

但是,政府对区域发展的介入同样存在"失灵"的风险。虽然政府被先天地视为公共利益的代表,但不可否认的是,无论是政府的组成人员还是政府作为一个整体,都存在自身的利益诉求。因此,布坎南指出,政府的公

① J. G. Williamson, "Regional Inequality and the Process of National Development: A Description of the Patterns," *Economic Development and Culture Change*, 1965, 13 (4).
② Gnna Myrdal, *Economic Development and Underdeveloped Regions*, Duckworth, pp. 26–27.
③ 陈秀山、张可云:《区域经济理论》,商务印书馆,2003,第 202 页。

共政策制定并不存在所谓的依据公共利益进行选择的过程，它只是各种特殊利益之间的"交换""缔约"过程。① 虽然民主体制可以在一定程度上纠正政府决策在公共利益上的偏离，但实际情况表明，民主的多数决策机制在运行过程中会出现明显的"阿罗不可能"② 现象，公共利益仍然很难实现。"当政府的公共政策不能提高经济效率或政府对利益做不公正的分配时，政府失灵就产生了。"③ 所以，政府对经济（区域发展）的介入，并不必然带来经济发展的繁荣和区域发展的协调。④ 政府在干预市场时所作出的决策是一个"完全类似于市场的复杂交易过程"，对这一过程必须进行充分的"法律约束和制度约束"。⑤ 因此，公共选择理论指出，必须从立宪改革和法律改革两个层面入手，对政府规制市场的行为本身进行规制。在政府干预区域发展的过程中，必须加强法治建设，约束政府权力，规范政府行为，为公共政策的制定提出一系列"规则和程序"⑥，增强区域协调发展各项决策的"权威性、稳定性和规范性"⑦。

我国是一个多民族的地理大国，不同区域之间在自然环境、历史文化、基础设施和经济条件等发展资源禀赋上存在很大差异，区域发展不协调的局面长期存在。受计划经济体制的影响，中央政府在解决区域发展不协调的问题时，更习惯于采用政府主导的公权模式。无论是新中国成立初期的"三线建设"，还是改革开放之后的"两步走""两个大局"发展战略，中央政

---

① 参见 J. Buchanan，"A Contractran Paradigm for Appling Economics，"*American Economic Review*，1975，（5）：225-230。
② 1963 年，美国诺贝尔经济学奖得主 Kenneth J. Arow 提出了"阿罗不可能定律"，这一定律表明，在社会成员存在不同利益追求（偏好）的情况下，通过民主多数决机制不可能实现社会的公共利益（偏好）。社会成员追求的利益越多，民主决策的结果越偏离公共利益。参见 Kenneth J. Arow，*Social Choice and Individual Values*，Yale University Press，1970。
③ P. A. Samuslosn and W. D. Nordaus，*Economics*，McGraw-Hill Book Company，1989，p. 769.
④ 参见尤尔根·哈贝马斯《合法化危机》，刘北成等译，上海人民出版社，2000，第 71 页。
⑤ 参见詹姆斯·M. 布坎南《自由、市场和国家》，吴良健等译，北京经济学院出版社，1988，第 120 页。
⑥ 参见陈振明《非市场缺陷的政治经济学分析——公共选择和政策分析学者的政府失败论》，《中国社会科学》1998 年第 6 期。
⑦ 参见夏勇《论西部大开发的法治保障》，《法学研究》2001 年第 2 期。

府都对区域发展进程发挥着决定性的作用。但是，中央政府对区域发展进程的干预并未能实现区域之间的发展均衡，相反区域发展差距被不断拉大，区域发展不协调的问题越发严重，并且在相当程度上影响到我国的政治安全和社会稳定。面对区域发展的种种问题，中央政府于1992年提出了"区域协调发展战略"①，并通过"西部大开发""全面振兴东北地区等老工业基地""大力促进中部地区崛起""积极支持东部地区率先发展"等战略措施对区域发展进行干预。与以往不同的是，此时中央政府已经意识到可能存在的政府失灵的风险，要求"十分重视法制建设"，充分吸收借鉴国外运用法制手段促进区域开发的有益经验，将区域协调发展纳入法制轨道。② 这是我国区域法治建设的起点，也催生了有关地方政府立法协作的研究。

其次，地方政府立法协作研究应当聚焦于地方政府的横向关系。政府介入区域发展，其目标是多维度的。在经济层面是为了协调区域差距，在治理层面是为了构建良好的横向府际关系。

就经济层面的目标而言。区域发展差距过大是制约我国区域协调发展的现实问题。经过国家一系列战略调整，中部地区及西部地区获得了相当快的发展，某些地区在发展速度上甚至已经超过东部地区。但是，由于自身发展基数较低，"中西部和东北地区与东部地区的绝对差距仍在拉大"。③ 过大的区域发展差距，既不利于我国区域之间的分工合作，也对我国社会稳定产生了一定的不利影响。因此，尽快缩小区域发展差距，成为我国区域协调发展的首要目标。"十二五"规划纲要对区域发展总体战略也提出了"逐步缩小区域发展差距"的发展目标。值得注意的是，虽然以往我国区域协调发展战略都曾提出过"缩小区域发展差距"的发展目标，但是"十四五"规划纲要所设定的目标和以往相比，具有明显不同。缩小区域差距，不再是为缩

---

① 《中华人民共和国国民经济和社会发展十年规划和第八个五年计划纲要》明确提出要"正确处理发挥地区优势与全国统筹规划、沿海与内地、经济发达地区与较不发达地区之间的关系，促进地区经济朝着合理分工、各展其长、优势互补、协调发展的方向前进"。区域协调发展由此上升为国家战略。
② 参见《中共中央举办法制讲座》，《人民日报》2000年9月22日，第1版。
③ 杜鹰：《区域协调发展的基本思路与重点任务》，《求是》2012年第4期。

小而缩小。在很长一段时间里，我们将区域协调发展单纯地理解为区域发展差距的缩小。为了实现这一目标，中央政府多次通过对口支援、扶贫协作等手段平衡区域发展水平。但是，从经济发展角度来看，适当的区域差距反而是区域经济发展的必要条件。按照"梯度理论"和"区域分工"理论，只有在不同区域存在"比较优势"的前提下，才会发生产业转移，不同区域之间才会开展有效的分工合作，而区域发展差距正是其中的比较优势之一。对区域发展差距问题的重新认识，使我国的区域协调工作不再单纯地以缩小区域发展差距为目标，而是要"充分发挥不同地区比较优势，促进生产要素合理流动，深化区域合作，推进区域良性互动发展"，在此基础之上逐步缩小区域差距。在协调区域发展差距的措施上，开始更多地依靠市场手段而非行政手段。缩小区域发展差距不是目的，真正的目的在于促进区域经济的整体增长，最终通过发展解决区域问题。

对协调的定义，政府也不再局限于经济层面。区域发展不平衡，就是区域经济发展不平衡，协调区域发展，就是要大力发展落后地区经济，这是很长时间以来我们对于区域协调的认识。产生这种认识的基础，就是对发展的狭隘理解。事实上，发展与经济增长并非完全等同，发展应当是经济、社会和人的全面进步。国际上对发展的理解早已由最初的经济增长，转变为可持续发展、综合发展，如在联合国的千年发展规划中，"普及初等教育""确保环境的可持续能力"等都是其重要的发展目标。在现代社会，发展的内涵应当是："经济发展同社会发展的均衡与协调，科技教育文化同经济发展的协同共进，人与自然的和谐统一。"[1] 在发展的问题上，邓小平也曾多次提出综合发展的主张。1980年1月，邓小平在中共中央召集的干部会议上强调："为了建设现代化的社会主义强国，任务很多，需要做的事情很多，各种任务之间又有相互依存的关系，如像经济与教育、科学，经济与政治、法律等等，都有相互依存的关系，不能顾此失彼。"[2] 对于发展中出现的问

---

① 王文锦：《中国区域协调发展研究》，中共中央党校博士学位论文，2001。
② 《邓小平文选》第2卷，人民出版社，1994，第249页。

题，邓小平认为，在很大程度上是"没有安排好各种比例关系"。"现代化建设的任务是多方面的，各个方面需要综合平衡，不能单打一。"[①] 邓小平强调在发展经济的同时，更要大力增加教科文卫领域的经费投入，促进经济社会全面发展。我国的区域协调发展战略，也已经由过去单纯强调经济增长，转变为以人为本、全面协调可持续的科学发展观，既要发展经济，又要促进基本公共服务均等化、资源高效利用和生态环境改善，实现经济社会全面发展。

就治理层面的目标而言。由于过去在认识上一直将区域协调发展的目标简单地理解为缩小区域之间的经济发展差距，因此在具体的协调过程中，更多地强调依靠中央政府的区域政策，通过中央政府主导的产业布局、财政支付转移等措施，缩小区域发展差距。但是在区域发展的实际过程中却出现了包括地方重复建设、产业结构雷同、地区封锁等在内的一系列问题，中央政府制定的区域发展政策在实施过程中的效果也大打折扣。造成这种问题的原因就在于，我们过多地强调了政策作用，而忽视了区域政策发挥作用的基础。

中央政府协调区域发展的政策要想真正发挥作用，必须满足以下条件。第一，制定的区域政策本身是科学合理的。如果区域政策本身就不具有科学性、合理性，那就更没有可行性可言。第二，制定出来的区域政策必须能够得到良好的实施。如果地方政府基于自身利益考量，采用各种方法回避区域政策的实施，那么无论中央政府的区域协调政策制定得多么科学、合理，都不可能发挥出应有的作用。因此，在协调区域发展的过程中，既要重视区域政策，更要重视区域关系。按照区域经济学的一般理论，区域内的发展主体包括个人、企业和公共机构（政府）[②]，广义上的区域关系可以概括为区域内部个人与个人之间、企业与企业之间、政府与政府之间以及三者相互交叉所形成的各类关系。在所有这些区域关系中，尤以政府与政府之间的关系最

---

① 《邓小平文选》第 2 卷，人民出版社，1994，第 250 页。
② 参见陈秀山、张可云《区域经济理论》，商务印书馆，2003，第 7 页。

为重要，因此，狭义上的区域关系仅指区域政府之间的关系。作为区域主体，个人、企业和政府自身发展水平的高低，决定着区域的发展水平高低，而这些主体之间的关系，则对区域协调产生着直接影响。就我国的区域发展而言，主要由政府主导、公权推进，政府掌握了绝大部分的区域发展资源，并借此对区域关系产生决定性影响。因此，在促进区域协调发展的背景下研究区域关系，重点在于分析横向间的政府关系。横向间政府关系同时属于"府际关系"范畴。科学合理的区域干预政策可以为区域协调发展确定方向，而协调的区域关系则为区域政策的落地提供了保障，没有协调的区域关系作为基础，那么有关中西部地区发展的相关政策很难得到落实和执行，重复建设、地区封锁等一系列区域问题就无法得到解决。区域政策和区域关系之间相辅相成、相互依存，共同构成区域协调发展的核心内容。

但是，受计划经济体制影响，我国的区域协调发展战略很少注意到区域关系的问题。原因在于以下两个方面。第一，在计划经济体制下，地方政府没有发展权限。所有的国家发展安排都通过中央的计划指令向下落实，地方政府仅仅是中央计划指令的执行主体，并不具有发展的自主权限，"条条"关系明显。第二，在计划经济体制下，地方政府没有发展的动力。由于财政上实行"统收统支"，地方政府所有的发展利益都要上交中央政府，由中央政府根据具体情况再次分配。地方发展的是好是坏，并不对地方政府的收益产生影响，因此在发展方面，地方政府没有足够的动力。正是因为如此，我们在区域协调发展战略的制定过程中，才很少考虑到地方政府的因素，区域关系问题也很少涉及。

区域协调发展，就其实质而言，是对现有区域利益格局的重新调整。随着我国社会主义市场经济体制的确立和财政体制改革的推进，中央政府开始向地方政府放权，地方政府在发展过程中开始具有比较明确的利益诉求。在区域协调的过程中，地方政府往往从自身利益出发，对不同的区域政策采用不同的应对策略，凡是对自己有利的，坚决执行；凡是可能使自己利益受损的，消极抵制。在这种情况下，区域关系的问题逐渐引起重视。在新的区域协调发展战略中，也越来越多地注重对区域关系的协调。随着区域问题各项研究的深化，横向间政府关系对于区域发展的重要性逐渐显现，因此有学者主张"在促进中央与地方关系法治化的背景下，对地方政府之间的横向联系进行协调，调适政府管理行为与经济发展之间的关系，从而促进经济发展的自然联系和协调地区间的平衡发展"。①

---

① 张紧跟：《浅论协调地方政府间横向关系》，《云南行政学院学报》2003 年第 2 期。

第二章　地方政府立法协作的
合宪性困局

在新的时代背景之下，满足地方政府之间的区域经济一体化和跨域治理需求，需要进行更为积极主动的横向互动。为了给予这种横向互动足够的合法性支撑，地方政府立法协作被各国政府广泛采用，由此形塑出一种新型的国家治理结构形式。其中，较为典型的实践类型包括中国的地方政府立法协作、美国的州际协定等。然而吊诡的是，以提供合法性支撑为目标的地方政府立法协作，本身是否具备足够的合法性和正当性仍然存有疑问。立法权作为国家主权的主要表现形式，它的运作本身必须有明确的法律依据。但无论是联邦制国家，抑或单一制国家，其立法体制的安排均遵循自上而下的设计逻辑。至于地方政府之间是否能够进行立法联系，则不在立法体制的设计考虑范围之内。换言之，地方政府立法协作的合宪性并未在理论上获得完整的证明。地方政府立法协作的合宪性问题成为它进行制度演绎所必须解决的基础性、前提性问题。

第一节　地方政府立法协作：一种新型的
国家治理结构形式

从表现形式来看，地方政府立法协作是两个及以上地方政府就某一事项相互运用立法权的立法活动，它只涉及横向地方政府之间的权力运作关系。但从事物的本质出发，我们可以明显地发现，地方政府立法协作所运用的立法权，其实质是国家纵向权力配置的结果。因此，地方政府立法协作不仅属于单纯的横向府际关系范畴，它同样受中央与地方关系的影响。从另一个维度出发，地方政府立法协作不仅改变了地方政府之间的横向关系，而且会间接影响中央与地方之间的纵向关系。可以说，地方政府立法协作是一种新型的国家治理结构形式。

一　新型国家治理结构形式的演进

在马克思主义经典论著中，国家成立的目的就是统治其治理的人民。为了达成这一目的，国家自始就要考虑如何按照地域对其统治单元进行划分，从而实现对人民的有效统治。因此，国家治理大多将单个行政区作为基本治理单元。在治理形式上，主要表现为从中央政府到地方政府，从整体到部分的治理态势。与之相对，地方政府立法协作虽然也将行政区划作为基本治理单元，但是它的面向是横向的其他地方政府。由此形成了一种有别于传统国家治理的结构形式。理论界对这一问题较早的观察来自美国的州际协定。[①]随着我国国家治理实践的发展，地方政府在没有中央授权的情况下展开了一系列横向立法协作尝试，其中的典型标志是2006年东北三省启动的三省立法协作。对美国州际协定和我国地方实践的观察，有助于我们更为深刻地理解地方政府立法协作对国家治理结构的影响。

（一）美国州际协定的演进历程

州际协定（interstate compact）是美国主要的跨域公共事务治理模式，它指的是："两个或者多个州之间的协议，缔约州受契约条款拘束，就像商业交易中双方或者多方当事人受契约拘束一样。同时，州际契约也受契约法的实质条款的限制，受宪法的禁止违反契约义务的法律的拘束。"[②]纵观美国州际协定制度的发展历程可以发现，它经历了一个从被严格限制到逐步放宽的发展过程，并且其适用的空间和事务范围也在逐步扩张。在某种意义上反映出宪制框架对这种新型国家治理结构的态度变化。

州际协定也不仅表现为那些写在文件上的文字，其还作为一种解决问题

---

① 参见何渊《美国的区域法制协调——从州际协定到行政协议的制度变迁》，《环球法律评论》2009年第6期；于立深《区域协调发展的契约治理模式》，《浙江学刊》2006年第5期。

② 于立深：《区域协调发展的契约治理模式》，《浙江学刊》2006年第5期。

的实践机制在历史中不断发展。州际协定的历史渊源最早可追溯到殖民地时期各殖民地之间在边界问题上的斗争和妥协经验。在美国独立之前，各殖民地间处在一种冲突与合作并存的状态下。它们在建立的时间和方式上都有较大差异，意味着它们之间的经济和文化发展水平也有一定的差距。加之随着殖民地经济社会的发展，充分占有和利用土地等重要经济资源成为各个殖民地的重要发展战略。因此，它们之间也必然爆发一些冲突，尤其体现为边界土地纠纷。[①]　与此同时，宗主国对殖民地事务的管理机制始终比较粗疏，在直接导致殖民地间的边界矛盾的同时，也间接为殖民地之间通过自主协商解决边界土地纠纷创造了条件。在此背景下，州际协定作为一种解决边界纠纷问题的有效机制便产生了。

在早期的殖民地时期，美国本土各地的统治合法性来自英国的"女王特许状"。但是，由于"女王特许状"的颁发缺少严格的规范和程序限制，出现了"女王特许状"滥用的情况。大量而交叉的"女王特许状"导致美国本土各殖民地的边界一直无法进入稳定状态。最初的解决方案以英国本土的枢密院为主导。英国女王授权枢密院裁决美国殖民地的边界纠纷。其具体运作机制类似于法庭诉讼，殖民地将纠纷诉至英国女王，经由皇家调查委员

[①] 英属北美殖民地基于英王颁发具有个案性质的特许状而建立，因此殖民地与殖民地之间"呈孤立状态而互不相属"。可以说，英属北美殖民地的建立方式非常多样，这导致殖民地的类型也十分丰富。公司殖民地、业主殖民地、自治殖民地或契约殖民地，以及皇家或王室殖民地等都是美国独立战争之前存在过的主要殖民地类型。除皇家或王室殖民地之外，其他所有的殖民地都建立在王室特许状的基础之上。从原则上来说，英王的特许状是英属北美殖民地存在的合法性基础，然而在具体操作层面，各个殖民地的建立往往又有自身的特点。一部分殖民地的建立当然来自英王的直接特许状，而另一部分殖民地则是由于少数定居者与当局支持的宗教信仰和教派产生分歧，并不满当局的宗教管理政策而出走后所建立的新定居点。这些新的定居点逐渐联合形成政治体后，便成为新的自治殖民地。例如，罗德岛、康涅狄格和新罕布什尔这三个殖民地都是由从马萨诸塞殖民地外迁出来的人民自行建立的。可以说，彼时这些殖民地是"各不相同甚至彼此冲突的实体"。它们建立的时间有早晚之别，移民来源各不相同，相互之间拥有分明的地区界限，各自有其自成体系的政治结构，在经济、文化和宗教等方面发展程度不一。这些殖民地尽管地理上相互连接，但是除了它们都直接受到英王的管理外，殖民地之间并未形成稳定的制度化关系。人口的不断增长、定居地的扩张、对矿藏等自然资源的争夺和新殖民地的建立，使殖民地之间的纠纷时常发生。具体研究可参见何顺果《美国史通论》，学林出版社，2001；何勤华主编《美国法律发达史》，上海人民出版社，1998。

会审理并作出具体裁决。如果殖民地各方对裁决不服，则最终经由枢密院作出终审裁判。这种处理机制在程序上体现出了普通法的特征，但是它所耗费的诉讼成本巨大，且容易造成殖民地各方的情感损伤，对更深层次的合作形成掣肘。为此，一种更为便利，且更尊重殖民地各方意愿的机制被创设出来，这就是州际协定的雏形：协议程序。协议程序的合法性来自美国殖民地总督的行政命令，它允许各殖民地通过谈判和协商的方式商定彼此之间的边界范围。但是，为了防止总督的权限失控，这些关于殖民地边界的协商结果必须要得到枢密院的批准才能够正式生效。甚至在某些情况下，枢密院还会将工作前置，派出相应数量的委员参与各殖民地之间的边界协商，以确保英国本土利益得到有效维护。当然，经过批准的协商结果也获得了强制执行力，"签订协议的各殖民地必须严格执行，并且英国枢密院和女王在殖民地的王室总督会监督这些协议的实施。如果殖民地间通过谈判和协商的方式，也就是缔结协议不能解决这些争端和冲突问题时，则可以通过英国枢密院向英国女王上诉，之后通常交由英国皇家调查委员会对这些争端案件进行调查，并将调查和审理结果移交女王，由女王作最后裁决"。[①]

不难看出，尽管各殖民地被授予了彼此协商解决边界纠纷的权力，但这种权力是有限的，它仍然需要遵守英国本土所发出的一系列指令。但是，也正是因为这种授权及其应用，殖民地的自治能力得到了进一步提升。在北美各殖民地宣告独立并且成立邦联政府之后，这种以尊重各方意愿为前提来解决纠纷的做法也被邦联政府所沿袭。由于邦联制较为松散，其地方政府虽然具有较大的自治权限，但彼此之间的跨域协调问题也更为突出。其中，各州之间的边界纠纷和冲突最为典型。作为一个主权国家，美国中央政府为了实现有效治理可以向下分权，但在边界纠纷、司法仲裁等方面，中央政府必须拥有绝对的权威。否则，国家的统一将难以维系。中央保留绝对权威的本质是禁止地方政府之间的横向联系脱离中央政府的控制。所以，在应对各州边界纠纷时，虽然美国中央政府承认各成员州可

---

① 吕志奎：《州际协议：美国的区域协作性公共管理机制》，《学术研究》2009 年第 5 期。

以就边界问题进行双向磋商、签订契约，但要求将其置于中央政府的全面监控之下。其《邦联条例》通过第 6 条、第 9 条的规定，明确中央政府对于各成员州之间的州际协定具有管控权，并具体释明州际协定要经过国会的同意才可以生效。①

《邦联条例》的这一立法思想被其后的 1787 年宪法所沿袭。美国宪法第 1 条第 10 款规定："任何州不得缔结条约、同盟或联盟；任何州，未经国会同意，不得与其他州或外国缔结协议。"美国宪法关于各州立法协作的条件设计，既有授权激励的考虑，也有权力制衡，保障中央政府权威的内涵。就激励目的而言，在联邦体制下，各州之间必然会在各个领域发生充分竞争。联邦政府必须有足够的能力对各州之间的竞争进行充分的协调，这对于整个国家的有效治理至关重要。② 自殖民地时期以来，州际协定在解决各州纠纷这一问题上发挥了积极作用，被证明是行之有效的处理地方政府关系的宪制机制。因此，将这一机制纳入 1787 年宪法，不仅有助于巩固行政协议的合法性基础，而且可以对联邦各州的行动信心予以激励。另外，维护联邦中央政府的政治权威和有效统治仍然是必须考虑的根本性问题。特别是考虑到联邦各州具有较强的自治权限，各州之间存在合谋颠覆联邦的现实可能性。为此，1787 年宪法沿用《邦联条例》中有关各州横向联系的限制条款，要求州际协定必须获得联邦政府国会的同意才可以生效。"很显然，这表明国会对能够限制州际商务的州际协议具有最后决定权。当一项州际协议将增加各州的政治权力机关或者损害联邦政府的至高权威时，即影响到联邦政治

---

① 由于国内研究者对《邦联条例》第 6 条的理解存在较多争议，此处列明第 6 条原文如下：No State without the consent of the United States in Congress assembled, shall enter into any conference, agreement, alliance or treaty with any king, prince or state; No two or more states shall enter into any treaty, confederation or alliance whatever between them, without the consent of the United States in Congress assembled, specifying accurately the purposes for which the same it to be entered into, and how long it shall continue. 它所要表达的完整内容是：未经合众国国会的同意，任何州不能与任何国王、君主或国家缔结任何联盟、协议、同盟或条约。未经合众国国会的同意，两个或更多州相互之间不能缔结任何条约、联盟或同盟，并且应具体说明缔结条约的目的和持续的时间。

② 参见 Skalaban Andrew, "Policy Cooperation among the States: The Case of Interstate Banking Reform," *American Journal of Political Science*, 1993, (2): 415-428。

权力结构的平衡时，得到国会的同意是非常必要的。这实质上体现了契约主义（联邦性）与国家主义（国家性）的双重倾向，贯彻了分权与制衡的政治原则——以联邦权力制约州权力，预防州权滥用，确保州际协议不会侵占联邦的政治特权，从而维护了国家的根本利益。"① 这样就有效避免了各州联合打破联邦政治平衡的情况发生。

美国中央政府对州际协定的高强度限制，也压缩了州际协定的发展空间。数据统计显示："正是基于这个原因，在州际协定的发展早期，它并没有得到广泛的适用。从1783年到1920年的总共137年间，美国只缔结了36个协定，它们涉及的主要是相邻州之间的边界争端问题，也有一小部分涉及水流的分配、航海权、桥和隧道的共用问题。"② 不过，1962年，美国联邦最高法院在一个案件中表示，政治性的州际协定必须得到国会的批准才能生效。这意味着非政治性的州际协定并不需要国会的批准。1978年，联邦最高法院在一个跨州税务案件中表示：如果一个州际协定没有通过侵占联邦政府权力的方式来扩大成员州的权力的话，并不需要国会的同意。联邦最高法院的判决为州际协定的发展打开了更为广阔的空间，尤其是在非政治性州际协定方面，各州政府的积极性得以释放，其把州际协定作为协调政府关系，促进政府合作的有效手段。20世纪30年代，州际协定进一步向前演化。一方面，咨询类的州际协定开始出现，它的作用在于为各州政府提供制度化的联系渠道，并且就某些重大特定问题提供意见咨询。另一方面，美国国会进行了管制权下放，州际卫生委员会和俄亥俄河流域卫生委员会按照相关州际协定的授权，得以以自己的名义对行政事务进行管理。发展至今，美国的州际协定已经演化为四种主要类型，包括传统的州际边界或管辖权协定（Interstate Boundary or Jurisdictional Compacts）、州际分配或发展协定（Interstate Distributive or Developmental Compacts）、州际规制协定（Interstate Regulatory

---

① 吕志奎：《州际协议：美国的区域协作性公共管理机制》，《学术研究》2009年第5期。
② 何渊：《美国的区域法制协调——从州际协定到行政协议的制度变迁》，《环球法律评论》2009年第6期。

Compacts）和州际再分配协定（Interstate Redistributive Compacts）。①

在联邦主义的框架下，联邦和州的权力划分是宪法中的核心问题。但这一纵向的联邦与州的关系，又一直和横向层面上的州与州的关系缠绕在一起。这不仅是因为，联邦主义作为美国的根本性建国原则和政府组织原则，其精神渗透进美国政治的方方面面，州与州、州与所辖地方政府的关系都会受到这一关系模式的影响，更是因为，美国联邦主义的演进，与各州之间的冲突、矛盾和纠纷的解决诉求息息相关。说到底，联邦、各州处于整体的政府结构中，联邦与某个州的关系，势必对该州与其他州的关系产生结构性的影响。

从联邦主义的衍生情况来看，美国联邦体制奠基于各州在妥协基础上的合意。通过联邦体制结束州与州之间的混乱状态，正是制定联邦宪法、构造联邦体制的动因。由此可见，如何将州际关系融入整体性的联邦体制中，是

---

① 尽管州际协定的形式会因协定本身应对的事务差异而具有多样性，但是从内容上看，州际协定的文本仍然具有共性。州际协定的复杂性不仅仅体现为不同治理领域下协定内容的差异，其制定过程以及协定条款的表达也有着比普通合同更为严格的要求。州际协定本身需具备有章可循的内在逻辑性，让协定执行者能够更好地理解与贯彻协定内容。而其内在逻辑的外化表现就构成了一般意义的内容要件，作为支撑州际协定有效运行的一项重要基础。从协定内容角度来看，州际协定的内容要件主要表现为以下几个要素。第一，协定开头一般包含目的条款（statement of purpose）和定义条款（definitions）作为协定内容的典型条款。在目的条款中，一般会声明协定制定的背景、原因和基本政策。此外，目的条款一般具有概括性，以应对日后不断变化的局势，让协定的适用拥有足够的空间和灵活性。定义条款则是为了规范协定文本中的术语表达以及明确术语具体内涵，使拥有不同术语表达的成员州不至于因为术语的使用对协定的执行造成误会与冲突。第二，协定的实体条款。州际协定的实体条款主要用来明晰协定的主体与客体，规范缔约方的权利、义务以及责任。在美国州际协定中，还有一项内容属于实体条款，即关于协定针对的具体问题，直接提供解决方案的条款。第三，协定的程序条款。程序条款的目的是保障实体条款的实施。在州际协定中，协定的管理与执行、协定争议纠纷的解决等内容是典型的程序条款。程序条款是否详尽细致，通常直接决定了协定的可操作性。第四，协定的附带条款。有部分协定会包含一些附带条款，作用是帮助相关主体更好地实现条款的主要内容。它们包括经济条款、协定机构建立的程序条款和机构权力运行条款。附带条款不是必需的，因为不是所有的协定都通过设立新的协定机构来履行协定内容，但出于具体问题的实际考虑，仍会有协定起草者考虑到这个问题。具体研究可参见 Michael L. Buenger, Jeffrey B. Litwak, "The Evolving Law and Use of Interstate Compacts," Administrative Law Setion, American Bar Association, 2017, p. 299。

美国联邦宪法和联邦体制面临的首要问题。而在联邦体制的发展过程中，联邦与州的纵向权力划分，始终与横向层面的州际关系发生着密切的互动。当联邦的相对集权逐渐消除州的分离倾向后，面对各州间仍然存在的贸易壁垒和其他交流障碍，基于统一市场的考虑，联邦又会进一步强化自身权威，在纵向的联邦与州的权力划分中占据主动地位。而各州为维护自身权益，排除联邦干预，则会通过各种手段巩固自身地位。其中，通过州际合作自主解决州际问题，成了抵御联邦介入的重要方式。

这一互动过程表明，州际关系事实上是美国联邦主义和联邦体制运行的基础。在逻辑上，州际关系构成联邦主义的基础，主要从以下两个方面体现出来。第一，在工业化催生的统一市场背景下，某个州在联邦制下的行动，也会通过市场关联辐射到另一州，从而形成州际性的影响，并可能上升为全国性的联邦事务。在1937年的一项判决中，联邦最高法院判定"全国劳动关系法案"符合宪法，其理由是州内不合理的劳动关系将影响到州际贸易。这一判决被视为"二元联邦制"终结的标志，意味着二元联邦主义下的"州权至上"开始向"联邦至上"转向。[①] 但是，该案也从另一侧面揭示出一个问题，即州内关系、州际关系和联邦与州的关系三者之间，其实很难有一个非常明确的界限。尤其在宪法第十四修正案第一款[②]的效力辐射下，各州承担的基本权利保障义务以及对该义务履行情况的司法审查，事实上将州内事务的影响范围与州际关系联系起来。这在州际贸易政策、税收政策、环境保护措施等方面都有非常明显的体现。第二，在联邦制下，各州在管理自身事务时有足够的空间进行自主探索。这些探索如果被证明为有效，那么其他州就可以采纳。该州也可以就此向联邦提出制定联邦统一法的建议，各州之间也可以进行立法协作。州与州之间的自主探索与合作，实际上在很多方

---

① 参见崔之元《"二元联邦主义"的消亡——关于美国第十四修正案》，《读书》1996年第9期。
② 该款规定："所有在合众国出生或归化合众国并受其管辖的人，均为合众国和他所居住的州的公民。无论何州均不得制定或实施剥夺合众国公民的特权或豁免的法律；无论何州未经正当法律程序均不得剥夺任何人的生命、自由或财产；亦不得拒绝给予在其管辖下的任何人以同等的法律保护。"

面弥补了联邦治理的不足，为消除联邦内的区域差异作出了贡献。这种模式充分说明了联邦制的制度能力。同时也表明，联邦只有以州为基础，立足于州的自治及其州际的合作，才能实现联邦主义的初衷。

不过，州际关系作为联邦体制的基础，却客观上导致了"以州为中心"向"以联邦为中心"的变化。产生这一变化的原因在于三个方面。第一，随着经济一体化程度的提高，相关主体对统一市场的要求越来越高，各州自我保护的贸易壁垒和市场封闭已经无法满足现实需要，强化联邦权威破除州际障碍成为现实选择。第二，在联邦体制下，各州实际上存在某种"囚徒困境"。也即，"各州普遍担心本州在社会经济各领域较高的管制或保障标准，会将自身置于竞争不利的地位，所以都有采纳较低要求和标准的倾向，以至于形成'追底竞赛'，由此导致经济秩序混乱和对公民个人权益的损害"。[①] 而要破除这一"囚徒困境"，只能由联邦出面制定统一的标准和要求。这必然成为联邦扩权的一条路径。第三，美国各州的经济社会发展水平和所拥有的资源存在显著差异。从国家整体的长远发展考虑，适度的宏观调控和政策倾斜是极为必要的。通过联邦介入促进州际平等，是从长远维持州际关系和联邦体制的必然选择。联邦借助宪法第一条中的"州际贸易条款"等宪法依据，对各州进行了强制介入，旨在消除州际贸易壁垒，加强州际交流，并通过财政杠杆适度平衡各州经济社会发展和社会保障水平。[②] 就此而言，基于对州际竞争进行平衡和调整的现实考虑，所谓"贸易的国家化和基本权利的国家化"，造就了"以联邦为中心"的联邦纵向分权格局。[③]

当"以联邦为中心"的纵向分权格局不断强化时，来自州的抵制成为这一动态结构面临的必然局面。各州在充分比较和权衡后，普遍认为加强州际合作，是从根本上消除联邦扩权借口的路径。其中的道理很简单，联邦之

---

① 杨成良：《美国横向联邦制的演进》，人民出版社，2017，第259~260页。

② 在关于社会正义的再分配问题上，州政府制定政策的能力显然要比联邦强；联邦堪称最无效的发展政策制定者，但它却是最有能力解决再分配问题的代理人。参见保罗·彼得森《联邦主义的代价》，段晓雁译，北京大学出版社，2011，第25页。

③ 参见张千帆《从二元到合作——联邦分权模式的发展趋势》，《环球法律评论》2010年第2期。

所以干预州事务，就在于州与州之间的壁垒和封闭倾向。如果州与州之间主动选择通过沟通消除壁垒、加强合作，那么，联邦干预就没有任何必要了。而且，相较于联邦干预而言，州际的自发合作在解决州际不协调问题上具有明显的优势。州际合作双方更了解自己的实际需要，而联邦显然无法细致入微地了解到各州的特殊需求。在政策的实施和改进方面，通过协作所形成的标准更具有针对性和可操作性。例如，在20世纪30年代经济危机期间，虽然联邦高度介入州的事务，但州际委员会仍然通过合作破除了贸易壁垒，也通过《统一商法典》的制定成功化解了各州贸易规则的冲突。并且，诸多州际合作的成果还能够对联邦政策的制定产生现实影响。例如，美国州政府公路官员协会和美国联邦公路管理局一道，共同制订了美国州际公路计划，同时也为联邦资助州际公路建设提供了统一标准。总体而言，州际合作有着源源不断的内在动力，各州在州际合作方面均体会到这种合作模式所带来的成效。并且，各州也借此取得了相对于联邦的自主权，并通过外部的合作压力不断优化内部体制，由此在联邦中真正获得了相对稳固的地位。联邦制的纵向分权框架，因此在联邦与州两端达到了一种深度平衡。

州际合作虽然在联邦的压力下不断深化，但各种内在的制约因素仍然存在，州际关系还远远没有达到自足的状态。尤其是在涉及区域资源使用等与各州利益密切相关的问题时，州际合作常常陷入僵局，即使已经生效的州际协定也会因某一方的不满而被提交到联邦法院进行诉讼。而通过联邦法院的平衡，州际关系的动态调整就对联邦与州的纵向分权格局产生了影响。综上所述，在联邦制下，联邦与州的关系显然不是处在泾渭分明的二元分割状态。州权的范围、州与州之间的合作和冲突，事实上对联邦有着重要的现实影响。在州际关系下，各州基于共治和团结的追求结合在一起，但各州仍然保留相对的独立性和高度的自治权。由此建立的联邦一方面受到成员州间关系的影响，另一方面作为一个完整的政治体又不断影响和调整着内部的州际关系。① 因此可以说，联邦作为一个政治实体与横向层面上的州际关系存在

---

① 参见游腾飞《美国联邦主义理论比较研究》，《国外理论动态》2014年第8期。

密切的互动，这一互动对于联邦制的深化具有极其重要的基础作用。

不过，一个需要特别注意的趋势是，尽管州际协定在整体上经历了一个从严格管制到逐步放松的过程，但是在新近的联邦最高法院的判决中，我们可以较为明显地观察到一种反向趋势。州际协定尽管符合地方自治的精神，但它对联邦整体权威产生的冲击不容小觑。

（二）我国地方政府立法协作的演进历程

2006 年，为了解决东北三省之间立法、执法不统一的问题，黑龙江、吉林、辽宁三省签订了立法协作框架协议。由此，地方政府立法协作问题开始进入理论研究视野。[①] 但事实上，地方政府立法协作在中国并不是新鲜事物。早在民国时期，为了适应跨域公共事务治理的需要，就已经有了地方政府立法协作的制度创设。

在中央与地方关系之外，如何处理横向政府关系，一直是中国大国治理的核心问题。在立宪运动的影响下，横向政府关系被纳入国家宪法的调整范围。1923 年，《中华民国宪法》首次对地方政府关系作出规定，并且明确创设了地方政府立法协作的制度模式。1923 年 10 月 10 日通过的《中华民国宪法》第 25 条规定："举凡省教育、实业及交通；省财产之经营处分；省市政；省水利及工程；田赋、契税及其他省税；省债；省银行；省警察及保安事项；省慈善及公益事项；下级自治以及其他依国家法律赋予事项，由省立法并执行或交县执行之。前项所定各立法事项中，'有涉及二省以上者，除法律别有规定外，得共同办理'。"[②] 同时第 33 条规定："省不得缔结有关政治之盟约。省不得有妨害他省或其他地方利益之行为。"按照 1923 年

---

① 相关研究包括：史德保主编的《长三角法学论坛：长三角区域法制协调中的地方立法》（上海人民出版社，2008）以论文收录的形式，对长三角地方政府立法协作协调机制的相关问题进行了多角度探讨；叶必丰教授等人的《行政协议：区域政府间合作机制研究》（法律出版社，2010）从行政协议入手，提出协调地方立法冲突和建立地方政府立法协作协调机制的见解；朱容在《法治建设与区域经济发展研究》（西南财经大学出版社，2007）一书中考察了区域经济发展与法治建设的关系；罗俊杰、易凌在《区域协同立法博弈分析》（《时代法学》2009 年第 2 期）一文中则提出，要以促进区域市场有效运作为导向规范各行政区的立法行为。

② 转引自立深《区域协调发展的契约治理模式》，《浙江学刊》2006 年第 5 期。

《中华民国宪法》的立法精神，地方各政府可以在不具有政治性的领域进行横向联系，并且这种横向联系并不需要中央政府的特别批准。

中国是一个具有悠久"大一统"传统的文化共同体。为了维系中央政府的绝对权威，确保地方不会威胁中央政治安全，在制度设计上我国往往会倾向于让地方政府彼此相互制衡。比如在行政区划设置方面，就经历了一个从"山川形便"到"犬牙交错"的发展过程。所谓"山川形便"是指国家在行政区划的安排上，将自然地理条件，包括山川、河流等，作为地方政府的地理范围边界。这种行政区划安排的特点是，行政区的范围与某一特定的自然地理范围基本吻合。元代以前，我国的行政区划基本遵循了"山川形便"的划分原则。如秦汉时期，中央政府设置的郡县大多拥有一片完整的自然区域，其中南阳郡就完整地包含了南阳盆地。[①] 唐宋时期的行政区划，也采用了这种划分原则，如唐朝的河南北道、河东道，宋朝的江南东路、江南西路、淮南东路等。"犬牙交错"是与"山川形便"截然相反的一种区划模式，它是指在行政区划设置过程中，尽量割裂某些完整的地理单元，形成犬牙交错的地方政府边界，使任何一个一级行政区划都不可能拥有一个完整的自然地理单元。犬牙交错的行政区划模式形成于元朝，而元朝之所以采用这种区划模式，一是为了"便于政治上之统治"，二是为了"便于军事上之控制"。其"所划省区，或使拥有相当之军需资源，借以供养驻军，镇压地方；或使战略要地互相楔入，借以控制，而免叛据……造成犬牙交错之界线，借以互相牵制是"。[②] 元后的明、清两代，在行政区划上也都继承了这种划分方式。元、明、清行政区划的目的在于力求政治上的稳定，确保中央对地方的控制，防止地方势力做大。它在横向上刻意分裂自然地理单元，形成地方相互牵制的局面；在纵向上则"指挥系统务求严密，不惮阶层繁复"。这一发展历程表明，政治安全因素在国家行政区划安排上占据绝对的主导地位。

---

① 南阳盆地位于秦岭、大巴山以东，桐柏山、大别山以西，其北是秦岭山脉的东端，其南是大巴山脉的东端。周边的山脉恰好把这块地方给围了起来，从而形成了盆地。现在南阳盆地分属河南的南阳、鲁山、叶县、舞阳、栾川和湖北的随州、枣阳。

② 傅角今：《重划中国省区论》，商务印书馆，1948，第39~40页。

　　考虑到以上情况，1923 年《中华民国宪法》所规定的地方政府立法协作制度颇令人感到意外。究其原因，在主观层面，与 20 世纪 20 年代国内兴起的省宪运动有很大关联。省宪运动主要是为了解决中央和地方的关系，其根本主张是将联邦制作为中国的国家结构形式。在地方力量的支持下，包括张君劢等在内的宪法学家，甚至抛出了"联省共和国"的宪法草案。在客观层面，这也是当时中央政府式微的必然结果。由于中央政府在事实上缺少足够的政治、军事实力，无法对地方政府形成有效控制，因此刺激了地方政府逸脱中央政府管控的动机和行动。王世杰和钱端升在回顾这段历史时表示，当时的制度设计在本质上就是联邦制，是省宪派与反省宪派相互争论妥协的结果。[①]当然，它也深层次地反映出了当时中央政府与地方政府之间的权力对比。但是"大一统"思想文化传统的影响和社会根基依然存在，尽管地方政府横向联合立法有利于更高效地处理跨域公共事务，但它仍然被视为是对传统的背叛和对中央政府的挑战。所以，1924 年段祺瑞政府上台之后，立刻凭借高强度的政治权威否定了 1923 年《中华民国宪法》所确立的地方政府立法协作制度。

　　但令人诧异的是，1946 年的《中华民国宪法》又再一次确立了地方政府立法协作制度。1946 年《中华民国宪法》第 108 条、第 109 条第二项、第 110 条第二项，均明确规定涉及两个及以上行政辖区的公共事务，可以由地方政府共同办理。与此同时，上述条款还对地方政府共同办理的事项范围进行了列举式的说明，地方政府获得了有关立法协作的明确指引。当然，有关上述事项范围的地方政府立法协作，仍然有制度性限制。法律另有规定的，地方政府不得进行地方政府立法协作。对比美国州际协定的制度性限制可以发现，州际协定的限制方式是联邦政府国会的审查，而 1946 年《中华民国宪法》所规定的限制方式是法律的例外规定。这两种方式代表着不同的限制程度。国会的审查具有更多的灵活性和不确定性，是政治意志的再次介入，表明美国 1787 年宪法对州际协定的高强度限制。而法律一经制定其调整的事项就是确定的，以法律的例外规定限制地方政府立法协作的范围，

---

　　① 王世杰、钱端升：《比较宪法》，中国政法大学出版社，2004，第 388 页。

相当于授权地方政府可以对各类新型的跨域公共事务进行横向立法协作，这是一种强度较低的限制。

1946 年《中华民国宪法》确立的是单一制国家结构形式，但对地方政府如此充分的授权已经接近于联邦制。如此意外的结果可能与"五五宪草"的起草人张君劢有一定的关系。作为 1923 年《中华民国宪法》制定的主要参与者，张君劢历来秉持均权主义的观念。在"五五宪草"修改的 12 条原则中，张君劢"确立了省自治的原则。原则规定省为地方自治之最高单位，省与中央权限的划分依照均权主义原则，省长民选，省自制省宪"。① 至于省以下的地方政府进行横向联系甚至联合立法，自然也是"省自治原则"的应有之义。张君劢和其主持制定的 1946 年《中华民国宪法》在后世遭到了猛烈批判。林纪东认为这种设计与当时所需要的国家统一格格不入，无异于自毁长城。在他看来："宪法上述规定，固不合于历史传统及时代潮流，倘与国家处境相符合，尚有可说，然此种助长地方意识，分散国力，无异自毁长城之办法，其不合于制宪时代，外则赤焰方张，侵凌未已，内则满目疮痍，百废待举之国家环境，固不待智者而后知，宪法主稿人，于此极明显之事实，独视若无见，诚不知其用意何在也。"②

1923 年和 1946 年《中华民国宪法》有关地方政府立法协作的创制在理论上存在引发割裂国家共识和政治离心，威胁国家安全的可能。离心运动与向心运动原本属于自然界的两种物理现象，但是如果用它们来分析社会现象就会发现，在社会生活的各个领域，尤其是政治生活领域，同样存在"离心"与"向心"的现象，我们将其称为"政治离心"和"政治向心"。

"一个国家在任何时候都同时存在向心力和离心力"③，这是由国家的自身属性所决定的。从构成上来看，国家就是社会成员的有机集合。社会成员为促进自身更好地生存和发展，共同制定法律创设国家，同时为国家设置相应的

---

① 郑大华：《张君劢与 1946 年〈中华民国宪法〉》，《淮阴师范学院学报》（哲学社会科学版）2003 年第 2 期。

② 转引自立深《区域协调发展的契约治理模式》，《浙江学刊》2006 年第 5 期。

③ 邹东涛：《政治体制改革的目标——实现社会主义民主》，《学习时报》2008 年第 5 期。

政治制度，使其有效运作。国家其实就是社会共同体的一种存在形式，因此对于国家来说，维系共同体的存在和发展，是其最为核心的任务。但是，社会成员基于共同意志创设了国家，并不意味着社会成员在任何问题上都能形成共同意志；相反，由于不同的社会成员在生活背景、认知方式、利益追求等方面存在千差万别，彼此之间很容易形成利益冲突，影响共同体的稳定。矛盾不可怕，可怕的是无法解决矛盾。同理，社会成员之间存在冲突并不重要，重要的是能否有效地解决这种冲突。社会冲突的普遍存在，是国家产生的基础，正是由于社会成员之间无法依靠自身力量协调、消解这些冲突，才决议设立国家。国家存在的意义就在于，其可以通过法律制度和政治安排，协调社会成员之间的冲突，将这种冲突的影响控制在最小范围之内。如果社会矛盾冲突都能得到积极而有效的解决，那么国家的效能就是正向的，社会成员对国家的依赖感和归属感也会增强，更倾向于维持现有局面，此为政治向心。反之，如果国家不能积极有效地解决社会矛盾冲突，那么国家的效能就是负向的，社会成员对国家的依赖感和归属感就会降低，政治离心力就会增强。

在国家不能有效协调、消解社会冲突的情况下，社会成员通常会通过自主行动减少自身利益损失。第一，采取非制度性手段。在创立国家的时候，社会成员已经通过法律制度和政治安排设置了冲突解决机制，当这些制度安排无法发挥作用时，非制度手段就会出现。如果社会冲突不能在制度化的框架之内得到解决，那么解决冲突的手段本身就会引发更多的冲突，从而对社会稳定产生更大的不利影响。第二，脱离政治共同体。脱离政治共同体是政治离心最为极端的表现，在社会成员对国家的归属感极低并且客观条件允许的情况下，这种情况就会发生。如果大多数社会成员都选择了这种利益自卫方式，就会动摇社会共同体的存在基础。

新中国成立以后，我们吸取近代宪制改革的经验教训，特别注重维护中央政府的政治权威。尤其是计划经济的体制安排，在内涵上也要求强化中央政府权威，确保上下一体，达成"如身使臂，如臂使指"的治理效果。我国的行政区划在划分原则上明显以政治安全为核心，在横向地理划定上基本采用了类似于"犬牙交错"的分界模式，如秦岭淮河沿线的省区划分。秦岭淮河是中国南北的天然分界线，南北差异明显，从秦汉至唐宋，秦岭南北一直分属于两个一级行政区，这两个行政区分别拥有一个完整的地理单元。岭北在秦汉时属内史、三辅；唐时属京畿、关内；北宋时属陕西路。岭南在秦汉时属汉中；唐属剑南道；宋属利州路。元代时，出于统治的需要，其采取以北制南的军事政策，故意将秦岭以南的一部分地区（汉中、安康）划入陕西行省，使四川无险可守。类似的还有淮河南北、太行山东西等。如此一来，任何一个行省都不可能成为完整的地理单元，以确保其政治统治安全。① 但随之而来的，也会造成更多的跨域公共事务治理难题。但是，在改革开放之前，地方政府并没有被赋予立法权，彼此之间横向的立法协作也缺少发生的制度性可能。

立法是国家治理的重要方式，通过立法可以构建社会规则，进而规范客观世界的运行。但是立法并不是主观世界自由想象的产物，它需要对社会发展的规律保持足够的尊重，由此才能契合特定的社会环境。我们认可并尊重这样一种观点："立法者应该把自己看做一个自然科学家。他不是在制造法律，不是在发明法律，而仅仅是在表述法律，他把精神关系的内在规律表现在有意识的现行法律之中。如果一个立法者用自己的臆想来代替事情的本质，那末我们就应该责备他极端任性。"② 映射到国家治理的具体实践，新中国成立之后"犬牙交错"的行政区划设置方式在结构上增加了跨区域治理的难度。它或许可以确保中央政府政治安全和绝对的政治权威，但对跨域治理的负面影响不容小觑。③ 与此同时，在"政治晋升锦标赛"模式下，地方保护主义和恶性竞争问题时有发生，既不利于国家整体经济秩序的良性发

---

① 参见周振鹤《关于我国行政区划改革的几点思考》，《社会科学》1989 年第 8 期。

② 《马克思恩格斯全集》第 1 卷，人民出版社，1956，第 183 页。

③ 我国的地方行政立法是以行政区划为单位，即省、自治区、直辖市和设区的市可以根据法律、行政法规和本省、自治区、直辖市的地方性法规制定规章。地方行政立法的法律位阶虽然较低，但是在法治建设和整个国家、社会和公民生活中却起着重大的作用。随着横向经济联系日益密切，共同经济区域的出现已经超出传统的行政区划，同时区域环境问题日益恶化，也凸显了地方行政立法的局限性。此时，如果仍抱守地方行政立法模式，那将会因各行政区对同一事项立法的不一致而出现市场分割、地方保护、跨地区性公共物品供给不足和公共事务治理失灵等诸多问题。参见程彬《长三角地区区域行政立法研究》，《法治论丛（上海政法学院学报）》2008 年第 5 期。

展，也无法为人民群众提供必要且充分的跨域公共产品供给。在立法体制和国家治理实际之间，出现了主观构造偏差。或许制度的设计者并没有用自己的主观想象架构客观世界的运行规则，但各地方"画地为牢"的现实要求立法者尽快在立法体制上予以创新。改革开放以后，地方被赋予立法权，特别是2014年《立法法》修改之后，地方立法权的主体范围进一步扩大。与跨域公共事务治理相关的地方立法协作制度得以产生，并逐渐成为跨域公共事务治理的重要制度安排。

二 地方政府立法协作在实践中的具体形态

改革开放以来，地方政府的能动性带来了国家经济社会的重大发展，但"政治晋升锦标赛"也导致了区域一体化受挫、跨域公共事务无人问津等一系列问题。最早用以解决这些问题的方案依然沿袭着中央高权的管控思路，其手段以区域政策为主。在地方层面，早在20世纪80年代，我国各地区之间就展开过多领域、多层次、多形式的区域合作。据不完全统计，在这一期间，全国成立的包括"经济协调会""经济联合会""市长联席会""经济协作区"等在内的各类区域协调组织就有100余个。但是发展到90年代末，"20世纪80年代建立的（区域协调）组织处于停滞状态或基本消亡"。[①] 21世纪初，全国各地再次出现了大规模的地方性合作浪潮，如"泛珠三角经济圈""长三角经济圈"等合作实体相继成立。2003年，浙江、江苏和上海三省市的道路运输管理部门就在杭州签署了《长三角道路运输合作和一体化协议》和《长三角地区道路运输一体化发展议定书》，以求打破行政区划的藩篱，开放公路运输市场。再如2003年，同样是浙江、江苏和上海，其工商行政管理部门分别签订了《沪苏浙三省市工商局合作会议纪要》和《长三角地区消费者权益保护合作协议》，意在建立三省市统一的市场准入机制和市场秩序。但这种地方性合作与前述"经济协调会""经济联合会""市长联席会""经济协作区"并无本质差异。

---

① 陆大道等：《中国区域发展的理论与实践》，科学出版社，2003，第361页。

2006 年，为了解决东北三省之间立法、执法不统一的问题，黑龙江、吉林、辽宁三省签订了立法协作框架协议，这也成为地方政府立法协作发展的重大标志性事件。东北三省的立法协作，主体是三省政府，因此在理论研究上被概括为"地方政府立法协作"。2006 年 1 月 14 日至 15 日，由辽宁省政府法制办牵头，黑龙江、吉林、辽宁三省法制办在沈阳召开了东北三省政府立法工作协作座谈会。"会议就东北三省区域立法协作与交流进行了研讨。这次会议上，三省确定近期在鼓励和保障非公有制经济发展、诚信、应对突发公共事件、国家机构和编制管理、行政执法监督 5 个方面开展立法协作，并具体到 2006 年的 9 个立法协作项目，分工为：黑龙江完成行政许可监督条例和国家机关机构和编制管理条例，论证公民医疗权益保障条例；吉林完成行政决策实施办法；鼓励、扶持非公有制经济若干规定，论证促进就业条例；辽宁省完成企业信用信息管理办法、个人信用管理办法，论证突发公共事件应急条例。"① 这既是东北三省召开的第一个有关省政府立法协作的联席会议，也是全国范围内第一次由立法部门实质性参与立法协作的磋商活动。②

---

① 钱昊平：《东三省"立法结盟"》，《浙江人大》2006 年第 11 期。

② 为重振东北经济，解决东北三省间的地方立法冲突，营造优良的法治环境，东北三省政府于 2006 年就签署了《东北三省政府立法协作框架协议》，达成了诸多重要共识。第一，东北三省开展立法协作的必要性和重要性。必要性在于协作有助于三省立法优势的整合和立法资源的共享，而且可以降低立法成本，提高立法质效；重要性在于三省开展立法协作有助于东北经济的法治振兴，使得科学发展观得到落实。第二，立法协作的基本原则。将法制统一、突出东北地方特色及分工协作确定为立法协作的基本原则。第三，采取"紧密型"、"半紧密型"和"松散型"三种立法协作方式。分别指：对于政府关注、群众关心的难点、热点、重点立法项目，三省将成立联合工作组开展协作；对于具有共性的立法项目，由一省牵头组织起草，其他两省予以配合；三省有共识的其他项目，在亟须制定且条件成熟的情况下，各省可根据本省实际独立进行立法，并由三省共享其立法结果。第四，立法协作的领域和项目。分别为：应对突发公共事件；行政执法监督；构建诚信社会；国家机构和编制管理；鼓励和保障非公有制经济发展。第五，工作制度和要求。就每个立法项目成立专门的立法小组，由分管领导牵头，定期召开会议，研讨立法有关重要事项，并落实责任制，建立信息通报制度。东北三省是我国首个开展地方立法协作的区域，该区域地方立法协作的实践，不仅证明了立法协作的可行性，而且证明了立法协作的实效性。三省地方立法冲突减少，立法成本得以降低，质量得到提高。具体论证可参见应品广《政府间立法合作的制度阻力和规范化分析》，《安徽大学法律评论》2010 年第 1 期。

在东北三省政府立法协作之外，行政协议被视为另一种非典型的地方政府立法协作模式。行政协议"既不是共同行政行为也不是行政合同，而类似于美国的州际协定和《西班牙公共行政机关及共同的行政程序法》所规定的行政协议，是政府间实现平等合作的一项法律机制。在我国，这既是一项法制创新，也是一个新的行政法学范畴"。① 之所以将行政协议界定为行政法学新的研究范畴，是因为传统的行政法是将权力和权利作为底层架构的。"全部行政法的体系都围绕着行政权力与公民权利这一对基本矛盾而构建，这是行政法的立基点，也是行政法与其他部门法相区别的基本标志。"② 但是行政协议与传统行政法存在根本性的区别，它所要调整的是不同地方政府之间的权力配置关系。更为重要的是，传统行政法中的各类行政行为都有典型的外部性，行政行为以对行政相对人产生行政法上的权利义务关系为标志。但是行政协议调整的是政府之间的关系，它往往并不对公民、法人和其他组织的权利义务进行设定。"在区域行政过程中，即使区域行政规划、区域行政协议等政府间行政活动间接影响行政相对人的权益，从而具有一定外部效应，政府行政权力和公民权利之间的互动关系也是处于从属地位的。"③ 行政协议是地方政府为了应对跨域公共事务治理所进行的制度创新。跨域公共事务所引发的治理需求超出了传统行政法的运作空间，无论是干预行政还是负担行政，都不足以有效满足跨域公共事务的治理需要。因此从能动的角度来说，"现代行政开拓众多的新活动领域，无经验可以参考，行政机关必须作出试探性的决定，积累经验，不能受法律严格限制"。④ 在我国长三角和珠三角地区，地方政府为了推进跨域公共事务治理，以签订协议的方式对某一事项作出规定，事项覆盖了执法、交通、环境、教育等多个领域。⑤ 然

---

① 叶必丰：《我国区域经济一体化背景下的行政协议》，《法学研究》2006 年第 2 期。
② 罗豪才、宋功德：《认真对待软法——公域软法的一般理论及其中国实践》，《中国法学》2006 年第 2 期。
③ 李煜兴：《区域行政的兴起与行政法的发展变迁》，《武汉大学学报》（哲学社会科学版）2018 年第 4 期。
④ 王名扬：《美国行政法》，中国法制出版社，1995，第 547 页。
⑤ 参见叶必丰《我国区域经济一体化背景下的行政协议》，《法学研究》2006 年第 2 期。

而，这些行政协议虽然具有跨域的性质，但和地方政府立法协作一样，都是为了"充分协调各区域立法主体基础之上，对涉及共同的利益事项或社会关系制定并实施统一的法律规则，即在保证区域内立法协调性的基础上增强区域性法文件制定和实施的整体效益性，从而推动区域经济、社会等全面协调发展"。① 但是，这种行政权力运作并非立法，它和法律意义上的立法行为仍有较大差异。

地方政府立法协作是指："在法制统一的大前提下，经授权由相关行政区划的有关人员在协商自愿的基础上组成一个立法机构，共同制定适用于该区域内各行政区划的区域性立法。"② 或者说是"具有立法权的若干个地方政府进行的横向立法协调，其并不仅表现为一种共同的立法行为，更多的是地方行政立法上的沟通与合作"。③ 作为跨域公共事务治理的一种制度化手段，地方政府立法协作已经演绎出一整套相对系统和完善的运作机制。从形式上看，地方政府立法协作既包括不同地方政府之间的立法信息交流，也包括在某些重大跨域公共事务上的法律冲突协调。当然，还有更为深层次的立法协作形式，主要表现为两个或多个地方政府就某一事项进行联合立法。总体而言，地方政府立法协作包括"立法信息和经验的交流与共享；法律冲突的调整和解决；联合立法"。④ 从系统论的角度来说，地方政府立法协作"既包括立法之前区域政府通过协商与沟通达成的立法协调共识，如区域行政协议、区域行政立法规划和区域行政立法论证机制；也包括正当的立法协调程序，如行政立法听证、社会公众参与和行政立法协调结果的通过机制；以及事后的协调与争端解决机制，如区域法律评估、区域规范性法文件清理

---

① 陈光：《论我国区域立法协调的必要性与可行性》，《齐齐哈尔大学学报》（哲学社会科学版）2009 年第 5 期。
② 毕雁英：《宪政权力架构中的行政立法程序》，法律出版社，2010，第 106 页。
③ 程彬：《长三角地区区域行政立法研究》，《法治论丛（上海政法学院学报）》2008 年第 5 期。
④ 饶常林、常健：《我国区域行政立法协作：现实问题与制度完善》，《行政法学研究》2009 年第 3 期。

和可能存在的司法审查机制"。①

　　当然，更为谨慎的观点认为，地方政府立法协作的范围应当限定在"共同立法"。其中的代表性人物是江苏省人大常委会法工委的王腊生先生。作为一个来自立法一线的理论专家，他认为前述的"立法信息和经验的交流与共享"等，仅仅是立法的准备工作，并不构成真正意义上的立法行为，更不能界定为立法协作。在他看来，"真正意义上的地方立法协作，是区域内的立法主体对某一事项的共同立法，这是地方立法协作的高级形式，也是最根本的形式。立法信息资源的共享，不是地方立法协作的主要目的，地方立法协作的主要目的是在一定区域内有关立法主体对某一事项采取共同的立法行动，形成一致的行为规则"。② 也就是说，地方政府立法协作在主体上要满足地方政府的条件，在事项上要满足解决跨域公共事务的条件，在权力运作上要满足行使立法权的条件。地方政府立法协作必须是"在特定经济区域内，由各行政区划内一定层次的地方政府机关就区域内涉及共同利益等事项协商一致，共同起草统一的行政规章文本，并由地方政府机关依据《立法法》等现行有效法律法规规定的行政立法程序各自通过实施该等行政规章的行政立法行为"。③

　　除了地方政府立法协作之外，从立法协作主体的角度划分，还有地方权力机关也即地方人大之间的立法协作。这也是 2022 年新的《地方各级人民代表大会和地方各级人民政府组织法》所正式确立的区域协同立法制度。从立法协作程度划分，又可以分为松散型、半紧密型和紧密型三种具体协作模式。从立法协作形式划分，又可以分为统一立法和互补立法。从立法协作内容划分，又可以分为经济发展、社会管理等多个领域的立法协作。但无论何种模式，地方政府立法协作在我国跨域治理实践中已经发生的事实是成立的。特别是 2020 年 1 月 18 日，天津市十七届人大三次会议审议通过的《天津市机动车和非道路移动机械排放污染防治条例》，被视为我国第一部区域性立法。

---

①　刘莹：《区域行政立法协调研究》，中国政法大学硕士学位论文，2011。
②　王腊生：《地方立法协作重大问题探讨》，《法治论丛（上海政法学院学报）》2008 年第 3 期。
③　丁浩：《区域行政立法问题研究》，复旦大学硕士学位论文，2011。

三 地方政府立法协作对国家治理结构的突破

传统的国家治理结构安排是纵向的，它立足于主权的唯一性和最高权威性，强调从中央到地方的治理模式。恩格斯指出："国家并不是从来就有的。曾经有过不需要国家，而且根本不知国家和国家权力为何物的社会。在经济发展到一定阶段而必然使社会分裂为阶级时，国家就由于这种分裂而成为必要了。"[①] 因此，作为一种因阶级而生的"政治统治制度"，国家为了彰显政治统治的价值，需要通过权力的集合与分配构建治理体系，进而对社会事务形成稳定并且有效的支配和调控。基于上述前提，国家得以构建出一种权力结构平衡的治理状态，政府、市场和社会之间能够有效衔接配合，如此才能证成国家价值的正当性。

虽然国家自其诞生之日起就会产生国家治理的问题，但直到市场经济快速发展之后，国家治理的理论研究才得到深入发展。从治理主体视角来说，国家治理的主体是政府，这仍然是国家治理理论所坚持的主张。20世纪六七十年代兴起的新公共管理运动强调了非政府组织（机构）在治理体系中的作用，但非政府组织（机构）仍然被国家治理经典理论界定为国家治理的非正式补充。从治理客体视角来说，社会各类公共事务是国家治理的对象，涵盖了经济、政治、文化、社会、生态文明等各个领域。从治理方式来说，国家治理经历了一个从强制到协商的方式嬗变。最初的治理体现为国家意志的直接表达，但市场和社会的兴起，以及政府失灵的客观现实，推动了协商式治理的产生。但无论是强制还是协商，国家治理都必须以国家权力运作为基本条件。

当我们认为地方政府立法协作改变了国家治理结构形式时，所指称的就是地方政府立法协作改变了国家治理的权力架构。所谓的结构其实是一个系统概念，它表征的是组成系统的各要素及其组成形式。国家作为一个特殊的系统，对治理结构的要求是全方位的。按照政治学经典理

---

① 《马克思恩格斯选集》第4卷，人民出版社，2012，第190页。

论的解释，支撑国家运行的政治结构应该是一个复合维度，"是指一个政治系统中相关的政治角色之间固定关系的形式，亦即政治行为的模式"。① 因此，国家治理的本质是政治统治权力的应用，而与之相伴，国家治理结构的本质就是权力结构。这个权力结构受传统主权理论影响颇深，特别强调权力的秩序和中心。

在传统的主权理论中，一个国家必须有一个最高的权力中心作为主权的代表具体实施主权所衍生的各项权力。这也是传统主权理论最为核心的思想主张，根植于传统主权理论所产生的时代背景。尽管理论通说认为，主权理论诞生于16世纪欧洲世俗权力和教会权力的争斗中，但事实上，最早的主权概念在中世纪之前就已经产生。在亚里士多德的观点中，主权代表着最高权力，优胜者是主权的享有者。可见，从主权诞生之日起，它就和绝对权力存在密切关联。16世纪时，法国思想家让·博丹（Jean Bodin）将国家与主权的概念进行同构。在形式上，他主张"国家是由许多家庭及其共同财产所组成的、具有一种最高主权的合法政府"。在性质上，他强调主权是"超乎公民和居民之上不受法律限制的最高权力"。② 据此，博丹提出了主权应当具有绝对性和永久性的主张。博丹的这一主张一经提出，就得到了世俗政权的广泛支持。原因在于，中世纪以来，社会的政治经济权力皆由教会掌握，世俗权力处于弱势地位。"国王由于受到贵族、教皇领导的跨国性教会、神圣罗马帝国的皇帝以至城市新兴商人阶级等各方面政治力量的抗衡，权力十分懦弱。教会的专横和王权的懦弱被认为是当时法国宗教战争不断，国家四分五裂、社会生灵涂炭的直接原因。"③ 在这样的社会背景之下，人们普遍渴望一个集中而强大的世俗权力以维护社会秩序。

博丹所提出的主权概念，构成了现代国家的理论基础，并进一步影响着国家治理结构形式的具体安排。尽管主权概念内涵丰富，但我们仍然能够看出它一以贯之地对绝对权力的追求和渴望。因此在具体的国家

---

① 任剑涛主编《政治学：基本理论与中国视角》，中国人民大学出版社，2009，第250页。
② 让·博丹：《主权论》，李卫海、钱俊文译，北京大学出版社，2008，第25页。
③ 江国华：《主权价值论》，《政治学研究》2004年第2期。

治理结构形式安排中，主权概念强调一种自上而下的治理结构。中央政府对地方政府必须保持足够的政治优势，这样才能确保国家的安全和稳定。

基于上述理念，各国在设计国家治理结构时大多采用了从中央到地方的单向度模式。这种模式的核心——中央政府——相较于地方政府具有优越地位，而具体的实现则依靠从中央到地方的多层级行政治理单元设置。对于中国来说，如何处理国家治理结构、社会稳定、经济发展之间的关系一直是设计政治组织架构的重要考虑内容。传统的国家治理以中央集权为导向，通过中央的权力和命令维持一个综合的复杂目标。新中国成立之后基本沿袭了这一国家政治组织架构思路。改革开放之后，为了实现更为有效的治理，中央通过财政、行政、立法三条路线向地方分权，由此确定中央与地方作为双重治理主体的结构安排。① 其中的合宪性依据来自《宪法》的明确授权。如《宪法》第一百零七条规定："县级以上地方各级人民政府依照法律规定的权限，管理本行政区域内的经济、教育、科学、文化、卫生、体育事业、城乡建设事业和财政、民政、公安、民族事务、司法行政、计划生育等行政工作，发布决定和命令，任免、培训、考核和奖惩行政工作人员。"《地方各级人民代表大会和地方各级人民政府组织法》也有相应的立法安排。尽管从形式上，这种安排反映出了中央与地方在分权前提下的共同治理模式，但细致观察仍然可以发现，"当前地方政府层级关系是一种较为典型的压力型体制，上级政府通过运动化的管理方式和数量化的评价体系，凭借自上而下

---

① 在 1956 年的《论十大关系》中，毛泽东首次明确提出："应当在巩固中央统一领导的前提下，扩大一点地方的权力，给地方更多的独立性，让地方办更多的事情。这对我们建设强大的社会主义国家比较有利。我们的国家这样大，人口这样多，情况这样复杂，有中央和地方两个积极性，比只有一个积极性好得多。"（《毛泽东文集》第 7 卷，人民出版社，1999，第 31 页）这一表述直接构成了"八二宪法"第三条第四款关于中央和地方国家机构职权划分的原则，即"在中央的统一领导下，充分发挥地方的主动性、积极性"。自 1956 年提出至 1982 年正式入宪以前，这一原则作为一种非制度化的宪制策略，旨在"建立一种相对灵活的宪制架构，能在中央和地方的权力之间达成一种有利于全国整体利益的平衡"。该原则在 1982 年的入宪则意味着"中央要放权给地方，并且是长期而稳定的"，地方处理自身事务的自主权"获得了宪法上的正当性"。具体论证可参见王建学《论地方政府事权的法理基础与宪法结构》，《中国法学》2017 年第 4 期。

的增压机制，实现政府目标"。①

应当说，这种设计的理念与传统是一致的，差别只是程度和形式。但是，虽然这种理念及其所指导的具体制度可以有效维护中央政府在国家治理中的权威和优越地位，但它同样存在影响国家治理效能的问题。其中，最为关键的问题在于，中央和地方政府之间、地方的上级政府和下级政府之间，其权限边界往往很难划定。尽管我们可以从《宪法》和《地方各级人民代表大会和地方各级人民政府组织法》中找到中央和地方政府之间、地方的上级政府和下级政府之间有关各自权限的规定，但是这种规定往往是抽象且概括性的，导致出现有关权限划分的模糊地带。并且，社会事务的发展变化总是超出制度设计的预期，社会事务发展的复杂性会不断产生国家治理的新情况和新问题。这种局面在全世界范围内普遍存在，"在科技进步、私人企业的范围进一步扩大、文化生活变得日益复杂的地方，政府也就增加了新的任务"。② 与之相对，在中央和地方政府之间、地方的上级政府和下级政府之间往往会出现新兴事务治理空白的情况，由此进一步放大了彼此之间的权限模糊问题。最终，这一问题的解决往往通过中央政府或上级政府的"解释"而实现。地方政府在事实上成为中央政府国家治理体系的传送带，在中央政府指令之外，地方政府不会轻易进行治理创新。即使地方政府作为最贴近治理的政府机关，它也习惯于依靠传统的命令和服从的路线处理各类新兴事务。

中央与地方的这种关系本质上属于科层结构的典型表现。这意味着下级政府在行使权力时，必须严格遵循上级政府的指令，中央政府在整个国家治理结构中居于核心地位。这种格局与中央政府的特殊性存在密切联系，可以说是一种结构性、制度性的演绎结果。从辖区来看，中央政府的权限和职责范围遍及全国，这表明中央政府在全国范围内发挥影响力。为了实现全国性

---

① 马斌:《政府间关系:权力配置与地方治理——基于省、市、县政府间关系的研究》,浙江大学出版社,2009,第3页。
② 徐湘林:《寻求渐进政治改革的理性——理论、路径与政策过程》,中国物资出版社,2009,第30页。

的整体目标，中央政府需要具备足够的工具手段确保地方政府服从指令。随之而来的问题是，中央政府的权力应当如何控制？地方政府的自主意识和自主能力应当如何培育？就第一个问题而言，为了避免因中央政府滥用权力而产生的不利影响，权力控制的对象是中央政府。尽管中央政府也会通过内部的自我控制机制进行权力规范，但最终仍然有赖于外部约束。而在所有的外部约束方案中，地方政府作为中央政府所架设的治理结构的关键点是最重要的约束主体之一。可见，即使我们承认中央政府在国家治理中的优越地位，但地方政府的自主意识和自主权限仍然不应当被忽视。相反，拥有足够自主意识和自主权限的地方政府，一方面可以更加积极有效地回应治理需求，另一方面也可以实现对中央政府的有效约束。

细致观察地方政府立法协作，它在理念上与传统的主权概念所要求的治理结构存在一定分歧。如果说传统的国家治理结构强调中央政府对地方政府的优势，那么地方政府立法协作则更多地体现为地方政府的能动性。同时，这种能动性已经在区域层面对国家治理产生客观影响。综合现有的地方政府立法协作实践来看，有的立法协作属于一致性立法，有的属于互补性立法。一致性立法强调各个地方政府之间对某一事项进行统一的、无差别的立法描述，从而在管理层面实现规范相同、执法相同、法律效果相同的目的。而互补性立法并不追求各个地方政府的立法必须保持完全一致，它是根据区域经济一体化或区域治理的实际需要，确定每个地方政府所扮演的角色和承担的责任，进而在立法上予以体现。无论是一致性立法，抑或互补性立法，其都具有与一般地方立法相同的法律效力。这是地方政府横向协同在制度层面的最高层次。因此，地方政府立法协作在区域层面实际发挥效力。

和传统的以中央为核心的治理模式不同，地方政府立法协作是地方政府的主动制度创新，并且逐渐成为国家治理的重要内容。更为重要的是，地方政府立法协作是地方政府横向之间的主动联系。原本应由中央政府统筹协调的横向府际关系，事实上转移到由地方政府统筹协调。这是对主权概念所设定的以中央政府为核心的国家治理结构安排的重大突破。

第二节　合法性与正当性困局

"公法事务变化多端，理论回应难免仓促，因此公法学研究往往需要一个合宪性逻辑假设的支撑，它可以是正当性，也可以是合法性。"① 理论界在研究地方政府立法协作这一问题时，往往会预设一个合宪性的前提。尤其是 2022 年 3 月《地方各级人民代表大会和地方各级人民政府组织法》修订后，有关地方政府立法协作完全具备合宪性的假设似乎已经不证自明。然而，这一假设固然可以为地方立法协作提供理论上的合宪性支撑，但这一支撑是否能够成立？需要依据何种理论支撑才能得以成立？这些仍然是必须回答的问题。事实上，尽管有关地方政府立法协作的合宪性假设支撑并决定了其制度细节走向，但地方政府立法协作的合宪性本身仍然是没有得到解答的理论难题。

一　于法有据抑或于法无据

地方政府立法协作有明确的法律依据吗？较早研究这一问题，并完成理论证成的是上海交通大学的何渊教授。早在 2006 年，他就提出"关注地方政府间关系"及地方政府合作合宪性问题的学术建议。在其看来，"我国现行宪法基本没有规定地方政府间关系，宪法学者在探讨国家结构形式时，也很少涉及对地方政府间关系的研究。这种现状带来了很多困境，理论上会引起违宪性的合理怀疑，实践上会导致区域合作的犹豫或举步维艰"。② 那么，在立法协作领域，地方政府具备合法性吗？

立法是主权者的主观构造。在以博丹为代表的经典主权派的理论观点

---

① 张彪：《从合法性到正当性——地方政府跨域合作的合宪性演绎》，《南京社会科学》2017年第 11 期。

② 何渊：《地方政府间关系——被遗忘的国家结构形式维度》，《宁波广播电视大学学报》2006 年第 2 期。

中，"主权是一个国家所拥有的独立自主地处理其内外事务的最高权力"。①作为最高权力，主权应当是不可分割的。尽管国家可以依照地理空间范围划定不同的统治区域，也即行政辖区，但是主权只能作为整体存在，并且由中央政府代表整体实施。在中央政府和地方政府之间进行主权分配，在理论上并不可行，在实践中也会造成国家割裂。博丹对主权的不可分割性有着强烈的理论诉求，"在他的定义之中，政治社会是由统治者和被统治者构成的，而主权不能在统治者与被统治者之间进行分配"。②更有激进的经典理论认为，倘若主权在一个国家中被割裂为若干单元，那么主权的分割必导致其毁灭③，因为它将主权的权威基础——单一性，彻底否定。在随后的理论研究中，霍布斯主张以人民为主权的所有者。与之相伴，主权的主要表现形态就是立法权。

当然，主权的概念也受到了诸多挑战。有学者认为，主权概念"起源于理论家面对集权专制的现实而自圆其说的虚构"，"是人类思想作茧自缚的一个典范"，在"这个虚构已经过时的今天"，主权"不可分割"的定义是对现实发展的束缚，已经不适应新型国家的发展。④如果主权可以分割，那么地方就可以"主动地进行自己的法治实践，以满足各地区经济发展水平、风土人情甚至是地理环境的不同所导致的迥异的法治需求，同时完成国家法治所需的基层具体制度的构建"。⑤如此一来，区域法治或区域法治发展似乎就有了存在空间。但是，主权真的是可以分割的吗？

主权理论并不是理论家对集权专制现状无奈的自圆其说，相反，主权理论之所以产生恰恰是源自理论家们"强化国王的地位"的呼吁。⑥在15

---

① 《中国大百科全书·政治学》，中国大百科全书出版社，1992，第 609 页。
② 李悦：《中央与地方立法分权模式研究——以美洲 35 国宪法文本为样本》，西南政法大学硕士学位论文，2015。
③ 参见卢梭《社会契约论》，何兆武译，商务印书馆，2003。
④ 参见张千帆《主权与分权——中央与地方关系的基本理论》，《国家检察官学院学报》2011年第 2 期。
⑤ 吴华ھ：《从"法治国家"到"法治地方"——地方法治研究述评》，《中共福建省委党校学报》2013 年第 4 期。
⑥ 萨拜因：《博丹论主权》，邓正来译，《河北法学》2008 年第 9 期。

世纪的欧洲，饥饿、疾病和战争频频发生，人们出于对死亡和罪孽的恐惧转而向宗教寻求帮助。但在宗教狂热的氛围中，教会不但没有能够正面回应社会渴望，反而利用人们的恐惧心理和信仰危机谋取巨额财富，最终引发了欧洲"宗教危机"和"16 世纪的大决裂"。① 宗教改革打破了欧洲宗教统一局面，统治权力从教会逐渐向世俗君主集中，"民族国家"② 也在这一时期开始形成。以教会为中心的权力秩序正在瓦解，而新的世俗权力秩序并没有及时形成，由此产生的后果是欧洲大陆的分裂和众多国家内部的动乱。面对这些危机，"要求更紧密地集合在一个君王周围的愿望，便逐渐为人们所接受"③，主权理论就是在这一背景下产生的。让·博丹认为，社会需要一个最高权威维护秩序，这个最高权威就是归属于君主且"凌驾于公民和臣民之上"的主权。当然，后世对让·博丹主权在君和主权最高性、绝对性、永久性的定义提出了诸多质疑，这实际上是对主权理论的误解。让·博丹所处的时代决定了他的历史任务主要是为社会权力从教会向世俗转移提供理论支撑，推动形成民族国家，在民主理念尚未萌芽的历史背景下，他只能设计出由君主掌握最高权力的主权归属方案。主权必然是不可分割的最高权力、绝对权力和永久权力，只有这样，以主权为基础构建的国家才有能力承担起"维护法律、安全、和平与秩序的责任"，这也是主权概念的"元价值"所在。④ 部分学者认为，主权的不可分割性会进一步促进中央集权，阻碍"地方分权"，因此要求把主权视为一种"可以分享、可以限制甚至可以融合、可以让渡"的权力。⑤ 这种观点没有注意到主权只是国家建立的一般基础，分权或集权则是国家建立之后，国家结构形式的特殊表现，两者之间并无直接关联。为了推动地方分权而要求主权可分，

---

① 参见德尼兹·加亚尔等《欧洲史》，蔡鸿滨等译，海南出版社，2000，第 33~34 页。
② 《马克思恩格斯全集》第 21 卷，人民出版社，2012，第 452 页。
③ 基佐：《欧洲文明史》，程洪逵等译，商务印书馆，2005，第 234 页。
④ 参见江国华《主权价值论》，《政治学研究》2004 年第 2 期。
⑤ 参见张千帆《主权与分权——中央与地方关系的基本理论》，《国家检察官学院学报》2011年第 2 期。

不但是对主权、分权与集权关系的误解，同时也是对主权"元价值"的否定。[①]

基于主权的不可分割性，地方所获得的立法权因此被理解为中央代议机关的授权，并且这种授权必须以法律的形式呈现。在单一制国家，立法权由中央代议机关掌握，地方政府在中央代议机关的授权许可下，获得了治理地方的立法权限。由此，形成了中央与地方分权的立法体制。中央与地方立法分权的目的在于充分维护并调和中央与地方不同的意志和利益诉求。当然，在不同的国家结构形式安排之下，这种对意志和利益诉求进行维护与调和的导向存在一定的差异。单一制国家强调中央政府的意志和利益高于地方政府，而以地方自治为表征的联邦制国家，则把地方政府的意志和利益置于更加优越的地位。在具体的正式制度安排上，它们以中央与地方立法权限划分的形态呈现出来，有关中央与地方立法权限划分较为通行的标准是立法事项。

理论研究认为，所谓立法事项是一个带有高度不确定性的概念表述。"立法事项是对立法内容更为集中和规范的表述，它在立法活动中是一个既

---

① 需要说明的是，在探讨区域法治相关问题时，主权是否可以被分割往往成为理论分歧的关键点。也有学者从卢梭的人民主权出发，对主权不可分割的理念提出疑问。他们认为："在卢梭那里，由于主权是统一的、不可分割的，并且是不能转让的，因为作为反映公意的主权者意志的法律，便具有普遍性与整体性的特征，旨在于确定、维护与实现公共利益。按照卢梭的'人民主权'论及其法律性质论的逻辑，不存在主权的分割以及国家权力的横向与纵向的分散化问题，也不存在国家立法与地方立法的区别和分立问题。卢梭强调主权不可分割，实际上主要是指实行高度集权的人民主权类型的国家条件下的主权状态。他尽管没有区别地讨论过国家结构形式的单一制与联邦制的问题，但认为国家规模不宜过于庞大，以便防止国家治理效益衰减，他心目中的国家实际上是主权高度集中统一的共和国的国家类型。在这样的国家类型中，实行中央集权，民族国家内部的各个区域都受控于更高的中央政府权威，主权附着在单一的、不可分割且不可转让的国家人格之上。"但是，"在单一制国家的条件下，治权不具有主权的任何要素，也不意味着行使主权的某些权能，而是区域性的地方政府依据其法定职责与社会责任对区域性的地方公共事务加以治理或管理的权力。这种治权不是单一的、僵硬的，而是分层的、多样化的、因地因时而宜的，是实现国家主权的重要载体和基本路径之一，也是国家治理得以有效扎实展开的制度保障"。具体论证可参见公丕祥《还是区域法治概念好些——也与张彪博士、周叶中教授讨论》，《南京师大学报》（社会科学版）2016 年第 1 期。

无处不在、又无处可寻的概念。"① 法律或者立法活动并不是立法事项存在的前提，同时，立法事项所涵盖的内容并不全面包含所有的客观存在事项。这意味着，立法事项是无法通过列举的方式加以穷尽说明的。能够进入立法事项的客观事物，必然既符合客观存在本身的特征，同时又和立法活动的属性高度吻合。我们可以将立法事项看作一个在事实与规范之间的动态变化。在这个基础上，中央与地方就立法事项的权限划分，就是为了确定双方所承担的治理责任，从而以稳定性推动治理事项得到有效解决。通过立法事项这个标准来提升立法权配置效率需要以全局视角确定各个立法事项在立法体制中的合理位置。

我国《宪法》第一百零七条对地方政府的法定权力进行了列举式描述："县级以上地方各级人民政府依照法律规定的权限，管理本行政区域内的经济、教育、科学、文化、卫生、体育事业、城乡建设事业和财政、民政、公安、民族事务、司法行政、计划生育等行政工作，发布决定和命令，任免、培训、考核和奖惩行政工作人员。"地方政府虽然拥有上述权限，并且在《立法法》的加持下，可以通过立法的方式对上述权限范围所涉及的事项进行规定，但是，它并没有明确授权地方政府可以在横向上进行彼此联系。《地方各级人民代表大会和地方各级人民政府组织法》规定地方政府的权力运作要符合职权法定原则，没有法律明确授权，地方政府的行为将被施以非法的评价。但是我们在《地方各级人民代表大会和地方各级人民政府组织法》中，找不到有关地方政府横向关系的规定。通过对《地方各级人民代表大会和地方各级人民政府组织法》的进一步观察可以发现，有关地方政府职权的规定和有关本行政区的规定完全重合。这就意味着，所有地方政府的法定权限都要受到土地管辖权的严格束缚，职权的行使必须限制在本行政区的范围内。这样一来，是否意味着在立法目的上，《地方各级人民代表大会和地方各级人民政府组织法》并没有将横

---

① 周迪：《论提高环境立法效益的可行路径：中央与地方环境立法事项合理分配》，《地方立法研究》2018 年第 4 期。

向地方政府关系纳入规范范围?① "事实上，作为宪法国家结构一章的展开，《地方各级人民代表大会和地方各级人民政府组织法》不可能在宪法没有明确说明地方政府关系的情况下自主对其加以规范，这是遵从立法位阶秩序的必然结果。"②

尽管在《宪法》和《地方各级人民代表大会和地方各级人民政府组织法》层面找不到有关地方政府进行立法协作的法律依据，但是如果进一步将考察范围扩展到《宪法》和《地方各级人民代表大会和地方各级人民政府组织法》之外的其他法律法规，则情况有所变化。在 2016 年的一份有关区域合作的实证兼计量研究中，叶必丰教授统计整理了 4448 份法律文件。研究显示，在这 4448 份法律文件中，与区域合作有关的法律共计 15 部（涉 21 个条款）；行政法规 25 部（涉及 32 个条款）；规范性文件 24 部。③ 比如《海洋环境保护法》《水法》《行政区域边界争议处理条例》等都有关于地方政府自主处理跨域公共事务的制度安排。比如《海洋环境保护法》第六条规定："跨区域的海洋环境保护工作，由有关沿海地方人民

---

① 地方政府立法协作所涉及的事项应当具有跨域性。跨域性是指区域法制所针对的行为是地方政府的跨行政区行为，这是区域法制最为基本的特征，也是其区别于其他类型法制研究的关键。理解区域法制的跨域性，应当重点关注两个方面。首先，正确界定"域"的范围。在区域发展的实践中，"域"事实上就是一个高度不确定的概念。我们这里所说的"域"并不是空间概念上的特定地区，而是抽象意义上一个"完整的行政划单元"。地方政府的行为只要超出自身行政单元的范围，就可称其为跨区域行为，就属于区域法制的调整范围。而那些没有超出地方政府行政辖区范围的政府行为，因其不具有跨域性，则不属于区域法制调整的范围。其次，正确理解"跨"的含义。在一般情况下，地方政府的跨区域行为是指地方政府在彼此横向联系过程中所作出的行为，比如就某一行政事务的管理签订行政协议等。这种行为因为会对其他行政辖区的治理产生直接影响，因而当然属于跨区域行为。但这并不意味着跨区域行为只能是地方政府的对外行为。相反，某些政府行为虽然调整的是其行政辖区内部的事务，但会间接对其他行政辖区产生影响，这类行为也应属于跨区域行为。比如某一地方政府出台关于限制外地车辆进入本行政区的规范性文件，或者在自己行政区划边界掩埋、焚烧垃圾的决定等。具体论证可参见张彪、周叶中《区域法治还是区域法制？——兼与公丕祥教授讨论》，《南京师大学报》（社会科学版）2015 年第 4 期。
② 张彪：《从合法性到正当性——地方政府跨域合作的合宪性演绎》，《南京社会科学》2017 年第 11 期。
③ 参见叶必丰《区域合作的现有法律依据研究》，《现代法学》2016 年第 2 期。

政府协商解决，或者由上级人民政府协调解决。"《水法》第五十六条规定："不同行政区域之间发生水事纠纷的，应当协商处理。"《行政区域边界争议处理条例》第三条规定："处理因行政区域界线不明确而发生的边界争议，应当……由争议双方人民政府从实际情况出发，兼顾当地双方群众的生产和生活，实事求是，互谅互让地协商解决。"以上法律法规都赋予了地方政府进行横向联系的权限，但这种权限仅限于行政事务范围，与地方政府立法协作无关。①

需要特别注意的是，2022年3月11日，第十三届全国人民代表大会第五次会议审议通过了《关于修改〈中华人民共和国地方各级人民代表大会和地方各级人民政府组织法〉的决定》。新的《地方各级人民代表大会和地方各级人民政府组织法》第十条规定了地方各级人民代表大会的职权，其中第三款规定："省、自治区、直辖市以及设区的市、自治州的人民代表大会根据区域协调发展的需要，可以开展协同立法。"与之相类似，第四十九条关于人大常委会的职权规定中，也明确授予部分人大常委会彼此之间推进协同立法工作的权力。

这是我国国家治理理念和模式的重大变迁。如果细致观察新的《地方各级人民代表大会和地方各级人民政府组织法》就可以发现，除了地方各级人大之间的协同立法之外，有关地方政府之间的横向联系也在新的《地方各级人民代表大会和地方各级人民政府组织法》多个地方得到体现。比如有关地方各级人民政府机构设置和工作开展的条款等。但是，在新的《地方各级人民代表大会和地方各级人民政府组织法》中，有关地方政府

---

① 叶必丰教授认为，从我国区域合作的协商条款来看，其所蕴含的地方自主权不包括地方立法和司法的自主权，仅限于地方政府的行政自主权。基于选择性模式，地方人民政府具有自主权，可以选择协商、合作机制并达成协议。地方人民政府对跨区域事务能协商解决的，基于选择性模式之下，地方政府同样具有主动权，经协商而达成的协议有的具有终局性，仅需报送中央人民政府或相应上级部门备案。根据程序性模式而达成的协议，需要获得中央政府的批准。从理论上讲，批准程序既包含着否定协议的可能性，也包含着确认协议法律效力的可能性。授权性模式则是对地方政府的一种概括性授权，地方政府的主动性较大。因此，无论是哪一种模式的协商条款，都扩大了地方政府的自主权。具体论证可参见叶必丰《区域合作的现有法律依据研究》，《现代法学》2016年第2期。

之间是否可以进行立法协作的规定仍然处于空白状态，找不到来自规范的直接依据。

二　来自规范主义公法思想的否定

规范主义是主宰西方公法思想的一种"基本风格"，它的智识源泉是保守主义和自由主义这一对"奇特的伴侣"。尽管两者存在显著差异，但是它们"在看待法律和政府的方式上却分享着某种亲和性"，"强调法律的裁判和控制功能，并因此而关注法律的规则取向和概念化属性"。① 规范主义对地方政府横向联系怀有一种哲学的、政治的和文化上的偏见，这一点在强调权威和传统的保守主义的理论中表现得最为直接。

保守主义和规范主义根源于古典自由主义，它们对政府权力架构有着天然的关注，因为政府权力架构与自由的获得密切相关。在对个人自由可能遭受何种侵害这一问题上，古典自由主义将国家权力和民主权利视为主要因素。在它们看来，无论是经验上还是理论上，自由的前提条件是有法可依。但仅仅这样是不够的，有法可依只是解决了政府权力法律界限的问题。要确保公民的自由，除了明确政府的权力运作边界，还必须确保公民有足够的制度性机制对抗政府权力滥用。因为，所谓的明确政府权力运作边界，其"限制的只是政府的强制性活动"。② 法治的效应有可能因为政府旺盛的企图心而失效。

"所有的伟大的古典自由主义者都承认，自由国家可以拥有超出保护权利、伸张正义之外的一系列服务职能，值是之故，他们不是最低国家的倡导者，而是有限政府的拥护者。"③ 在有限政府的束缚之下，政府的能动性受到严格的压制，它的"强制性活动"空间范围也极其有限。在法治和有限政府的双重机制之下，公民的自由能够得到有效保护。由此看来，规范主义

---

① 参见马丁·洛克林《公法与政治理论》，郑戈译，商务印书馆，2002，第85~89页。
② 弗里德利希·冯·哈耶克：《自由秩序原理》，邓正来译，生活·读书·新知三联书店，1997，第262页。
③ 参见约翰·格雷《自由主义》，曹海军、刘训练译，吉林人民出版社，2005，第103页。

公法思想在政府架构的理念上强调法治和有限政府的密切结合，而在具体的实现机制上，则依赖以分权和制衡为中心的一系列制度安排。美国政治学家托马斯·伍德罗·威尔逊（Thomas Woodrow Wilson）认为："为了维护法治，不仅要分权，而且要将制衡机制引入政府体制之中，以便即使坏人当政也能迫使其为公众的利益鞍前马后。"[①]

　　保守主义尊崇传统，强调权威和秩序，它们视国家为传统、权威和秩序的代表及终极保障，因而把维护国家的生存和政治安全视为其理论构建的中心任务之一。在洛克的政治思想中，随处可见对国家存续的担忧，他指出政府存在"解体"的风险，而这种风险一方面来自外部的武力入侵，另一方面与国家的孱弱有关。"征服者的武力往往从根本上把政府打垮，并把社会打碎，使被征服或被瓦解的众人脱离原应保护他们免受暴力侵犯的社会的保护和依赖。毋庸赘述，对于这种解散政府的方法，世人了解很深并有深切的体会，决不能加以容忍。"[②] 托马斯·霍布斯（Thomas Hobbes）认为，应当维护国家的绝对权威，哪怕国家是非正义的，因为"即使最坏的君主制也比自然状态或无政府状态为好"。[③] 为了使国家的绝对权威得到维护，社会秩序有所依托，一方面，"主权者的意志"必须获得绝对的服从；另一方面，必须建立一个强大的中央政府，尤其要注意防范地方政府彼此联合对中央政府可能产生的威胁。可见，保守主义内含着对地方政府立法协作的怀疑与否定。这种意识形态的影响是深远的。在美国邦联时期，合众国对地方各州之间的联合非常提防，《邦联条例》第 6 条规定："未经合众国国会的同意，任何州不能与任何国王、君主或国家缔结任何联盟、协议、同盟或条约。未经合众国国会的同意，两个或更多州相互之间不能缔结任何条约、联盟或同盟，并且应具体说明缔结条约的目的和持续的时间。这一条款所展现出来的立法精神和技术安排，"由于毋须说明的理由（建立中央相对集权的

---

① 转引自孙曙生《通往自由的道路——古典自由主义法治思想研究》，重庆大学博士学位论文，2008。
② 参见洛克《政府论》（下篇），叶启芳、瞿菊农译，商务印书馆，1964，第 134 页。
③ 参见霍布斯《利维坦》，黎思复、黎廷弼译，商务印书馆，1985，第 iii 页。

强大的联邦政府，以保证政治上的统一，实现国内安定，促进经济繁荣），而被录入新宪法"。① 可以看出，地方政府立法协作要想获得正当性基础，不仅要求它恪守形式法治原则，严格满足宪法规范的要求，同时还必须以中央政府的承认为前提。除此之外，地方政府没有任何"特权"支持它们进行横向联系。

和保守主义相比，自由主义并没有对地方政府立法协作表现出特别明显的偏见。"个人自治"是自由主义的理论预设，它关注的主要是"自由权"。② 在设计公法形象时，自由主义强调的是使政府服从于法律的必要性，因为"最能清楚地将一个自由国家的状态和一个在专制政府统治下的国家的状况区分开的，莫过于前者遵循着被称为法治的这一伟大原则"。③ 只有这样，才能维护个人自由的权利，确保政府不会恣意地侵入受法治保护的私人领域。正是由于这种对个人自由的热情关怀，自由主义注重分权与权力制衡，至于地方政府横向联系是否会危及或损害中央政府的权威，它并不在意。然而，也正是自由主义的这种特质，宪法的发展越来越集中在"政府权与公民权"的关系上，缺少对"政府权与政府权"关系应有的重视，有限的关怀也仅仅停留在中央与地方关系之上。

从词义本源上来看，宪法（Constitution）一词是由拉丁语"Constitutio"发展而来，"组织、结构、规定"④ 是宪法的基本意涵，宪法最初的意义仅在于确定国家的组织结构形式。这是因为在早期，"人们并不认为政府和个人之间存在着不可调谐之矛盾"，"只是到了 16 世纪与 17 世纪，部分由于宗教势力的衰微和新兴商业阶层与封建贵族之间的利益冲突，西欧出现了中央统一政府的需要，由此兴起了霍布斯等提倡的绝对君主学说"。⑤ 相应地，

---

① 汉密尔顿、杰伊、麦迪逊：《联邦党人文集》，程逢如、在汉、舒逊译，商务印书馆，1980，第 228 页。
② 参见马丁·洛克林《公法与政治理论》，郑戈译，商务印书馆，2002，第 89 页。
③ 弗里德里希·奥古斯特·冯·哈耶克：《通往奴役之路》，王明毅等译，中国社会科学出版社，1997，第 73 页。
④ 周叶中主编《宪法》，高等教育出版社、北京大学出版社，2005，第 35 页。
⑤ 参见张千帆《宪法学导论——原理与应用》，法律出版社，2008，第 57~58 页。

反对君主无限权力的自由主义学说也才开始出现。自由主义视政府为个人自由的对立面，认为宪法的终极任务是限制政府的权力，保障人权。反映在国家结构形式的设计上，中央与地方的关系就是一个非常重要的制度安排。地方自治对于维持小政府规模，保障个人自由具有重要意义，在宪法中规范中央与地方的关系，目的就是防止中央权力侵害地方自治，从而影响个人自由的实现。至于水平面向上的府际关系，它的地位远不及央地关系那么显耀。如果说保守主义基于国家安全和绝对主权的考虑而对地方政府横向联系抱有偏见，那么自由主义则更进一步，它因为对个人自由权利的重视而对所有政府权力都秉持着怀疑的态度。所导致的结果是，一方面，它禁止政府任何法外权力的出现，排斥政府的积极作为；另一方面，它又内在地压缩着地方政府横向联系的发展空间。

可见，在规范主义公法思想的统治下，地方政府立法协作的正当性基础并不牢固。虽然我们可以尝试通过宪法解释或宪法修改等技术性手段对其加以补充，但这也仅仅只能作为一种补充，而无法从根本上解决问题。只有公法思想从规范主义转向功能主义，地方政府立法协作的正当性才能获得支持。

在中国语境下，规范主义公法思想尊崇传统，强调权威和秩序的理念与我们传统的维护中央权威的文化不谋而合。早在1911年前后有关中国国家治理结构的讨论中，就多次出现以法治手段构建强有力中央政府的主张。梁启超作为其中的代表曾经公开呼吁："一则对于地方而言中央，地方之权，由中央赋予者，政府之强有力者也；中央之权，由地方赋予者，其非强有力者也。中央能实行监督权于地方者，其强有力者也，而不然者，其非强有力者也。二则对于立法府而言行政府，行政府人员，自立法府出，而与立法府融为一体者，其最强有力者也，虽非自立法府出，而能得立法府多数之后援者，其次强有力者也；与立法府划然对峙，而于立法事业，丝毫不能参与者，其非强有力者也。"① 从中不难看出梁启超对中央政府绝对政治权威的

---

① 梁启超：《中国立国大方针》（续第一号），《庸言》第1卷第2期，1912年，第1页。

支持和追求。但区别于以往同类主张，梁启超将中央政府的权威和政府法治建设做了有机联系。中央政府的权威是政治性的，表征着权力的层级关系和绝对服从性，但是中央政府权威的实现并不能单纯依靠政治，它需要借助法治理念和法律制度。具体而言，地方的治理权限应当是由中央政府赋予的，而地方政府是否按照中央政府的授权进行权力运作，对其的监督权也应当由中央政府掌握。在宏大的国家制度架构上，我们可以发现西方规范主义公法思想和中国维护中央政府权威的传统之间存在诸多契合之处。比如在国家结构形式方面，单一制的安排赋予了中央政府相较于地方政府更为优越的地位。尤其是在中国共产党党内制度的关联之下，中央和地方的关系更加彰显了以中央为核心的设计理念。

中央政府在国家治理结构中的核心地位具有外部辐射效应。在关系维度上，中央政府的核心地位是相较于地方政府而言的。但基于外部辐射效应，在地方政府与地方政府的关系维度上，同样存在上级对下级的绝对优势。有的学者将这种情况概括为"地方整体性集权与府际秩序导向型权力配置结构"。具体来说，它表征着这样一种制度结构：尽管我们可以看到中央政府对地方政府进行权力下放，但是这种权力下放依然要遵循行政科层的层级要求。因此，省一级政府作为中央政府最直接的下级政府，承接了中央政府所下放的绝大多数权力。同样，省一级政府下放权力时，地市级政府作为最接近省级政府的治理机关，同样承接了省级政府所下放的绝大多数权力。依此类推，中央政府所发起的权力下放，真正到最接近治理一线的地方政府时，它们所承接的权力已经寥寥无几。"从府际纵向维度方面看，地方府际权力运行整体往上集权，府际权力运行中心整体在上而不在下，这种府际权力运行模式可称之为地方整体性集权的权力运行模式。"① 与之相伴，基层政府与上级政府的权力配置关系往往以上级政府为主导。一方面，上级政府往往通过权力运作获取更多的资源，从而确保其在和下级政府的权力互动中保持

---

① 夏能礼：《府际目标治理、权力配置结构与地区经济增长》，清华大学博士学位论文，2014，第 48 页。

足够的优越地位。另一方面，上级政府要向下级政府适当放权，从而维护基层治理单元的社会秩序，促进经济社会发展。换言之，在这种结构下，上级政府对下级政府的定位是维护基层治理的有效性，特别是维护社会稳定。为了达成这一目标，必要的权力下放是题中应有之义，但这种下放是局部的甚至是暂时的。其下放的尺度在于确保下级政府能够有效执行上级政府的各项决定和命令。

除了上述宏观的、纵向的制度架构，在微观的、横向的权力分配制度设计中也能找到规范主义公法思想与我国独尊中央传统的关联。但是，在微观和横向上有关权力配置的具体安排，两者并不相同。西方规范主义公法思想基于对政府权力可能滥用的考量，强调权力和权力之间以性质为区别划定界限。但是在中国，维护中央权威其最高价值是实现国家整体的安全和发展。因此，在横向权力配置方面，并不特别强调不同性质的权力之间必须泾渭分明。以立法权为例。在西方规范主义公法思想的影响下，立法权应当由立法机关独享，因为它具有最直接且最广泛的民主正当性。除了立法机关之外，行政部门和司法部门不得进行立法活动。由此形成了有关"法律保留"的理论学说和具体制度设计。中国并没有将立法权视为民主代议机关的专有权力，除了民主代议机关之外，行政机关也享有立法权。并且行政机关立法权源自宪法性法律的直接授权，而非立法机关的再次授权。由此出现了西方和中国在法律保留原则问题上看似一致但又截然不同的制度设计思路。西方规范主义公法思想所衍生出来的法律保留原则，其重点在横向权力配置方面，因此特别强调民主代议机关对立法权的专有和专享。而中国独尊中央的传统，虽然和西方规范主义公法思想都尝试架构一个强有力的政府组织，但中国语境下的建构重点是纵向权力配置。

从以上论述可见，我国的国家治理传统和西方规范主义公法思想存在诸多相似之处，两者对政府的权威、高效有着共同的追求。不过两者都意识到政府的权力必须得到有效约束，但是在如何规范政府运作上采用了截然不同的思路。西方规范主义公法思想强调横向之间的权力制约，根据权力的性质对其进行类别划分，将不同性质的权力交由不同的部门行使，从而建立起一套部门之间相互钳制的权力运作机制。而中国更加重视纵向上的权力关系，并且对中央政府的道德性抱有天然的认同。与此同时，独尊中央的理念贯穿到整个纵向权力关系设计和运行之中，中央政府在其中制度化地被赋予了优势地位，主导纵向权力关系的具体走向。在这样的理念之下，地方政府虽然是最贴近实际的治理主体，承担着最为直接的治理任务，但是它的治理必须符合中央政府的设定。逸脱中央政府设定之外的地方政府权力运作，可能会产生挑战中央权威的负面效果，也因此会在政治伦理和法律效果上遭受不利评价。而地方政府立法协作，恰恰就属于地方政府为谋求更好治理效果而进行的制度创新，它在横向上与其他地方政府的沟通、协调乃至实质性合作，与规范主义公法思想所意图实现的国家治理格局存在出入。

第三章　地方政府立法协作的
合宪性证成

　　面对日益复杂多变的公法事务，理论回应的滞后性已经显现。有关地方政府立法协作的制度创新，可以视为我国地方政府能动治理的一种积极应对。但是，在有关地方政府立法协作缺乏合法性与正当性的质疑之下，其制度演绎亦是举步维艰。这非但影响了地方政府立法协作的效力，也在某种程度上压制了地方的主观能动性。理论研究当然可以对地方政府立法协作这一新兴事物进行理论的批判，但批判应当仅仅是一种手段，最终的目的并不是要否定地方政府立法协作这一制度创新。就理论研究而言，我们一方面确实要注意到地方政府立法协作与现有宪制框架不符的客观现实，明确其制度演绎的法定目的和空间范围，防止其失控；另一方面也应当赋予其足够的制度演绎空间，从而确保地方治理的有效性。

第一节　功能主义公法思想中的能动政府

　　功能主义是公法思想的另一种基本类型，它以"社会实证主义"、"进化论的社会理论"和"实用主义哲学"为智识取向。在规范主义公法思想的逻辑构建中，它不断尝试对一些关键概念，诸如"秩序类型""国家形式"等进行二元对立的演绎，功能主义公法思想对此并不认同。在功能主义公法思想看来，上述二元对立的概念都是"人为虚构的"，规范主义公法思想这样做的目的不过是"界定出它们的真实属性或理想特征，并辨析或凸显出由于理性的失误而进入到现代政治意识之中的败坏的形式"。[①]

---

　　① 参见马丁·洛克林《公法与政治理论》，郑戈译，商务印书馆，2002，第190页。

一　政府能力偏好

无论是对分权的偏好，还是对制衡的主张，都源自规范主义公法思想谋求保护个人自由的初衷。可以说，个人权利相较于国家的优越地位是规范主义公法思想的原点。自古罗马时期起，个人权利就是法学家们讨论的重点内容，在约翰·洛克（John Locke）和让-雅克·卢梭（Jean-Jacques Rousseau）生活的时期，个人权利的理论被广泛传播。规范主义公法思想认为个人权利是与生俱来的自然权利，它并不依附社会的存在而存在。换言之，个人权利被视为主观权利，是一种绝对平等的权利。也就是说，"自然状态中的个人是自由而且独立的，他们享有天赋的、基于人性本身的权利，这些权利组合成个人的自治地位"。① 基于个人权利的绝对平等性，规范主义公法思想将个人权利定义为对世权。这意味着，个人享有天然的权利要求其他社会主体尊重自己的各项自由，而每一个社会主体都负有不侵害其他社会主体权利的义务。为了确保这种结构得到维护，主观权利逐渐向客观法律构造演化。"法律规则一方面要求所有人对每个人个人权利的尊重，另一方面为了确保所有人的个人权利，又要限制每个人的个人权利。这样就从主观权利上升到客观法，并在主观权利的基础上建立了客观法。"② 因此，国家的正当性和法律的效力都是基于其对个人权利的有效保护。这种个人权利并不依附于社会而先验性地存在，这意味着社会性的国家、种族等因素都不构成个人权利的影响因素。它的绝对性和先验性正是规范主义公法思想所主张的"自然法"。1789 年，《人权宣言》向世界宣称："所有人生来就是自由的，在权利方面一律平等。"

地方政府立法协作无法在规范主义公法思想中获得正当性，原因在于规范主义公法思想所形塑的国家观念，倾向于一种消极的有限政府。而地方政府立法协作带有强烈的能动政府色彩，并且打破了"中央政府与地方政府

① 狄骥：《法律与国家》，冷静译，中国法制出版社，2010，第 32 页。
② 莱昂·狄骥：《宪法学教程》，王文利等译，辽海出版社、春风文艺出版社，1999，第 5 页。

之间"地方政府与地方政府之间"的竞争格局。在规范主义公法思想的认知中，国家是一种"不可避免之恶"，它的权力必须受到严格的限制，既包括外部的法律限制，也包括中央政府和地方政府以及地方政府之间的相互制约。回顾规范主义公法思想的国家观，它们把国家视为权力猛兽，也即霍布斯所提出的利维坦。"直至今日，当我们思考现代国家时，我们使用的特定语词都是霍布斯提供的。"[①] 在霍布斯的理论框架中，国家的存在必然会限缩个人权利，因为"国家没有积极的功能，它唯一的职责是维持秩序，维护和平与秩序是利维坦得以建立的理由和存在的依据。利维坦是一个警察，而不是一个导师"。[②] 但只有国家才能拥有足够的力量结束混乱的"战争状态"。所谓的战争状态，其源头在于自然法所设想的个人权利的绝对性。在自然状态中，社会个体拥有绝对权利，这种权利与客观世界无关，完全是一种主观构造。其结果是，所有社会个体的绝对权利彼此相互冲突，战争状态覆盖到社会的每一个个体，延伸到社会的每一个角落。为了结束战争状态，人的意志再一次进行主观创造，由此国家得以产生。换言之，所谓的国家是"意志的人造物"，它是自然状态社会冲突发展的必然结果。国家通过强制力划定个人权利的边界，并且对僭越权利边界的行为进行非法评价和暴力打击。社会契约的有效性、个人的自由乃至生命，都需要依赖国家的强制力来保障。"只有主权去强制和平以及强迫保持契约。这个主权，为了履行它的职责，必须有权威（即，权利）和力量……主权权力是它的臣民唯一倾向于服从的对应物。"[③]

作为整体的国家，其权力是绝对的，非此不足以保障个人权利。但是，这并不是规范主义公法思想对全能国家的向往。相反，在整体之外，规范主义公法思想要求国家内部的结构形式安排必须是相互制衡的，以此达成有限政府的目的。而之所以区分作为国家的整体和作为国家的部分，并且强调作

---

① 史蒂芬·B. 斯密什：《政治哲学》，贺晴川译，北京联合出版公司，2015，第 162 页。
② 高建主编《西方政治思想史》第 3 卷，天津人民出版社，2005，第 244 页。
③ 转引自阳火亮《保护与服从——霍布斯论现代国家》，北京大学博士学位论文，2021，第 237~238 页。

为整体的国家具有绝对权力，源自世俗国家和教会之间的权力纷争。但抛开这一历史背景，规范主义公法思想所倡导的分权理论，必然会将制衡原则延展到国家结构形式之中。不难看出，规范主义公法思想将国家作为手段，而人和人的权利才是其根本目的。规范主义公法思想期望的是最低限度的政府，在它看来，"政府和制度像地球上的事物一样都要消失，而灵魂却永恒；自由与权力之比不亚于无穷与有限之比；因此，强制性命令的范围应当有规定的界限，权力当局受到限制，外部惩戒和有组织的暴力应有权限的划分，并应当忠实于自由人的理性和良知"。① 可以说，规范主义公法思想对能动政府有着天然的排斥。在规范主义公法思想的理论中，"最糟糕的部分是它的国家没有积极的功能，它的唯一职责是维护秩序"。②

地方政府立法协作展现的是地方政府意图推进跨域治理的雄心，但在规范主义公法思想看来，这无疑越过了有限政府应当恪守的界限，应当被施以非法的评价。功能主义公法思想与规范主义公法思想存在截然不同的认识。在功能主义公法思想看来，国家与个人并非对立关系，它们都服从并统一在"实现最美好的生活"③ 这一目的之下。因此，国家只是履行特定职能的一个机器，它并不是专制权力的代表，其存在的意义是为了更好地构建可以实现美好生活的公共服务的合作体系。由此带来的理念变革是过去二元对立概念的和解，主要表现为对权力和政府角色的重新定位。一方面，政府权力固有的专制标签得以去除，分权和制衡已经不是权力架构的首要任务。即使是在三权分立架构这个规范主义公法思想的传统禁区，功能主义公法思想仍然高歌猛进，委任立法和行政审判都不再被视为专制权力的征兆。④

在功能主义公法思想的指导下，地方政府立法协作属于能动政府自我演绎的结果，其合宪性并不存在疑问。功能主义公法思想对能动政府的追求与

---

① 罗斯科·庞德：《普通法的精神》，唐前宏等译，法律出版社，2018，第30页。
② 苏云婷、靳继东：《霍布斯与近代自由观》，《燕山大学学报》（哲学社会科学版）2004年第1期。
③ 鲍桑葵：《关于国家的哲学理论》，汪淑钧译，商务印书馆，1995，第188页。
④ 参见周佑勇《行政裁量的治理》，《法学研究》2007年第2期。

支持并不是和规范主义公法思想的简单对立，相反，它有着深刻的社会基础。功能主义公法思想建构自己的国家观时，虽然仍承认个人权利的重要性，但个人权利已经不是其追求的绝对价值。也正因为如此，它形塑了与规范主义公法思想完全不同的国家观念。规范主义公法思想将国家的目的限定于保护个人权利。"自然权利这一法学理论实质上是彻头彻尾的个人主义。这一关于人固有的道德品性理论，是从单个的抽象的个人之品性中推导而来的，而作为一个权利理论，它又以社会契约为基础。自然权利是参与社会契约的个人所获得的权利，尽管对此可能没有法律规定和保护。无论从哪个角度看，法律存在之目的在于确认和保护个人利益。"[1]

　　但是在功能主义公法思想看来，情况却并非如此。首先，政府权力确实会威胁甚至侵害个人权利，但是，"我们必须认识到，如果要实现和平，就需要服从权力。这是来自理性的洞见。理性不会导向行动，导向行动的是你对死亡的恐惧，它让你理性地推知要摆脱死亡只有依靠法律，而制定法律的唯一方法就是建立国家"。[2] 立足于辩证的视角，权力并非总是负面的表达，也并非总是带来威胁。功能主义公法思想所要质问的是："假如权力本质上没有侵犯性，何必去限制它呢？"[3] 其次，在功能主义公法思想看来，个人权利并非先验的自然存在。与之相反，个人权利是社群构造的产物。社群主义"不再是一种先验的公式，它已经成为我们的实际情形的一种表达"。[4] 因此相较于个人，社群具有更优先的地位。这所带来的结果是，服务于社群的公共服务逐渐取代保护个人权利的主权，日益成为国家建构的正当性基础。

二　从消极国家到积极国家

　　规范主义公法思想和功能主义公法思想分别代表了消极国家和积极国家

① 罗斯科·庞德：《普通法的精神》，唐前宏等译，法律出版社，2001，第70页。
② 昆廷·斯金纳：《国家与自由：斯金纳访华讲演录》，李强、张新刚主编，北京大学出版社，2018，第106页。
③ 哈维·C. 曼斯菲尔德：《驯化君主》，冯克利译，译林出版社，2017，第3页。
④ 狄骥：《公法的变迁》，郑戈译，中国法制出版社，2010，第33页。

两种截然不同的国家观，两者的差异在于如何理解国家的目的和功能。规范主义公法思想所代表的消极国家观认为，国家应当以最低限度为界，不需要过多的能动性。所谓国家，就是要"努力消除具体的罪恶，而不是要试图实现抽象的善。不要谋求通过政治手段来建立幸福。要把目标放在消除具体的苦难上"。① 为了论证这种观点的正当性，有关国家起源的事实描述向我们展示了国家诞生之前的蛮荒状态。霍布斯认为，国家是为了避免恶而产生的，因为争斗、恐惧、不安是国家诞生之前的普遍状态。在这个状态中，所有的人都被其他人反对，所有的人都处在绝对的不安全之中。因此，成立国家就是要以国家集合本来应当属于个人的自然权利，从而换取对个人自由的维护。所以国家的任务是维护个人权利、保卫共同体的安全。规范主义公法思想家钟情于对这种自然状态的描述，"一个人不能使自己受制于另一个人的专断权力；而在自然状态中既然并不享有支配另一个人的生命、自由或财产的专断权力，他所享有的只是自然法所给予他的那种保护自己和其余人类的权力；这就是他所放弃或能放弃给国家的全部权力"。② 不难看出，在规范主义公法思想中，尽管国家是人类社会组织生活的必需品，但国家本身并非首要，相反，维护个人权利是国家被建构出来的核心目的。国家从其产生之日起，就被规范主义公法思想家贴上了"利维坦"的标签，是不可避免之恶。为了确保国家不会侵犯公民的个人权利，并且严格遵守最低限度要求，有关国家的具体政治组织、制度和法律都围绕着如何控制国家权力而架构。

功能主义公法思想更愿意把国家视为良性的善。如果说规范主义公法思想因为追求国家目的的有限性，而强调控制国家权力，建立消极国家，那么功能主义公法思想则因为对国家的价值认同，主张建立积极国家。在这方面，英国政治思想家托马斯·希尔·格林（Thomas Hill Green）是一位代表性人物。格林从卢梭的国家理论中挖掘出了公意思想。在其理论推演中，国

---

① 刘军宁：《善恶两种政治观与国家能力》，《读书》1994 年第 5 期。
② 洛克：《政府论》（下篇），叶启芳、瞿菊农译，商务印书馆，1964，第 83 页。

家所代表的是公众意志，基于对公众的信任，在价值和道德方面国家应当被施以正面评价。这一观点成为其构建积极国家观的理论基础。在其看来："具有道德特性的国家就不再是必要的'恶'，不再是'警察国家'，不再是危险的'利维坦'，而是成了必要的'善'，成为个人真正的朋友。"[1] 在积极国家观的理论涵摄之下，国家的能动性获得了正当性依据，并且得以将国家权力向社会领域延伸。在格林看来，国家能动性的发挥及其对社会领域的广泛介入是对个人自由的保护而非侵害，国家的主动性越强，就越能促进社会整体利益的增长。这种观点在柏拉图的论著中也能找到线索。柏拉图曾经对国家的目的给予肯定，他认为国家是为了增进正义、实现幸福而存在的。并且，这种正义和幸福是整体的。"我们建立这个国家的目标并不是为了某一个阶级的单独突出的幸福，而是为了全体公民的最大幸福；因为，我们认为在一个这样的城邦里最有可能找到正义，而在建立得最糟的城邦里最有可能找到不正义。等到我们把正义的国家和不正义的国家都找到了之后，我们也许可以作出判断，说出这两种国家哪一种幸福了。当前我认为我们的首要任务乃是铸造出一个幸福国家的模型来，但不是支离破碎地铸造一个为了少数人幸福的国家，而是铸造一个整体的幸福国家。"[2] 按照功能主义公法思想所设定的积极国家观思路，国家的任务不仅包括维护公民的权利，同时还要积极推动社会发展，其内涵当然包括区域经济一体化和跨域公共事务治理。

沿着功能主义公法思想的理论脉络，国家的统治必须以社群为基本单元，而政府运作的首要目的就是为社群提供公共服务。所谓的国家，其本质是公共服务的综合，"公共服务的概念正在逐渐取代主权的概念而成为公法的基础"[3]，因为在社群主义之下，国家权力本身的重要性让渡于国家权力的目的，在评价权力运作的合法性时，不仅要考虑它的权限、程序等事项，更要考虑权力运作的目的。如果权力运作的目的不能增进社群对

① 徐大同主编《现代西方政治思想》，人民出版社，2003，第18页。
② 柏拉图：《理想国》，郭斌和、张竹明译，商务印书馆，1986，第133页。
③ 狄骥：《公法的变迁》，郑戈译，中国法制出版社，2010，第33页。

公共服务的需求，那么其合法性就会遭受质疑。这也就是莱昂·狄骥（Léon Duguit）所说的，"各种社会中的统治者之所以以不同的形式丧失了自己的统治地位，是因为统治者不能够满足人民大众的需要提供公共服务，失去了统治的基本条件"。① 但是，什么是公共服务，或者公共服务的范围如何界定？对此问题，狄骥并没有给出答案。就如同公法理论中的公共利益一样，公共服务带有非常典型的时代性、地域性和不确定性。尝试界定公共服务范围的努力大多以失败告终。这是因为，"公共服务的内容始终是多种多样和处于流变状态之中的。就连对这种流变的一般趋势进行确定都并非易事"。② 但也正是公共服务的上述特性，它具有更强的包容性。

随着社会情势的变化，公共服务的内涵也会不断调整，区域经济一体化和跨域治理也被纳入公共服务的范围。这意味着政府负有积极责任回应区域经济一体化和跨域治理的实际需求。20 世纪 30 年代以前，美国的田纳西河流域是全美最为贫穷落后的地区之一，由于该流域覆盖范围极其广泛③，因此综合开发难度极大。为解决田纳西河流域地区的落后问题，美国国会于1933 年通过了《田纳西河流域管理局法》，并依据该法设立了"田纳西河流域管理局"，负责领导、组织、协调、管理田纳西河流域地区综合开发事宜，以推动该地区发展。《田纳西河流域管理局法》对田纳西河流域管理局的法律地位、设立目标、组织结构、决策方式都作出了明确规定，以确保田纳西河流域管理局能够稳定运行，充分发挥其协调作用。时至今日，田纳西河流域管理局已经成为"美国最具力量的公共公司"，并且使田纳西河流域的人均收入从不足全美平均水平的一半，发展到接近全国平均水平。《田纳西河流域管理局法》及依据该法所设立的田纳西河流域管理局也成为区域协调组织设立和运行的典范。

---

① 狄骥：《公法的变迁》，郑戈译，中国法制出版社，2010，第 47 页。
② 狄骥：《公法的变迁》，郑戈译，中国法制出版社，2010，第 43 页。
③ 美国田纳西河流域涵盖了包括田纳西州、弗吉尼亚州、北卡罗来纳州、佐治亚州、亚拉巴马州、肯塔基州和宾夕法尼亚州在内的 7 个州中的 4 万平方英里（约 10.36 万平方公里）土地。

第二节　中央与地方关系再造

地方政府立法协作属于横向府际关系的新形态，但它其实和中央与地方关系密切相关。在某种程度上我们可以这样认为，地方政府立法协作是中央与地方关系图谱在横向府际关系上的映射，中央与地方关系对其发挥着决定性的影响。在经典理论中，地方政府立法协作之所以无法为限制框架的合宪性链条所接受，一个关键的原因就是中央与地方关系的影响。而在中西方不同的语境之下，中央与地方关系排斥地方政府立法协作的立场和出发点各不相同。

一　西方语境下中央与地方关系再造

中央与地方关系再造的关键是构建一套能够确保中央政府和地方政府，以及地方政府和地方政府相互制衡的权力结构，这也是规范主义公法思想自然的主张。

以美国联邦政府成立为例。独立战争之后，以亚历山大·汉密尔顿（Alexander Hamilton）、詹姆斯·麦迪逊（James Madison）、约翰·杰伊（John Jay）等为代表的联邦党人谋求改变邦联建构，组建联邦政府。在联邦党人看来，既有的邦联政府存在根本性的弊端和错误，它只是"没有实质内容的空壳"。[1] 这类似于建筑物的结构出错，要想调整，必须从根本上改变建筑物的基础架构。"我们所经历的祸患并非来自局部的或细小的缺点，而是来自这个建筑物结构上的基本错误，除了改变建筑物的首要原则和更换栋梁以外，是无法修理的。"[2] 联邦党人对邦联政府的负面评价主要来自三个方面。第一，联邦党人认为邦联政府违背"少数服从多数"的基本政治原则。按照邦联政府的架构，有关外交、军事、财政等重大事项需要

---

[1]　约瑟夫·斯托里：《美国宪法评注》，毛国权译，上海三联书店，2006，第107页。
[2]　汉密尔顿、杰伊、麦迪逊：《联邦党人文集》，程逢如、在汉、舒逊译，商务印书馆，1980，第73页。

13 个州同意，而仅仅需要 9 个州同意就可以改变邦联政府的基本法。其结果是"存在'多数服从少数'的违背'共和制精神'的不正常状态"。① 第二，邦联政府不具备足够的力量管理国家。对此，联邦党人的代表之一汉密尔顿有着尖锐的批评。他认为，邦联国会表面上拥有立法、执法和司法权力，但一院制的安排等同于国会空转。同时，邦联政府没有建立司法系统，没有征税权，没有管理商业和对各州进行处罚的强制权力。第三，邦联政府极易引发国内和国际纠纷。由于邦联政府没有足够的政治权威，国内各州在商业、领土等各个方面存在的诸多纠纷无法得到有效解决，不仅国内的政治环境无法获得安定，而且可能会诱发外国的阴谋和干涉。邦联制度"是如此错误百出和不健全，以致不能加以修改，而必须完全改变它的主要特征和性质"。② 基于以上认识，联邦党人坚定地要求从根本上进行制度变革，成立联邦政府。对此，汉密尔顿呼吁："对目前邦联政府的无能有了无可置疑的经验以后，要请你们为美利坚合众国慎重考虑一部新的宪法。这个问题本身就能说明它的重要性，因为它的后果涉及联邦的生存、联邦各组成部分的安全与福利，以及一个在许多方面可以说是世界上最引人注意的帝国的命运。"③ 在联邦党人看来，只有成立联邦政府，才能架构出被各个州所接受的共同利益，国内的安定与繁荣以及国际上的尊重都可以在联邦体制下实现。④

尽管联邦党人宣称组建联邦政府的目的是更好地保护个人自由，与规范主义公法思想一脉相承，但它限缩各州权力，扩大联邦权力的意图还是引起了激烈的反对。秉持传统规范主义公法思想的阵营认为："当年脱离英帝国的时候，美利坚人民宁愿把他们自己建立为 13 个分开的主权，不想融合为一个主权：他们把自己的生命、公民权利、财产安全，都寄托给这些分开的

① 姚秀兰：《论美国联邦制的特点》，《深圳大学学报》（人文社会科学版）1996 年第 4 期。
② 姚秀兰：《论美国联邦制的特点》，《深圳大学学报》（人文社会科学版）1996 年第 4 期。
③ 汉密尔顿、杰伊、麦迪逊：《联邦党人文集》，程逢如、在汉、舒逊译，商务印书馆，1980，第 3 页。
④ 参见潘华仿《略论美国宪法的联邦主义原则和法律体系》，《比较法研究》1994 年第 Z1 期。

主权，他们理当依靠这些主权。他们建立起联邦政府，战争时捍卫整体，共同对付外国，保护小邦，不让大邦的野心得逞；他们害怕把不必要的权力授予邦联，惟恐这些权力会挫败他们建立联盟的初衷；惟恐这些权力将被事实证明危及各邦的主权，他们之所以结盟，正是为了支持各自的邦，不至于让小邦被大邦吞噬。按他的理解，各邦人民已经把他们的权力授予各邦议会，只要他们的邦政府不解散，他们不会收回授权。"① 组建联邦政府的尝试以扩大中央政府权力的形式呈现，这不仅会加重人们对中央政府暴政的担忧，而且在事实上也削弱了地方政府的权力。在面对强大的中央政府时，地方政府缺少足够的对抗力量。因此反联邦主义者要求，无论联邦政府如何架构，都必须"保留各邦政府（地方政府），让他们具备一定的能力，这点势在必行。这样做，会在各邦政府和联邦政府之间产生摩擦，正好产生我们所希望的相互制衡"。② 要求中央政府与地方政府，以及地方政府与地方政之间相互制衡，依然是规范主义公法思想所坚持的底线。

作为一种理念，联邦主义遵循的是二元主权论。美国开国元勋在《联邦党人》文集中，驳斥了霍布斯的一元主权论，认为一元主权虽能够保持统一的政府，不至于发生人与人之间的战争，但会导致集权和暴政。而作为二元主权观念彰显的联邦主义，则试图通过联邦政府和州政府的权力划分来避免集权和暴政。联邦的主权旨在保护整个联邦不受外来侵犯，为个人自由提供总体安全保障；而州的主权则避免个人自由受到来自国内集权的侵犯。

但二元主权内部仍然存在联邦与州之间的紧张关系。为调和此种紧张关系，在体制上，联邦主义试图同时满足两个相反的要求：一方面，各个州拒绝合并成为单一制国家，但又不愿分头独立、自成一国；另一方面，它们既

---

① 麦迪逊：《辩论：美国制宪会议记录》（上册），尹宣译，辽宁教育出版社，2003，第171~172页。

② 姜峰、毕竞悦编译《联邦党人与反联邦党人——在宪法批准中的辩论（1787—1788）》，中国政法大学出版社，2012，第8~9页。

要享受联合的利益，又想保留分治的自由。① 联邦主义的思想依赖契约式的国家建构原则，即政治和社会的公共机构及其关系，是通过契约、合同或其他类似方式而完美地建立起来的。② 联邦主义试图在"分治"和"共治"的两端达成一种平衡，从而让各州联合成一个紧密而强大的国家，与此同时又能保证每个州的相对自治。

上述理念集中体现在"美利坚合众国"（the United States of America）的称谓上，即新宪法要最终确立一个联邦政府和各州共享权力的双重政府体制。③ 联邦体制塑造了联邦与州的关系模式，即"联邦和州各自在宪法规定的权限范围内行使权力，各负其责，互不干涉的政治模式"。④ 这一双重政府体制，可进一步被表达为联邦制的三个要素：（1）同样的土地和人民，受两个层级的政府统治；（2）两个层级的政府，都拥有与之对应的自治区域；（3）每一层级的政府在其自治领域的自治权力，都可获得宪法的保证。⑤

在联邦党人看来，一个强有力的中央政府，是一个能够保证选民公共福利的"大共和国"组织载体。但是反联邦党人并不信任大共和国的方案，作为一种妥协，"二元联邦制"（dual federalism）被宪法确立了下来。概括来讲，所谓"二元联邦制"是指，联邦政府负责外交、国防和州与州之间的政治经济事务，州政府负责州内事务。联邦政府行使的是关乎国家整体利益的权力，这些权力在宪法第1条第8款中分项列举；而与人民生活息息相关的事务则通过宪法第10条修正案保留给各个成员州自行行使，即"本宪法中未授予联邦或未禁止各州行使之权限，皆保留于各州或人民"。

美国宪法对联邦和州的权力划分采用较为复杂的规范结构，主要体现为如下三个方面。（1）采用列举的方式明确了联邦权力，具体包括全国性的立法权、军事与财政权，处理外交事宜的权力，州际贸易管理权、宣战权和

---

① 参见周顺《联邦主义的理路与困境——以美国为例》，上海人民出版社，2015，第1页。
② 参见丹尼尔·J. 伊拉扎《联邦主义探索》，彭利平译，上海三联书店，2004，第40页。
③ 参见文森特·奥斯特罗姆《美国联邦主义》，王建勋译，上海三联书店，2003，第5页。
④ 文森特·奥斯特罗姆：《美国联邦主义》，王建勋译，上海三联书店，2003，第176页。
⑤ 参见 William H. Riker, *Federalisn: Origin, Operation, Significance*, Little, Brown, 1964。

为执行上述职权而采取"必要而适当"措施的权力。（2）采用概括主义规定各州享有的权力。在美国宪法中，各州拥有的权力采取概括主义，这些权力被称为州的保留权力，包括管理州内工商业的权力，提供公共服务和组织警卫维护公共安全等权力。（3）以绝对禁止和相对禁止相结合的方式规定了联邦和各州的禁止性义务，具体包括禁止联邦行使的权力和禁止州行使的权力。这些权力又分为绝对禁止的权力和相对禁止的权力。对于联邦政府而言，绝对禁止的权力包括不得对任何一州输出的货物征税，不得在通商方面给予一州特权，等等。相对禁止的权力包括，未经有关州同意而改变其疆域边界，未经有关州的同意而剥夺其在参议院的平等权，等等。对于各州行使的权力，由于美国宪法明确将未授予联邦和未禁止各州行使的权力均保留给各州，所以明确授予联邦的权力即为各州绝对禁止行使的权力。

除此之外，美国宪法第 1 条第 10 款还规定绝对禁止各州同外国缔结条约或同盟，筹建军队，发行货币，通过任何损害契约义务的法律；而相对禁止行使的权力，包括未经国会同意，各州不得对进出口货物征收进出口税，未经国会同意不得在和平时期保持军队或战舰，不得与他州或外国缔结协定或条约，除非已经遭受入侵或遇到刻不容缓的危机不得不进行战争，等等。在对联邦主义和联邦体制功能的理解上，一种广泛而普遍的认知为，联邦主义是以维护州的主权为逻辑起点的制度理念。由于州权始终面临着与联邦权力的对抗，那么，联邦主义和联邦体制必然要通过明确的权力划分确定二者的界限，并将未被明确授权的权力归州政府行使。据此，在宪法对联邦与州之间的权力划分框架下，凡未授予（non-delegated）联邦政府的权力均归州政府行使。

这一原则看似偏向于州，隐约含有"州权至上"的理念，但存在解释的空间。其中关键在于，所谓"授予"，是明示（expressly）授予，还是允许默示权力（power by implication）的存在？在 1819 年的麦克洛克诉马里兰州案中，首席大法官约翰·马歇尔（John Marshall）判定国会有建立国家银行的默示权力。这一判决的意义有两个方面：一是在联邦制下事实上扩大了宪法明确授予联邦的权力空间；二是引入了司法对联邦与州分权的审查和裁判机制，由此形成联邦与州在宪法分权框架下的程序性调和结构。由此可见，对以州权为中心的联邦主义的静态理解，在联邦主义的功能认知上存在较为片面的主观限定。联邦主义的功能，并不必然偏向于州一方，也并不必然偏向于联邦一方，而是试图在联邦和州之间寻求一种动态性的平衡机制，以有效回应特定时代背景下的联邦主义命题。

第一，实现联邦与州的动态平衡的逻辑起点，是如何才能更好地保护公民个体的自由和福利。麦迪逊明确指出，必须立足于公民的视角来思考国家的体制构建问题，而不是局限于州的狭隘利益。州是否拥有自主权力，取决于州的自主权能否较之于联邦更好地保障公民的自由和福利。联邦主义的发展历程，有力地对此种动态性进行了说明。在早期，州的自主权对联邦产生了极大的挑战，州甚至可以宣布联邦法律无效，并最至终在奴隶制问题上导致了战争。这在某种程度上印证了霍布斯的预言——如果没有一元主权的庇佑，必然会发生战争。在彻底消除州的分离主义倾向后，美国再次赋予州更多的自主权，则是从州可以促进经济发展的角度来考虑的。事实上，"通过赋予州和地方政府独立处事的自治权，联邦制推动了工业经济的快速发展，并最终超越了欧洲的竞争者。运河和铁路得以兴建，高速公路和排水系统在扩展，学校在不断建设，公园得以修建和改造，公共安全得到市政府的保护，乡村居民则渴望把自己的家乡建设成为繁荣兴旺的模范乡镇"。① 就此而言，联邦主义在联邦和州的动态平衡中，试图创造一种竞争性的激励机制。联邦主义的本质就在于"以野心对抗野心"，从而形成对政府的管控。在此基础上，保障竞争的自主性，避免过度的政府干预。

第二，要维持这一动态平衡，保证公民的自由和福利成为必须在美国宪法体制中建立并强化独立的司法审查体制。"如果没有宪法界限的限制，那么联邦政府就会完全屈服于铲除州际竞争的要求。这种情况下，州只会成为集权而又单一制政府的工具和行政分支机构。"② 由于这一动态平衡性，联

---

① 保罗·彼得森：《联邦主义的代价》，段晓雁译，北京大学出版社，2011，第9页。
② 迈克尔·S. 格雷弗：《真正的联邦主义》，王冬芳译，陕西人民出版社，2011，第16页。

邦与州的权力界限虽然有一个相对明确的标准，但在实践中二者之间的界限是交叉且模糊的。一方面，应当防止联邦政府以垄断权力来限制州的竞争，另一方面，又需防止州际竞争僭越联邦事务。联邦主义要给予州际竞争以明确约束。作为一个独立的司法部门，拥有宪法解释权的联邦最高法院是维持这一平衡的主要机构。由于宪法条文的相对笼统性，联邦最高法院可以根据具体的时代和形势要求，遵循公民基本权利的保障要求，在不同历史时期进行不同的解释，从而具有较为灵活的权限。相较于国会的介入，联邦最高法院可以施行结构性的约束。这对于联邦列举权力、公民选择和州的竞争而言，联邦最高法院的司法解释可以通过总体目的的调控，对联邦管制的手段进行调整。① 手段而非目的的调整，使得联邦最高法院的约束和限制更为客观，调整空间也更为广阔。联邦最高法院已被证明是对守护公民权利和自由这一宪法宗旨的最合适机关。

不难看出，地方政府立法协作无论是在联邦主义阵营，还是在反联邦主义阵营，都无法获得理解和支持。在联邦主义者看来，允许地方政府立法协作等同于削弱中央政府的权威。特别是汉密尔顿，他确信各州政府横向联系的权限必须被消除。"只要这种组织（各州政府）为了局部目的和机构上的需要而存在，虽然它会完全服从联邦的总的权力，但在事实上和理论上，它仍然是几个邦的联合或者是一个邦联。"② 为了达成目的，他不惜夸大各种困难，"借以证明他们主张有一个比较强有力的中央政府的必要"。③ 而地方政府彼此开展立法协作，意味着它们拥有独立的治理权限，且服务于汉密尔顿所说的"局部目的"，这断然无法被联邦主义者支持。同样，在反联邦主义者看来，他们固然渴望地方政府获得足够的治理权限来对抗中央政府，但对抗仅仅是手段，最终的目的仍然是服务于个人自由权利的保障。地方政府

① 迈克尔·S.格雷弗：《真正的联邦主义》，王冬芳译，陕西人民出版社，2011，第111页。
② 汉密尔顿、杰伊、麦迪逊：《联邦党人文集》，程逢如、在汉、舒逊译，商务印书馆，1980，第44页。
③ 安娜·罗彻斯特：《美国资本主义（1607—1800）》，丁则民、诸长福合译，生活·读书·新知三联书店，1956，第99页。

立法协作以地方政府彼此之间的合作为前提，它不仅将会改变中央政府与地方政府之间的力量配置，而且合作意味着地方政府之间无法产生足够的"摩擦"。如此一来，有关中央政府与地方政府、地方政府与地方政府之间相互分权制约从而保障个人权利的诉求即无法达成。

基于以上考虑，美国1787年宪法对州际协定给予了负面评价。其早期的《邦联条例》禁止各州之间未经同意订立条约、同盟或联盟，这一规定"由于毋须说明的理由"① 而为美国宪法所继承。但随着公共事务的外溢化程度加深以及福利社会和行政国家的成长，禁止各州横向联系或者为各州横向联系设置过于严苛的程序和条件明显与时代发展相悖。最终，各州借助地方自治的立宪精神和宪法"表外权力"（剩余权利）的条款设置，对中央与地方关系进行了再造，最终突破了宪法有关"州际协定"的制度障碍。

二 中国语境下中央与地方关系再造

在中国语境下，中央与地方关系的规范表述来自宪法条文，其基本要求是维护中央的集中统一领导，在此基础之上，充分发挥地方的主动性和积极性。也就是说，中国中央与地方关系的核心是确保中央政府在与地方政府的互动之中能够保持绝对的优势地位。通俗来说，就是要确保"中央说话能够算数"。② 这种中央与地方关系的安排在中国有着较为深刻的历史文化基础。

从文化观念上来说，中国历来强调"大一统"的世界观，对维护中央政府权威有着天然的文化认同。在汉字表达中，所谓"国"，最早指称的是"因农业而定居下来的以部落首领居住地为中心的城市"。③ 而"中国"最早就是描述作为地理中心的政治实体，在商周之后，"中国"的概念由地理中心向政治中心演化。"周天子所住的'国'处于中心、中枢地位，理所当

---

① 汉密尔顿、杰伊、麦迪逊：《联邦党人文集》，程逢如、在汉、舒逊译，商务印书馆，1980，第228页。
② 《邓小平文选》第3卷，人民出版社，1993，第278页。
③ 葛剑雄：《统一与分裂：中国历史的启示》，商务印书馆，2013，第19页。

然地被称为'中国',随后周成王扩建的陪都洛邑,又位于'天下之中'的交通枢纽,也被称为'中国','中国'的概念开始由唯一的政治中心扩大到了地理中心。"① 中国文化对中心的强调是一种朴素但又根深蒂固的价值观。在这种文化观念之下,地方政府被视为中央政府的附属物,它的治理权限是由中央政府授予的。以此观念形塑的中央与地方关系,对中央政府的权威极为看重,断然难以接受地方政府之间的横向联系。而对于类似立法权这样的重要统治权力更是与土地管辖权紧密相连,溢出土地管辖权范围的地方立法协作与此类中央与地方关系格格不入。

然而,历史最不缺少的就是意外。虽然中国的传统文化对维护中央政府权威如此看重,并因此拒绝承认地方政府的横向联系,但是1923年《中华民国宪法》却破天荒地赋予了地方政府立法权,而且明确承认地方政府立法协作的合宪性。这无异于是对传统中央与地方关系的颠覆性改造。不过,这一制度创新很快就流于形式,中央与地方的关系也再次回到传统的惯性之中。但这并不妨碍我们对1923年《中华民国宪法》所设计的中央与地方的关系进行细致观察,以便寻找有关中国中央与地方关系再造的历史经验。

在中国悠长的历史发展长河中,除了存在"兴与亡"的历史周期率外,也存在从中央集权到地方割据,再由地方割据到中央集权的历史发展轨迹。在形态上,这一发展轨迹可以被描述为权力聚散,它产生的根本原因在于地方主义。地方主义是"千百年来形成的人们对于本国内自己生存地方的强烈的认同、热爱、维护、捍卫的思想感情、集团观念,和以此为基础,一定的地方政治集团或地方政府的控制者在国家政治生活尤其是国家权力和利益分配上的利己主张,以及由此产生的对中央和中央统治集团或其他地方和地方政治集团的对立、自主、自保、扩张的思想观念、政治行为及其模式"。② 地方主义长期以隐性的方式存在,当中央权力集中到一定程度时,就会激发地方主义。地方主义的现实形态包含两个方面,一种是地方与中央脱离,可

---

① 葛剑雄:《统一与分裂:中国历史的启示》,商务印书馆,2013,第20~21页。
② 王续添:《现代中国"地方主义"的政治解读》,《史学月刊》2002年第6期。

以将其称为分裂型地方主义；另一种是地方政府仍然承认中央政府的统治合法性，但要求地方分权，可以将其称为分权型地方主义。

清末，出于镇压农民起义的需要，军队国家化的制度安排被打破，出现了地方武装。而地方各派别力量也对拥有地方武装展现出了浓厚的兴趣，"无论是具有强烈地方主义要求的地方士绅，还是各省的革命党人，为控制本省和抵抗来自中央及外省的武力威胁，都必须借助军队，特别是最为可靠的由本省人组成的地方军队"。[1] 导致的结果是，地方势力获得了军事实权，并且逐渐形成尾大不掉之势。[2] 可以说，"汉族士绅镇压了叛乱而造成19世纪末地方主义的兴起，而通商口岸工业的发展、地方贸易岁入的增加、地方军队的加强和个人官僚机器的强化则助长了这一趋势"。[3]

辛亥革命前后，有关地方自治，甚至联省自治的社会思潮涌动。"盖社会上之论者，皆已深知，中国自清末起，省区尾大不掉之势已成，特别是辛亥革命军兴以来各省都督，自拥重兵俨然列国，加上省界意识已成，行联邦制度，乃是势顺而易之举。何况以本省之人，施本省之政，既合服务桑梓之情，对本省之政痛，易于着手改进，且进而能使各省竞争国家政治更添进步之动力，所以社会人士，颇多乐于附合此说。"[4] 特别是以孙中山为代表的政治力量对彻底变革传统的中央与地方关系进而施行联邦制有着强烈的政治宣示。这一方面是因他们希望通过联邦制和主要西方大国在情感上建立制度联系，以便寻求西方国家对中国革命的支持。比如1911年11月，辛亥革命爆发之后，孙中山明确表示："中国革命之目的，系欲建立共和政府，效法美国，除此之外，无论何项政体皆不宜于中国。"[5] 在其看来，"中国于地理上分为二十二行省，加以三大属地即蒙古、西藏、新疆是也，其面积实较全欧为大。各省气候不同，故人民之习惯性质亦各随气候而为差异。似此情

---

① 王续添：《地方主义与民国社会》，《教学与研究》2000年第2期。
② 李剑农：《中国近百年政治史：1840—1926年》，复旦大学出版社，2002，第106页。
③ 费正清、赖肖尔：《中国：传统与变革》，陈仲丹等译，江苏人民出版社，1992，第357页。
④ 胡春惠：《民初的地方主义与联省自治》，中国社会科学出版社，2001，第51页。
⑤ 《孙中山全集》第1卷，中华书局，1981，第563页。

势，于政治上万不宜于中央集权，倘用北美联邦制度实最相宜"。① 在当时的国际局势下，国内革命受外部影响较多，这也是孙中山期望寻求外国支持的原因之一。当然，这也与孙中山对中国历史经验的理解有关。他认为，"凡国经一次之扰乱，地方豪杰互争雄长，亘数十年不能统一，无辜之民为之受祸者不知几许。……故各穷逞一己之兵力，非至并吞独一之势不止。……今欲求避祸之道……必在使英雄各充其野心。充其野心之方法，唯作联邦共和之名之下，其夙著声望者使为一部之长，以尽其材，然后建中央政府以贺〔驾〕驭之，而作联邦之枢纽"。② 所以，孙中山希望通过建立联邦制，以便"其夙著声望者使为一部之长，以尽其材，然后建中央政府以贺〔驾〕驭之，而作联邦之枢纽"。③ 其最终的目的是解决反复出现的地方割据问题。

还有其他政治力量对打破传统中央与地方关系也表现出浓厚的兴趣。比如，梁启超曾经明确表示出对中国传统中央与地方关系的排斥，并且直言主张地方分权自治。"我中国数千年生息于专制政体之下，虽然，民间自治之风最盛焉，诚能博采文明各国地方之制，省省府府，州州县县，乡乡市市，各为团体，因其地宜以立法律，从其民欲以施政令，则成就一卢梭心目中所想望之国家，其路为最近，而其事为最易焉。果尔，则吾中国之政体，行将为万国师矣。"④ 可见，以地方分权为导向的国家结构形式构想在当时颇为流行，这也为1923年《中华民国宪法》创设地方政府立法协作制度埋下了伏笔。

除此之外，曹锟政府在内部面临着北洋军阀其他派系的挤兑，在外部也缺少足够的力量统摄全国，地方分权是既成事实。当时的情况是"大多数省份在革命后完全实行了自治，在那里几乎没有什么迹象表明，人们想要放

① 《孙中山全集》第1卷，中华书局，1981，第561页。
② 《孙中山全集》第1卷，中华书局，1981，第173页。
③ 《孙中山全集》第1卷，中华书局，1981，第173页。
④ 梁启超：《卢梭学案》，《清议报》第100期，1901年。

弃他们日益增长的特权"。^① 因此，与其说是1923年《中华民国宪法》打破了传统中央与地方的关系，不如说是对当时中央与地方关系的确认。地方政府立法协作制度也随着中央与地方关系的重大调整得以产生。

然而，1923年《中华民国宪法》有关中央与地方关系的变革遭受了猛烈的批评。特别是地方政府立法协作，它是对新型中央与地方关系的制度性强化，更为传统力量所不能接受。在理论研究领域，著名宪法学家林纪东认为这种设计与当时所需要的国家统一格格不入。在他看来："宪法上述规定，固不合于历史传统及时代潮流，倘与国家处境相符合，尚有可说，然此种助长地方意识，分散国力，无异自毁长城之办法，其不合于制宪时代，外则赤焰方张，侵凌未已，内则满目疮痍，百废待举之国家环境，固不待智者而后知，宪法主稿人，于此极明显之事实，独视若无见，诚不知其用意何在也。"^② 在政治领域，吴佩孚是当时反对地方分权最具代表性的人物。他认为主张地方分权，并且通过地方政府立法协作进行制度性强化，实际上是分裂国家。吴佩孚将支持地方分权的群体划分为三类：纯理论的学究、地方割据势力、谋求政治发展的政客。即使要分权，也必须"以单一之形式，贯彻分权之精神"。^③

综合而言，1923年《中华民国宪法》确立了与传统完全不同的中央与地方关系。地方政府立法协作得以在这种新型的中央与地方关系下产生，并且也凭借自身的制度演绎进一步强化了这种新型的中央与地方关系。然而，1923年《中华民国宪法》这种安排的成因是复杂的。与其说是中国经济社会发展的自然结果，不如说是各方政治势力为了自身利益最大化共谋的结果。1923年《中华民国宪法》所确立的中央与地方关系并未持续太久，依附其上的地方立法协作制度也很快被废止。其原因有三个方面。首先，自有秦一代以郡县制开创中央集权体制以来，以中央政府为核心的政治传统和文化观念获得了普遍认可并影响着政治运作。1923年《中华民国宪法》对地

---

① 费正清主编《剑桥中华民国史》第1部，章建刚等译，上海人民出版社，1991，第225页。
② 转引自于立深《区域协调发展的契约治理模式》，《浙江学刊》2006年第5期。
③ 《吴佩孚请议员专意制宪》，《申报》1922年8月7日，第6版。

方分权的确认，只是中国政治制度安排中的例外。其次，有研究者认为构建新型的中央与地方关系是一种客观结果，因为"当革命之时，各省初相联合，实有类似美利坚十三州之联合，因其自然之势，宜建为联邦国家，故采美之总统制"。[①] 但实际上，无论是以孙中山为代表的国民党人，还是地方各省政治势力，其对地方分权乃至联邦制的鼓吹更多的是源于政治需要。构建新的中央与地方关系更多的是为了以制度的方式强化己方政治优势。这一点与吴佩孚所说的地方割据势力不愿意让出权力，地方政客谋求个人发展大致一致。最后，地方分权需要有足够的社会基础和地方自治能力作为支撑，而1923年《中华民国宪法》的创制由政治精英主导，与社会发展现实脱节自然无法解决实际问题。

地方政府立法协作制度在1923年《中华民国宪法》中获得承认，但1923年《中华民国宪法》的颁行仅一年就被段祺瑞政府的《中华民国宪法草案》所推翻。在立宪史中，1923年《中华民国宪法》的寿命毫无疑问是短暂的，其所构建的地方政府立法协作制度也未能真正获得施行。细致观察这段历史我们可以从中得出如下结论。首先，地方政府立法协作若要获得制度性认可，必须以新型中央与地方关系为前提。在传统以中央集权为绝对诉求的宪制框架下，地方政府立法协作没有产生发展的制度空间。其次，在中国语境下，新型中央与地方关系无论如何构建，中央政府的权威必须得到制度性保障。失去这一前提，地方政府立法协作之类的制度即使得到创新也难以获得持久的生命力。有鉴于此，中央与地方关系再造需要一种功能主义的视角，它既不能是绝对的中央集权，也不能是枉顾中央权威的地方分权，需要在维护中央权威与促进地方分权之间实现平衡。

尽管1923年的《中华民国宪法》有关中央与地方关系的规定遭受了诸多批评，但其后的1946年《中华民国宪法》并没有因此改变对中央与地方关系的规定。地方自治是1946年《中华民国宪法》确定的指导思想之一，在宪法文本中明确列明中央、省、县各自的权限范围是地方自治的一个具体

---

① 蒋碧昆编著《中国近代宪政宪法史略》，法律出版社，1988，第134页。

体现。但是 1946 年《中华民国宪法》不但延续了 1923 年《中华民国宪法》对区域关系的肯定，同时还去除了制约区域关系过度发展的"政治盟约"例外的内容，可以说是一个大胆创制。当然，如果继续从地方自治的角度分析，也可以理解 1946 年《中华民国宪法》此项规定的用意。"若地自为治，省自为政……即省与省之间亦将因权限之争横生冲突，其患有不可胜言者。"① 允许地方政府就涉及"二省以上"或"二县以上"的事项彼此合作，正是为了弥补地方本位主义的缺陷。但是 1946 年《中华民国宪法》似乎并没有充分考虑地方政府跨区域合作可能会对国家发展和安排产生的冲击。

对于我们这样一个有着特殊历史传统和文化记忆的国家而言，无论是在何种国家制度下，处理区域关系都必须慎之又慎，原因有二。第一，诚如籍忠寅先生所言，地方分权势必会带来地方政府之间的权限冲突。要妥善处理这种冲突，不仅需要法律智慧，更需要政治智慧。第二，如果说地方分权可能会引发地方割据，那么相较于地方政府任意而不受限制的横向联系，这种危害就显得微不足道。俗话说，风起于青蘋之末，因此必须对其提前作出预判和规范。在现代法治国家，已经形成一种基本共识：必须用宪法或宪法性法律对区域关系作出科学合理的规范。如美国宪法中的州际契约条款、日本的地方自治法等，都是这种共识在立法和制度层面的体现。对比这些法治先发国家，我国在区域关系的合法性、合宪性和规范性建设方面明显落后。

中国的现实发展需要对区域关系进行合法性、合宪性授权，需要对其进行法律上的规范，把它纳入法治化运行轨道。首先，自改革开放以来，中央对地方持续下放权力，造就了事实上的地方分权。地方政府在横向联系过程中，权限冲突的情况已经频繁出现，迫切需要加以治理。其次，地方政府的横向联系已经从经济合作发展到立法、行政、司法的全方位合作，远远超出了体制架构的承载能力。中国区域关系的发展面临着现实迫切需求而法治化、制度化建设供给不足的基本矛盾，引发了一系列区域问题。摆在我们面前的选择是，或者视此种矛盾而不见，置宪法虚无而不顾，任由区域关系继续野

---

① 籍忠寅：《论中央集权与地方分权》，《庸言》第 1 卷第 5 期，1913 年，第 1~9 页。

蛮、无序生长，任由其冲击销蚀宪法关于国家结构形式的安排；或者即刻进行理论反思，展开制度构建。

基于以上理论经验，观察我国现有中央与地方关系安排，从中我们可以探寻中央与地方关系再造的痕迹。新中国成立之后很长一段时间里，我们采用了中央高度集权的体制安排，地方政府没有能动空间，只能严格按照中央政府指令处理各类事务。地方政府如果需要解决跨域议题，必须通过逐层上报的方式请求中央政府协调解决。改革开放之后，"八二宪法"实际上确定了一种非常独特的中央与地方关系，可以说，它既不是传统的中央集权，也不是简单的地方分权，是介于中央集权和地方分权之间的创新安排。这为地方政府立法协作"预留"下了制度空间。

按照"八二宪法"的安排，我国采用单一制的国家形式。但在具体的制度设计上，却又带有一定的联邦制色彩。比如，《宪法》第五十七条规定："中华人民共和国全国人民代表大会是最高国家权力机关。它的常设机关是全国人民代表大会常务委员会。"但是第九十六条规定："地方各级人民代表大会是地方国家权力机关。县级以上的地方各级人民代表大会设立常务委员会。"也就是说，地方真正的治理主体是地方各级人民代表大会。同时，"八二宪法"在有关人民代表大会运作的设计上，规定全国人民代表大会由省、自治区、直辖市、特别行政区和军队选出的代表组成，省、直辖市、设区的市的人民代表大会代表由下一级的人民代表大会选举产生。这表明，下级对上级权力机关，地方对中央权力机关的组成拥有较大决定权，并将在权力机关议事过程中发挥较大影响力。再比如，《宪法》第一百零三条规定："县级以上的地方各级人民代表大会常务委员会由主任、副主任若干人和委员若干人组成，对本级人民代表大会负责并报告工作。县级以上的地方各级人民代表大会选举并有权罢免本级人民代表大会常务委员会的组成人员。县级以上的地方各级人民代表大会常务委员会的组成人员不得担任国家行政机关、监察机关、审判机关和检察机关的职务。"第一百零四条规定："县级以上的地方各级人民代表大会常务委员会讨论、决定本行政区域内各方面工作的重大事项；监督本级人民政府、监察委员会、人民法院和人民检察院的工作；撤销本级人民政府的不适当的决定和命令；撤销下一级人民代表大会的不适当的决议；依照法律规定的权限决定国家机关工作人员的任免；在本级人民代表大会闭会期间，罢免和补选上一级人民代表大会的个别代表。"第一百零三条和第一百零四条所表明的意图都是认可地方政府对于地方事项享有第一顺位的治理权限，并且通过规定地方行政机关和司法机关的人事产生机制，制度性地隔绝了中央对地方的人事影响。从逻辑结构上讲，这是一种地方优先的制度设计。

这种地方优先的制度设计在经济学中得到了广泛的认可，并且将激励性分权作为其理论解释的正当性依据。激励性分权的源头最早可见毛泽东有关中央与地方关系的论述。"中央和地方的关系也是一个矛盾。解决这个矛盾，目前要注意的是，应当在巩固中央统一领导的前提下，扩大一点地方的权力，给地方更多的独立性，让地方办更多的事情。这对我们建设强大的社会主义国家比较有利。我们的国家这样大，人口这样多，情况这样复杂，有中央和地方两个积极性，比只有一个积极性好得多。"[①] 后期由于各种各样的原因，地方的权限并不足以支撑起"两个积极性"的方案设计要求，直到改革开放之后，在以经济建设为中心的基本路线指引下，中央开始向地方进行一系列的权力下放。特别是在财政方面，从改革开放之前的统收统支转变为省级财政包干式的分配安排。与之相适应的，经济管理权限也随之下放，包括外资利用、物价管理等主要经济管理权限下放至地方政府。下放之后的央地关系和传统的设计安排之间有着明显的不同。

在经济学的描述中，激励性分权之后，马克思主义经典论断中的损害中央政府权威的情况并没有发生。原因在于，中国改革开放之后的激励性分权是一个系统工程，它并非简单的财政、立法、行政等权限的下放。与之相配套的压力型体制和行政发包与属地管理两套机制对地方分权进行了约束，从而确保中央政府的政治统治力。压力型体制所指称的是上级政府对下级政府的命令和管控，这种命令和管控往往以具体的数量指标的形式来展现。具体

---

① 《毛泽东文集》第7卷，人民出版社，1999，第31页。

到实际的操作机制来说，压力型体制是指"一级政治组织为了实现经济赶超，完成上级下达的各项指标而采取的数量化任务分解的管理方式和物质化的评价体系……为了完成经济赶超任务和各项指标，各级政府组织（以党委和政府为核心）把这些任务和指标，层层量化分解，下派给下级组织和个人，责令其在规定时间内完成，然后根据完成的情况进行政治和经济方面的奖惩"。①地方政府在形式上通过中央与地方分权获得了包括经济管理等在内的大量自主管理权限，但是透过压力型体制，中央政府仍然能够对地方政府实施有效控制。尤其是通过大量精细化的指标体系，这种控制可以说是全面渗透到地方政府的各个环节。因此，中央政府的政治权威得到维护。与此同时，在压力型体制之外，还有行政发包与属地管理的机制对中央权威和地方能力予以保障。

行政发包是中国多层级政府管理体制的创新，它包括纵向与横向两个方面。在纵向上，上级政府将所要完成的政府治理任务向下级政府转移，逐级转移到基层地方政府，从而形成了一个从国务院到省级政府，再由省级政府逐级向乡镇政府转移的传达过程。这个过程的本质可以理解为中央政府将权力和责任下放至地方政府，而地方政府因此负有接受权力和完成责任的义务，并需要在行政伦理上接受上级政府的监督和检查。在横向上，行政发包要求地方政府在设置相关职能部门时，应当与中央政府的职能部门保持一致。当然，这一规定并非强制性的，因为新旧两版《地方各级人民代表大会和地方各级人民政府组织法》在规定地方政府组成部门时，都对地方政府进行了赋权，允许地方政府根据实际管理需要设置相应的组成部门。比如新的《地方各级人民代表大会和地方各级人民政府组织法》第七十九条规定，地方各级人民政府可以根据工作需要和优化协同高效以及精干的原则设立必要的工作部门；工作部门的设立、增加、减少或者合并，按照规定程序报请批准，并向本级人民代表大会常务委员会备案。但在实际运作过程中，

①　周杰：《中央与地方事权划分的风险原因研究——中国的经验及其对财政联邦主义的意义》，浙江大学博士学位论文，2013，第27页。

下级政府为了能够更好地回应上级政府的指令和下达的各项任务，往往会根据上级政府的职能部门设置情况进行对口设置，从而形成一种垂直、对口的职能部门结构。属地管理和前文所提到的"土地管辖权"相类似，它是指地方事务都归属于地方政府统筹管理，或者只与本级地方政府发生直接联系。属地管理最能表征设置地方政府的本意，每个地方政府根据中央和法律授权，形成一个相对封闭自洽的管理区域。至于地方政府之间的横向事务则因为与属地管理的原则相冲突而归属上级政府协调解决，地方之间横向的联系，哪怕是地方政府之间自愿自发的横向联系也很难得到制度性的鼓励，甚至可能会遭受不利的政治评价。①

在马克思主义经典论述中，联邦制是被批判的对象。马克思历来强调国家的集权色彩，恩格斯也认为"从无产阶级和无产阶级革命的观点出发坚持民主集中制，坚持单一而不可分的共和国"。② 在马克思主义的理解中，联邦制是"把独特性和隔阂合法化，使之提高为原则，提高为法律"。③ 这样不仅不利于国内各民族之间的团结，而且无助于国家整体的发展和政令统一。但是，"八二宪法"这种"类联邦制"的国家结构形式安排并没有产生上述负面影响。原因在于，我们的国家治理是由党和政府两套体系交叉实现的。"类联邦制"的国家结构形式客观存在，展现出了一种自下而上的治理逻辑。而与之交叉的党的治理逻辑，却是一种由上而下的结构，并通过中国共产党组织体系和组织规则的运作得以实现。其中，最为重要的在于组织人事权和组织监督权。

在组织人事方面。根据《中国共产党章程》、《党政领导干部选拔任用工作条例》和《中共中央关于地方党委向地方国家机关推荐领导干部的若干规定》的相关要求，地方党组织可以向地方推荐领导干部，范围涵盖"地方人大常委会组成人员、人民政府组成人员、人民法院院长、人民检察院检察长，以及属于党委管理的由地方国家机关任命的其他领导干部"。无

---

① 参见周黎安《中国地方官员的晋升锦标赛模式研究》，《经济研究》2007 年第 7 期。
② 《列宁全集》第 31 卷，人民出版社，2017，第 68 页。
③ 《列宁全集》第 7 卷，人民出版社，2013，第 248 页。

论是在地方人民代表大会换届时，还是任期内，地方党组织都可以提出干部推荐人选，但是干部推荐人选必须要经过上级党组织的同意。如果地方人大常委会党组和地方党组织有意见分歧，应当彼此协商，并向上级党组织报告。不难看出，地方党组织在本级人大、政府、法院、检察院的领导任命上扮演着重要角色。根据《中国共产党章程》第十条、第十六条规定："党员个人服从党的组织，少数服从多数，下级组织服从上级组织，全党各个组织和全体党员服从党的全国代表大会和中央委员会。……党的下级组织必须坚决执行上级组织的决定。下级组织如果认为上级组织的决定不符合本地区、本部门的实际情况，可以请求改变；如果上级组织坚持原决定，下级组织必须执行，并不得公开发表不同意见，但有权向再上一级组织报告。"因此，上级党组织通过党内的组织程序得以将自己的意图向下级党组织传导，并最终贯彻到下级国家机关领导干部任免工作中。特别是作为推荐责任主体的地方党组织，它自身的领导干部任命受上级党组织全过程控制。"地方领导班子换届，由本级党委书记与副书记，分管组织、纪检监察等工作的常委根据上级党委组织部门反馈的情况，对考察对象人选进行酝酿，本级党委常委会研究提出考察对象建议名单，经与上级党委组织部门沟通后，确定考察对象……市（地、州、盟）、县（市、区、旗）党委和政府领导班子正职的拟任人选和推荐人选，一般应当由上级党委常委会提名并提交全会无记名投票表决；全会闭会期间，由党委常委会作出决定，决定前应当征求党委委员的意见。"① 由此可见，在地方国家机关重要组织人事领域，我国采用了以中央为核心的逻辑架构。

可以说，中国的中央与地方关系安排及其逻辑，既有别于西方国家，也与我们传统的中央与地方关系存在很大差异。它对中央权威和地方分权两个价值的追求，为地方政府立法协作打开了制度空间。在这一新型中央与地方关系之下，地方政府可以就跨域议题展开横向联系，进而通过立法机制共同回应跨域议题的治理需求。当然，地方政府立法协作必须是有序的，它应当

---

① 《党政领导干部选拔任用工作条例》（2019年修订）第25条、第36条。

以增进中央政府权威为前提，以地方政府的治理权限为边界。这意味着需要构建一套与此相符的制度体系，一方面尽可能为地方政府立法协作赋予足够的制度演绎空间，另一方面又要防止其能动性的失控。

第三节　从竞争政府到合作政府

否定地方政府立法协作的合宪性，其底层思维就是否定地方政府之间相互合作的正当性。但从逻辑上来说，地方政府之间同时存在竞争与合作两种关系。美国学者保罗·R. 多麦尔（Paul R. Domier）在《政府间关系》一文中认为，"如果说政府间关系的纵向体系接近于一种命令服从的等级结构，那么横向政府间关系则可以被设想为一种受竞争和协商的动力支配的对等权力的分割体系"。[①] 在多麦尔看来，横向地方政府间的关系可以从"竞争"与"合作"两个维度来考察。事实上，无论是国外的实践还是我国的实际，同一国家的地方政府间总是既存在相互竞争也需要相互合作，即可以概括为一种"竞合"关系。竞争与合作就像是硬币的正反面，如果允许地方政府之间存在竞争，地方政府之间的合作同样应当被允许。2022 年，新的《地方各级人民代表大会和地方各级人民政府组织法》就已经对地方政府之间的合作关系进行了法律确认。

一　竞争政府的正当性

在西方理论中，地方政府之间的竞争被赋予了经济和政治双重含义。在经济层面，它是增进经济效益，实现社会整体财富增长的有效手段；在政治层面，它同时又能规范政府运作。从经济角度而言，最早关于政府竞争的论证可见于亚当·斯密（Adam Smith）的国家竞争理论。亚当·斯密在《国民财富的性质和原因的研究》中指出："土地是不能移动的对象，而资本容易迁移。土地所有人必然是他的地产所在的某一国的公民。资本的所有者可

---

① 理查德·D. 宾厄姆等：《美国地方政府的管理：实践中的公共行政》，九洲译，北京大学出版社，1997，第 162 页。

能是一个世界公民，他不一定附着于哪一个特定国家。他会放弃这样一个国家，在那里他遭受令人苦恼的调查，以便对他课征重的赋税；他会把资本移往其他国家，在那里他更加容易地进行营业，或享受自己的财富。"① 这一种理论虽然是用来解释国家与国家之间的经济关系的，但同样可以映射国家内部的地方政府关系。与之相通的理解是，一个国家内部的各个地方政府，彼此之间治理水平的差异会直接影响区域内的经济活动，进而会影响市场经济主体是否继续在本地进行经济活动的决定。地方政府为了吸引更多的市场主体在本地经营，需要在治理水平上保持足够的相对优势，地方政府之间的竞争也就由此产生。亚当·斯密不仅描述了地方政府之间产生竞争的必然性，而且将这种竞争与地方治理进行了有机联系，为后期解释地方政府竞争的其他理论创新打下了基础。在亚当·斯密经济竞争观点之外，公共产品供给理论进一步解释了地方政府之间竞争关系产生的必然性。按照公共产品供给理论，地方政府之间的竞争主要源于并集中于公共产品供给领域，其逻辑前提是公民用脚投票的自由迁徙。"地方政府的行动具有着私有企业的许多优点，却较少中央政府强制性行动的危险。地方政府之间的竞争或一个允许迁徙自由的地区内部较大单位间的竞争，在很大程度上能够提供对各种替代方法进行试验的机会，而这能确保自由发展所具有的大多数优点。尽管绝大多数人根本不会打算搬家迁居，但通常都会有足够的人，尤其是年轻人和较具企业家精神的人，他们会对地方政府形成足够的压力，要求它像其竞争者那样根据合理的成本提供优良的服务，否则他们就会迁徙他处。"②

不难看出，西方理论中对地方政府竞争的支持是希望通过地方政府之间的有效竞争，提升政府公共产品的质量和效益，从而使个人权利能够得到更多的维护和保障。在某种程度上，西方理论对地方政府竞争的支持可以在规

---

① 亚当·斯密：《国民财富的性质和原因的研究》（下卷），郭大力、王亚南译，商务印书馆，1974，第408页。

② 弗里德利希·冯·哈耶克：《自由秩序原理》（下卷），邓正来译，生活·读书·新知三联书店，1997，第16~17页。

范主义公法思想中找到依据，它与规范主义公法思想所欲达成的有限政府目标不谋而合。在底层逻辑上，两者所谋求的权力制约和相互竞争是一致的，它们的目的都是实现控制，确保任何一种权力或者任意一个政府不会形成垄断局面。

在我国的实践中，地方政府之间同样存在竞争关系。在前文中，我们将地方政府之间的竞争起点设定为改革开放，这种竞争伴随着中央向地方的权力下放而产生。事实上，在改革开放之前，地方政府之间也存在竞争关系，因为地方政府作为一个治理主体必然存在自己的利益诉求。但是在中央高度集权的背景下，地方政府之间围绕发展和资源的竞争无法被广泛承认。更为重要的是，改革开放之前，地方政府的竞争是间接的，它的主要表现形式是地方政府为了争取更多的资源向中央政府提出诉求，围绕着中央政府各种发展资金、项目、政策等领域而展开。所以这种竞争是隐性的间接竞争，并且这种竞争缺少制度性的基础，因此竞争往往会展现出偶发形态，竞争的主要形式和目的都是政治性的。换言之，改革开放之前"地方政府间的经济竞争没有合法的表现渠道，需要通过政治手段表现，表现为政治领域的竞争"。① 改革开放之后的分权化改革赋予了地方政府更为强烈的地方意识和利益意识，为广泛的地方政府竞争提供了可能。同时，中央政府向地方政府进行分权，暗含着对地方政府之间展开横向竞争的认可，这就使得地方政府之间的竞争从改革开放之前的非制度化竞争转变为制度化竞争。

从一般性的原理出发，地方政府之间的横向竞争若要发生，需要满足多个条件。首先，地方政府必须具备独立的利益意识和主体资格。其次，地方政府之间所要竞争的资源应当具备稀缺性，否则无法达成充分竞争，或者导致竞争动力机制无法发挥效应。最后，地方政府之间竞争的资源应当具有流动性，如果所竞争的资源流动性不高，那么即使竞争发生也会因资源流动性不高而逐步降低竞争烈度。地方政府之间所竞争

---

① 刘亚平：《对地方政府间竞争的理念反思》，《人文杂志》2006年第2期。

的资源主要集中在市场资源和人才资源两个方面。为了能够吸引更多的市场资源和人才资源，地方政府在公共产品供给方面展开竞争。哪个地方政府所提供的公共产品更为优质，哪个地方政府就能吸引更多的市场资源和人才资源，进而更加促进公共产品的供给质量提升。在这种理论模型之下，形成了地方政府公共产品供给质量和资源吸引能力相互促进的良性发展局面。在我国，地方政府之间在资源领域的竞争更为激烈，这与我国社会主义初级阶段以经济建设为中心的基本路线密切相关。这种基本路线的设计有其必然性。作为发展中国家，我国的整体发展任务是快速实现工业现代化，以经济建设为中心具有天然的正当性。在完成工业现代化的国家，其地方政府的主要任务是向辖区居民提供充足的公共产品和优质的公共服务，但对我们来说，地方政府的首要任务是实现本地经济发展。从这个角度来说，发展经济是地方政府首要的政治任务，而经济发展与市场和人才要素的投入及质量相关联。与此同时，市场和人才要素在短期内具有相对稀缺性，一旦市场和人才要素流入某个地方，则势必会降低其他地方获取经济发展资源的能力，进而导致其他地方在经济发展的竞争中处于相对劣势地位。因此，地方政府之间需要通过政策、公共服务等领域的优势，提升其吸引经济发展资源的能力。

如前文所提到的在经济发展领域的种种竞争表现。我国地方政府之间的竞争可以概括为一种制度性竞争。一方面，地方政府作为上级政府的分支机构彼此之间会出现竞争行为。为了完成上级政府设定的发展目标和行政指令，地方政府会基于科层压力的考量彼此之间激烈竞争，从而确保自己能够在上级政府的监督考核中占据优势地位。这种竞争也被称为作为政治人的竞争，其目的是在晋升锦标赛中脱颖而出。[①] 另一方面，地方政府作为辖区利益的代表，它对辖区整体利益负责，需要与其他地方政府竞争发展资源，从而确保本辖区能够在发展中获得更多优势。在这两种竞争形式中，前一种竞争占据主导地位。这表明，我国地方政府的竞争目的是获得上级政府、中央

---

① 参见周黎安《中国地方官员的晋升锦标赛模式研究》，《经济研究》2007年第7期。

政府的肯定。换言之，这种竞争是以中央政府具有足够的政治权威为前提的。

二　合作政府的兴起

如果我们承认地方政府彼此之间竞争关系的正当性，那么地方政府之间的合作，包括立法协作，也应当得到正当性认可。因为竞争与合作就如同一个硬币的两面，它们在性质上具有同构性。事实上，理论界一直在尝试走出或者中央集权，或者地方分权的对立结构，着力探索地方政府之间的合作关系架构模式。主要的理论努力体现为府际关系重构，它试图"打破传统的区域和层级观念，建立强调权力或资源相互依赖、开放和合作的新地方主义。府际管理意味着治道思维的变革，是一种政府间关系的新型思维框架，代表着以合作为基础的多赢政府关系模型"。① 除此之外，复合行政的主张也被提及，它是"在经济全球化背景下，为了促进区域经济一体化，实现跨行政区公共服务，跨行政区划、跨行政层级的不同政府之间，吸纳非政府组织参与，经交叠、嵌套而形成的多中心、自主治理的合作机制"。② 理论上的这些设计在实践中已经有所体现，可以说，地方政府的合作在事实上发生了。

无论公法哲学思想和具体的制度设计如何看待地方政府之间的横向合作，它的发生已经是既定事实。并且，地方政府之间的横向合作与彼此之间的竞争一样，都有产生的必然性。新中国成立之后相当一段时间，由于计划经济体制的安排，地方政府之间的横向合作没有产生的客观条件。改革开放之后，地方政府获得发展权限，在自主发展的同时，所遭遇的外部和内部问题促使其必须从单个行政区治理向跨域治理转变。这也构成了地方政府横向合作的客观条件。具体来说，地方政府之间的横向合作之所以必然发生有如

① 傅永超、徐晓林：《府际管理理论与长株潭城市群政府合作机制》，《公共管理学报》2007年第2期。
② 王健等：《"复合行政"的提出：解决当代中国区域经济一体化与行政区划冲突的新思路》，《中国行政管理》2004年第3期。

下几个方面的原因。一是资源和组织。任何一个地方政府都不可能获得所需要的全部发展资源，换言之，任何一个地方政府所拥有的发展资源都是有限的。地方政府为了谋求更为广泛和深远的发展，必须要和其他地方政府进行资源交换，这是地方政府之间横向合作的底层逻辑。在区域经济学的理论中，地方政府通过横向资源交换可以获得发展所需的各类要素，弥补自身的不足。更为重要的是，承认资源的有限性有助于地方政府推进彼此分工，从而进一步提升本地以及整体的发展效率和发展效益。二是跨域议题。在地方治理的实践中，公共事务外溢化的趋势越发明显。这种趋势最早在环境保护、河流整治等领域出现，需要地方政府之间进行紧密合作以共同应对。随着经济社会发展的深入，跨域议题逐渐从自然领域向社会领域延伸。地方政府对本行政辖区的治理也具有了外部属性。原本地方政府在本行政辖区所推进的各项治理工作，其影响范围仅限于本行政辖区，但是社会的紧密联系打破了这一界限。"公共服务和公共产品具有非竞争性和非排他性，因此地方政府或者其他组织在辖区内提供时，不可避免地产生正外部性；而诸如环境污染、资源破坏这些公共问题，又会产生大量的负外部性。"① 地方政府必须通过彼此之间的联系与合作才能在正外部性和负外部性之间达致平衡。三是全球竞争。世界正处于百年未有之大变局，国际竞争日益加剧，风险挑战日渐增多。出于增强国家整体竞争力的考虑，需要全国各个地方进行更为紧密的分工与合作。这构成地方政府之间横向合作的第三个主要原因。在我国，地方政府之间的横向合作已经发生，它在实际运行中表现出如下特点。

一是从合作的动力机制来看，既有以中央政府为主的横向合作，也有以地方政府为主的横向合作。尽管我们讨论的横向合作在形式上是地方政府之间就一系列问题展开的各类横向联系，但中央政府依然能够对这种合作产生实质性的影响。特别是在我国这样一个有着中央集权传统的国家，地方政府往往不愿意在中央政府的指令之外表现出太多的独立意思表示。因此，相当一部分地方政府之间的横向合作是由中央政府以区域性战略规

---

① 张成福等：《跨域治理：模式、机制与困境》，《中国行政管理》2012 年第 3 期。

划的形式主导的。中央政府通过区域性战略规划，对特定区域内的地方政府进行分工定位，设定不同地方政府之间的合作事项。比如，2019 年底，中共中央、国务院印发了《长江三角洲区域一体化发展规划纲要》，其中就对长三角区域内的各个地方政府进行了明确分工。其中，对上海的要求是重点围绕"国际经济、金融、贸易、航运和科技创新"五个方面建设，从而提升城市能级和核心竞争力，进而在长三角一体化的整体发展中充分发挥引领作用。对江苏的要求是集中发挥传统的科教、制造、开放等优势，打造国际先进制造业基地和科技产业创新中心。对浙江的要求是把握数字经济和民营经济、生态经济等传统优势，打造全国数字经济高地，建设成为对外开放的重要枢纽和绿色发展示范。对安徽的要求是发挥好创新能力、生态资源、内陆腹地等优势，打造新兴产业聚集地和绿色产业样板区。从中可以看出，长江三角洲区域内各个地方政府之间的横向合作，其主要由中央政府以国家级区域规划的形式予以推动。这一方面是因为中央政府具备比地方政府更多的整体信息优势，可以更为高效地推进区域性乃至全国性规划，另一方面也是因为地方政府的自治能力和自治意愿存在不足。不过，在某些情况下，地方政府也会积极主动地推进横向合作。这种局面往往在地方政府横向竞争较为激烈的时期和地区出现，其主要目的是降低竞争烈度，破解集体行动的困局。在群体组织的集体活动中往往会出现集体行动的困局，"如果一个集团的所有个人在实现了集团目标后都能获利，由此也不能推出他们会采取行动实现那一目标，即使他们都是有理性的和寻求自身利益的。事实上，除非一个集团中人数很少，或者除非存在强制或其他某些特殊手段以使个人按照他们的共同利益行事，有理性的、寻求自我利益的个人不会采取行动以实现他们共同的或集团的利益"。[①] 为了达成上述目标，地方政府往往会主动谋求展开横向合作，包括将这种合作进一步制度化、组织化。

---

① 曼瑟尔·奥尔森：《集体行动的逻辑》，陈郁等译，生活·读书·新知三联书店、上海人民出版社，1995，第 2 页。

　　二是从合作的主体来看，除政府外，社会组织的网络化参与也越来越多。早期的地方政府横向合作主要由中央政府或地方政府主导，整体而言还是一种公权推进模式。但是社会层面对地方政府横向合作的介入越来越多，在某种程度上，社会组织的网络化参与已经成为地方政府横向合作的重要内容。这种情况的发生与新公共管理运动所提倡的公私协力有密切关联。新公共管理运动主张构建一个政府部门和社会组织之间的合作网络，其主要目的是克服政府部门因科层管理所出现的保守和僵化。政府的公共管理，特别是府际管理，是"关于协调与管理政府间关系的一种新型治理模式，它是为了实现公共政策目标和治理任务，以问题解决为取向，通过协商、谈判、合作等手段，是依靠非层级节制的一种网络行政新视野"。① 为了达到公共管理的目标，政府之间泾渭分明的界限需要打破，因为"现代生活的性质已经使政府间关系变得越来越重要。那种管辖范围应泾渭分明，部门之间须水泼不进的理论在19世纪或许还有些意义，如今显见着过时了"。② 不仅是政府和政府组成部门之间应当倾力合作，政府和私营机构之间也应当打造一种合作关系。社会的复杂程度时刻考验着政府的治理能力，社会治理需要从政府垄断向公私协力转化，最终形成一个政府部门和社会组织相互依赖的合作网络。其中的理论依据是组织间网络理论，该理论把网络视为现代社会最基本的特征，尝试探索"网络中的公共政策制定与治理之间之可能性"。③ 地方政府的横向合作编织了一个区域经济一体化和跨域治理的网络，社会组织处在这个网络之中并作为一个重要的节点深度参与网络间治理。这种治理网络由政府部门和社会组织共同组成，尽管两者身份和性质存在差异，但是在治理环节其地位是平等的，并且政府部门和社会组织彼此之间相互依赖，形成一种共生关系。虽然政府部门和社会组织在治理网络中有各自不同的目标，但也正是因为如此，治理网络的韧性大大增强。从整体上来说，这是一

① 汪伟全：《论府际管理：兴起及其内容》，《南京社会科学》2005年第9期。
② 戴维·卡梅伦：《政府间关系的几种结构》，张大川译，《国际社会科学杂志》（中文版）2002年第1期。
③ 陈振明主编《公共管理学》，中国人民大学出版社，2005，第150页。

种去中心化的治理结构。在这个结构中依然可以找到行政权力的命令色彩，并且命令在其中扮演着重要角色。但是从深层次来看，它的动力机制已经从权力和命令转向信任与合作。"如果说价格竞争是市场的核心调节机制、行政命令是等级制的核心机制的话，那么信任与合作则是网络的核心机制。"①社会组织对地方政府横向合作广泛的参与，从另一个侧面也说明，地方政府之间的横向合作已经向纵深方向发展。

三是从合作类别来看，地方政府之间的横向合作主要集中在经济社会管理领域。无论是中央政府主导，还是地方政府自发组织，地方政府之间的横向合作都表现出较为明显的实用色彩。大多数地方政府之间的横向合作都是问题导向的，根据区域经济一体化和区域治理实践中所面临的困难，按照先易后难的思路逐步推进。其中，基础设施建设领域的合作占据绝大多数。比如《长江三角洲区域一体化发展规划纲要》中所要求的区域快速交通网络，武汉"1+8"城市圈建设中所推进的一小时城市圈，等等。这些都是地方政府在基础设施建设领域横向合作的例证，其中既有地方政府之间的合作，也有地方政府和社会组织之间的合作。探究其中的原因，基础设施建设之所以能够成为地方政府横向合作的主要内容，与基础设施建设自身的管理制度密切相关。按照现行管理制度，地方政府行政辖区内的重大基础设施建设、跨行政区的重大基础设施建设，其规划权、审批权都由中央政府掌握，具体由国务院职能部门负责。这种制度安排本身就带有协调属性，与区域经济一体化和跨域治理的内涵相吻合。同时，基础设施建设由于其本身投资收益的特性，政府部门很难独立完成，需要借助社会资本和社会管理解决资金和运营等问题。由此，在基础设施建设领域的地方政府横向合作，往往会出现社会组织的身影。除了基础设施建设领域之外，行业之间的横向合作也较为多见。这种合作主要是指不同区域的行业协会、公会、商会之间就行业内部事项达成管理共识，推进标准化管理准则，从而在某一个领域内实现不同区域的互联互通。这种合作主要集中

---

① 俞可平主编《治理与善治》，社会科学文献出版社，2000，第95页。

在教育、文化、旅游、物流等现代服务业领域。地方政府之间的横向合作逐渐加深，合作类别也从传统的经济领域向社会领域转变，特别是有关政府公共服务供给的横向合作逐渐增多。比如在 2010 年，广东就基本公共服务发布规划，要求在全国范围内率先实现区域公共服务一体化。

第四章　地方政府立法协作的制度构建

2022 年 3 月，第十三届全国人民代表大会第五次会议审议通过了《关于修改〈中华人民共和国地方各级人民代表大会和地方各级人民政府组织法〉的决定》。修改后的《地方各级人民代表大会和地方各级人民政府组织法》授权各地方人民代表大会可以就跨域议题进行横向协同立法，但有关地方政府立法协作的规定仍然是空白。随之而来的问题是，除了地方人民代表大会，地方政府有权进行立法协作吗？如果答案是肯定的，那么这种立法协作应当如何进行？为了回答这些问题，需要考察实践中地方政府立法协作的发展脉络，探明其中的动力机制。在此基础之上，对地方政府立法协作的基本原则和具体协作模式进行详细论证。

第一节　双重动力机制

尽管至今并未获得《立法法》的确认，但地方政府立法协作作为一种制度创新，在事实上创设了一种新的立法机制。这需要我们进一步思考，地方政府立法协作制度创新的动力是什么？特别是在现有中央与地方关系安排下，地方政府受中央"合法性"约束较强，其制度创新意愿相对较弱。相当一部分地方政府的制度创新以中央"试点授权"为前提性条件。因此对于地方政府立法协作这种触及宪法性法律安排的制度创新，它是如何产生的？地方政府在其中扮演着什么角色？这些问题都有赖于我们更为细致的理论回答。从一般的机理上来说，立法体制并非孤立的存在，它受主客观多重因素影响，特定的国家理念和经济社会发展结构都会影响立法体制的安排。与此同时，与地方政府立法协作这一制度同属于上层建筑的国体、政体和国家结构形式也会对立法体制产生影响。为了更为清晰地探明地方政府在立法协作制度创新上的动力机制，我们以主体为划分标准，分别对中央政府和地方政府关于这一问题的态度进行分析。

一 中央层面的动力机制

按照传统的公法观点，特别是与规范主义公法思想一脉相承的公法研究，地方政府立法协作等同于"助长地方意识，分散国力，无异自毁长城之办法"。[①] 换言之，地方政府立法协作会损害中央权威。按照这种观念，中央政府为了维护自身的权威，断然不会产生构建地方政府立法协作制度的动机。这一观点具有很强的说服力。在我国，维护中央权威既是基于国家结构和历史的必然选择，也是实现国家有效治理的重要前提。

首先，从维护中央权威的必然性来说。中央权威是否得到有效维护可以通过国家权力配置格局予以观察。"纵向地看，中央政府和地方政府之间存在不同的权力关系。在一些国家地方政府不过是中央的延伸，地方官员像是由一个大脑控制的长臂末端的手指。而另一些国家的地方政府则不同程度地享有独立于中央控制之外的独立性。"[②] 在公法理论范畴中，中央和地方之间存在的不同的权力关系被概括为国家结构形式。国家结构形式的选择与一个国家的历史、文化、传统、社会思想等因素密切相关，是一个国家权力配置最典型的反映。历史上，除少数时期外，我国绝大部分时期采用的都是单一制的国家结构形式。新中国成立之后，对历史上的国家结构形式安排予以继承和延续，在中央与地方关系上，采用了单一制框架。不过，区别于我国历史上的单一制安排，新中国的中央与地方关系不仅包括政府层面的架构，还与党的组织管理密切相关。我们可以这样认为，"中国单一制结构的特色表现为这是在党政体制框架下建构的，处理中央与地方关系的基本原则是充分发挥中央和地方两个积极性。两个积极性的第一原则是中

---

① 转引自于立深《区域协调发展的契约治理模式》，《浙江学刊》2006 年第 5 期。
② 莱斯利·里普森：《政治学的重大问题——政治学导论》，刘晓等译，华夏出版社，2001，第 220 页。

央的统一领导"。① 这种独特的国家结构形式被一些研究者概括为"过度分权"和"过度集权"的集合②，或者是一种"复合式单一制"③。从文化和社会观念的角度来说，尊重并维护中央权威的社会思想长期存在。当然，任何社会思想都有其客观的物质生活条件作为基础。历史上中国特殊的生产方式、地理禀赋、自然条件，是催生并滋养中央权威社会思想的主要土壤。中原的农耕文明在军事上相较于游牧民族劣势明显，并且由于特殊的地理禀赋，农业生产经常遭受干旱、洪水等自然灾害侵袭。因此，在客观上需要构建一个强有力的中央政府以应对战争和自然灾害。这种社会思想"不是基于一日之功而形成的，而是千年成长和演化的结果。它在形态上与中华民族大一统的生存和发展形态契合，又有效地支撑起膨大的传统大型国家体系的组织与运转"。④

其次，从维护中央权威的重要性来说。中国正处于国家现代化的进程中，涉及人口之多，规模之大，速度之快，前所未有。追求现代化的目标无可厚非，但是现代化过程中存在诸多风险。塞缪尔·P. 亨廷顿（Samuel P. Huntington）观察了多个国家的现代化进程，他从中得出结论认为："现代性孕育着稳定，而现代化过程却滋生着动乱。"⑤ 从人类社会的演变历程来看，从农耕文明到工业文明再到信息文明的每个过程，与之相伴的不仅仅是城市化、工业化等客观物质生活条件的变化，社会制度、社会价值取向、国家治理目标都在这个过程中发生重大转变。其中特别需要关注的问题是，在现代化的过程中，社会分工的规模和程度也会随之改变，进而进一步改变社会动员水平。如果国家在治理层面不能有效应对上述变化，社会秩序就会遭受严重挑战。为此，一个强有力的中央政府成了现代化所必需的基础性保

---

① 景跃进等主编《当代中国政府与政治》，中国人民大学出版社，2016，第 186 页。
② 周刚志：《"过度分权"与"过度集权"：中国国家结构形式的"制度悖论"及其宪法释义》，《交大法学》2014 年第 4 期。
③ 艾晓金：《中央与地方关系的再思考——从国家权力看我国国家结构形式》，《浙江社会学刊》2001 年第 1 期。
④ 林尚立：《当代中国政治：基础与发展》，中国大百科全书出版社，2017，第 48 页。
⑤ 塞缪尔·P. 亨廷顿：《变化社会中的政治秩序》，王冠华、刘为等译，上海人民出版社，2008，第 31 页。

障。对于发展中国家而言，中央政府的孱弱就是原罪。因为"在发展中国家，政府软弱、无能或者无政府状态，却是严重的祸根"。[①] 现代化进程会在国家治理和社会期待之间不断制造偏差。随着现代化进程的推进，社会民众对固有世界的理解也会发生变化，对生活和未来也有更高的期待。有些期待往往与现实可能相差过大，而一旦社会公众的期待得不到有效满足，"就会刺激个人和集团投身政治"[②]，甚至会引发政治动乱。弗朗西斯·福山（Francis Fukuyama）对此曾经有深刻的认知。他认为国家现代化过程中很自然会出现民主诉求，但作为一个"奢侈品"，社会民众的民主诉求和本国发展实际往往并不相符。"那些民主先于现代国家构建的国度，与那些从绝对主义时代继承现代国家的国度相比，在实现高质量的治理方面存在更大的问题。民主先行之后的国家构建也是可能的，但它经常需要新兴社会行动者的动员和强有力的政治领导力来实现这一点。"[③] 如果没有强有力的中央政府，或者中央政府缺少足够的权威，那么后发国家的现代化进程将受到严重损害。也就是说，"恰恰缺少了权威，那里的政府不得不听任离心离德的知识分子、刚愎自用的军官和闹事的学生的摆布"。[④]

从以上的理论观察中，我们很难找到中央政府支持地方政府立法协作的动机，更难言动力机制。尤其是在中国这样一个有着比较浓厚大一统思维的国家，尊重并维护中央权威具有天然的正当性。但与理论推演相反的是，在区域治理的实践中，中央政府一直在向地方政府进行赋权。虽然中央政府对地方政府立法协作的态度并未明确，但在地方政府横向合作的其他事务上，中央政府的态度是开放的。比较有说服力的例证来自地方政

---

① 弗朗西斯·福山：《国家构建——21世纪的国家治理与世界秩序》，黄胜强、许铭原译，中国社会科学出版社，2007，第1页。

② 塞缪尔·P. 亨廷顿：《变化社会中的政治秩序》，王冠华、刘为等译，上海人民出版社，2008，第36~37页。

③ 转引自王崇《强化中央权威——改革开放时代中国中央权威构建研究》，吉林大学博士学位论文，2018。

④ 塞缪尔·P. 亨廷顿：《变化社会中的政治秩序》，王冠华、刘为等译，上海人民出版社，2008，第6~7页。

自发的横向协调机构建设。与地方政府立法协作相类似，地方政府协调机构也涉及国家治理结构的重大调整，但中央政府并没有将其视为对自身权威的挑战。

最早的地方政府横向协调机构出现于20世纪70年代。1979年，中共中央、国务院提出"扬长避短、发挥优势、保护竞争、促进联合"的区域联合与协作十六字原则方针，要求各地方政府加强彼此互动，在地区之间、城乡之间进行余缺物资的调剂和技术、资金协作。这十六字原则方针也成为区域合作步入制度化轨道的标志。1980年，国务院出台《关于推动经济联合的暂行规定》，要求在经济规律的作用之下，加强区域经济的横向联系，"打破地区封锁、部门分割""走联合之路，组织各种形式的经济联合体"。1981年，北京、天津、河北、山西、内蒙古五省区市，成立了我国第一个区域经济联合组织——"华北地区经济技术协作区"。"华北地区经济技术协作区"的成立，标志着我国区域合作组织由国家政策层面正式进入具体操作层面。在随后的三年时间里，"上海经济区""东北经济区""五省区六方经济协调会"等区域协调组织相继成立，区域协调组织建设逐步兴起。1984年10月20日，党的十二届三中全会通过了《中共中央关于经济体制改革的决定》。该决定指出，要"按照扬长避短、形式多样、互利互惠、共同发展的原则，大力促进横向经济联系，促进资金、设备、技术和人才的合理交流，发展各种经济技术合作，联合举办各种经济事业，促进经济结构和地区布局的合理化"。1986年，为巩固区域协调发展的现有成果，进一步推进区域合作，国务院颁布《关于进一步推动横向经济联合若干问题的规定》，对横向经济联合的原则、目标和管理方式、征税办法、协作领域、权责界限等作出更加明确的规定。1991年《国民经济和社会发展十年规划和第八个五年计划纲要》指出，要"继续完善和发展区域合作，以省、区、市为基础，以跨省、区、市的横向联合为补充，发展各具特色、分工合理的经济协作区……巩固、完善和发展区域合作组织和各种经济网络"。

在现实发展的强烈需求和中央政策的大力支持之下，这一时期的区域合作逐步进入高速发展阶段，多领域、多层次、多形式的区域协调机制不断涌现。据不完全统计，在这一时期，全国共成立各类区域协调组织 100 余个。这些区域协调组织，在合作层次上既包括"省（区、市）际的经济协作区""省（区、市）毗邻地区经济协作区"，也包括"省（区、市）内经济协作区""城市经济技术协作网络"；在结构模式上既有紧密型组织体也有半紧密型组织体和松散型组织体；在组织形式上涵盖了包括"经济协调会""经济技术协作联席会""经济发展联络会""经济联合会""经济互促会""经济联合恳谈会""市长联席会""专员联席会""经济协作区"等在内的多种形式。大量区域协调组织的出现，为打破计划经济体制之下的区域割裂、促进区域合作起到了巨大的作用，但未根本解决我国区域发展中的区域冲突问题。

面对日益加剧的区域冲突，国务院不得不于 1990 年底出台《关于打破地区间市场封锁进一步搞活商品流通的通知》，要求各地区、各部门"自觉制止和纠正地区封锁的错误做法……积极促进地区之间的经济、技术协作，加强横向联系，进一步搞活商品流通"。即使是这样，各地区仍然广设关卡，实施旷日持久的市场封锁，区域协调组织的作用得不到发挥。经过一轮又一轮的区域冲突，区域协调组织也逐渐被市场规律所淘汰。根据有关学者统计，截至 2003 年，"20 世纪 80 年代建立的（区域协调）组织处于停滞状态或基本消亡"。[①] 2003 年，党的十六届三中全会提出"统筹区域发展"的区域发展战略，并要求尽快"形成促进区域协调发展的机制"，区域协调组织由此进入了一个新的发展阶段。这一时期，我国各地方政府之间再次展开了广泛的协调与合作。其合作的主体范围日益扩大，形成了包括"武汉城市圈""环长株潭城市群""泛珠三角 9+2 经济圈""长三角经济圈""京津冀都市经济圈"等在内的多种区域联合。合作的组织模式也不断创新，"行政首长联席会议""行政首长论坛""行政协议"等协调模式相继成立。同时，合作内容也不断深入，已经涉及交通运输、电力供应、农业合作、旅游合作、环境保护、教育交流、食品药品监管等多方面、深层次的内容。党的

---

① 陆大道等：《中国区域发展的理论与实践》，科学出版社，2003，第 361 页。

十八大以来，中央政府对区域治理提出了更深层次的要求。以长三角、京津冀为示范的区域治理再次兴起，并且都成立了实体性的区域协调机构。

从以上论述可见，中央政府对于地方政府横向联系乃至自发建立横向协调机构秉持着开放态度，这种实践局面和理论推演存在较大反差。中央政府对政治权威的诉求没有改变，但它并不认为地方政府彼此进行横向联系，甚至设立协调组织会损害中央政府权威。特别是在 2015 年之后，京津冀三省市积极探索跨行政区域治理的新模式、新途径，共同研究、分别出台了《关于加强京津冀人大立法工作协同的若干意见》《京津冀人大立法项目协同办法》等文件，为有效推动立法工作协同和立法项目协同提供了制度保障。地方政府之间的横向联系从业务组织联系扩展到实质性的立法联系。和 2005 年东北三省政府联合立法不同，京津冀三省市的立法属于立法权的实体运作。

二 地方层面的动力机制

如前文所述，中央政府并没有对地方政府立法协作明确表达反对态度。虽然"集权是国家的本质，国家的生命和基础，没有一个国家可以不要集权"。但自新中国成立以来，中央政府一直在探索如何处理中央与地方的分权关系。特别是改革开放以后，权力由中央下放至地方是改革的主线条。在权力下放的过程中，地方政府自我意识开始觉醒，成为独立的利益发展主体，自身的发展动力显著增强。从纯粹的理论角度出发，地方政府作为独立的利益主体，承担着更好实现本地治理的政治任务，因此它必然会主动作为。在诸如区域经济发展、大气污染防治、河流整治等一系列经济社会议题上，地方政府具备和其他地方政府相互合作的利益动机。基于此类利益动机，地方政府立法协作得以自发产生。理论上关于地方政府推进立法协作的逻辑链条是：只要地方政府能够获得足够的治理权限，基于更好治理的目标需求，地方政府之间会主动寻求各类合作，包括最高层次的立法协作。

另一个支撑地方政府会主动寻求立法协作的理论来自区域经济资源禀赋交换理论。以区域分工为基础的区域合作是区域发展过程中的一种最优的理性选择。生产要素的有限性与生产需求的多样性，决定了"大到一个国家，小到一个单位，都不可能拥有自身发展所需要的全部资源与要素"。① 国民经济的整体发展和国内各地区的发展，都要求必须"形成合理的区域分工"，进而提高生产要素和生产资源的"空间配置效率"。② 因为"任何区域都有一定的绝对有利的生产条件，若按绝对有利的生产条件进行分工，然后进行区域交换，会使各区域的资源得到最有效的利用，从而提高区域劳动生产率，增进区域利益"③，最终提升整个区域的竞争力。

2006 年东北三省推进的立法协作，可以为上述观点提供实践的支撑证明。然而，东北三省之间的立法协作仅仅是形式上的合作，并不涉及立法权的实质性运作，并且未能持续推进。如果对改革开放以后地方政府横向关系进行细致观察就会发现，这种理论推演同样和跨域治理的实践不相符合。在党的十八大以前，地方政府之间非但没有开展实质性的立法协作，而且区域关系一直处于紊乱之中。一方面是地方政府之间在经济上大搞重复建设。1980 年前后，在轻纺产品、缝纫机、手表等基本生活领域；1985～1988 年，在洗衣机、电视机等生活耐用消费品领域；1992 年至 20 世纪末，重复建设在电子、石化、汽车等领域大规模出现。④ 如此众多的重复建设在微观上导致企业效益低下，宏观上使我国区域产业布局极不合理，大规模的产业结构雷同又引发了原料竞争、产品过剩、价格竞争等一系列问题。另一方面是地方政府之间在跨域公共事务治理上相互掣肘。地方政府通过行政手段封锁本地区市场，人为抑制本行政区公共治理资源外溢。

在有关地方政府推进立法协作动力机制问题上，理论和实践存在偏差，其主要原因在于其忽略了两方面问题。第一，改革开放以来，中央政府持续向地方政府下放权力，地方政府因此实现了主体意识觉醒，并

---

① 范恒山：《全方位深化中部地区对外开放与区域合作》，《经济研究参考》2013 年第 19 期。
② 陈秀山、张可云：《区域经济理论》，商务印书馆，2003，第 268 页。
③ 张可云：《区域大战与区域经济关系》，民主与建设出版社，2001，第 243 页。
④ 参见魏后凯主编《从重复建设走向有序竞争》，人民出版社，2001，第 1～3 页。

且有了"自利"动机。地方政府的运作目标不仅仅是维护公共利益，而且它会基于自身利益的考量作出"自利"行为。第二，地方政府作为一个组织机构，它的运作过程和组织本身的运作规律有关，但同时也受组织内部人员，尤其是组织负责人的影响。以上两个因素交互影响，并在地方政府绩效考核机制的叠加影响下，导致地方政府没有足够的利益动机推进区域合作。地方政府立法协作作为最高层次的区域合作形式，自然也就难以发生。

那么，政府绩效考核机制是如何影响地方政府推动立法协作动机的呢？对于任何一个组织而言，要想获得持续的进步和发展，必须解决以下几个问题：第一，该组织运行的目标是什么？第二，如何实现组织设定的运行目标？第三，在实现预定目标的过程中，如何评估组织内部不同部门的贡献值？第四，针对不同部门的不同贡献，如何设立奖惩机制？① 在这中间，又以对不同部门贡献值的评估和奖惩最为关键。作为公共管理机构，政府在运行的过程中同样要面临这些问题，解决这些问题的核心是如何建立科学合理的绩效考核机制。所谓政府绩效考核是指："运用科学的方法、标准和程序，对政府机关的业绩、成就和实际工作作出尽可能的准确的评价，在此基础之上对政府绩效进行改善和提高。"② 绩效考核是现代官员治理的核心所在，其在内涵上包括主体、客体和内容三个方面。

第一，政府绩效考核的主体。政府绩效考核主体也即绩效考核的实施者，是对政府作出考核评定的人或组织。从考核实施主体和被考核对象的关系出发，可以将考核主体分为内部考核主体和外部考核主体两类。外部考核主体是指由政府以外的社会组织和个人担任考核的实施者；而内部考核主体是指由政府机关自身作为考核主体，其多为被考核者的上级政府。由上级政府对下级政府实施绩效考核的优势在于："上级主管部门和领导

---

① 参见 D. Otley, "Performance Management: A Framework for Management Control Systems Research," *Management Accounting Research*, 1999, (10): 362-382.
② 中国行政管理学会联合课题组：《关于政府机关工作效率标准的研究报告》，《中国行政管理》2003 年第 3 期。

熟悉下属部门的工作职能和运作方式，比较了解下属的工作作风、工作态度、工作能力和工作成绩，而且也通常掌握政府绩效评估的目的、内容和方式。"① 因此，这种评估方式在实践中被广泛应用。第二，政府绩效考核的客体。政府绩效考核的客体是指绩效考核实施过程中所评判的具体对象，在一般情况下，政府绩效考核的对象就是政府行为。通过对政府行为过程和效果的考核评价，可以引导政府行为以规范的方式朝向政府行为预设的目标发展。第三，政府绩效考核的内容。在确定政府绩效考核的实施主体和考核对象之后，还必须明确绩效考核的内容，也即绩效考核的标准。政府绩效考核的内容与绩效考核的目标息息相关，它是政府绩效考核目标的具体表现。从理论上看，政府绩效考核的内容主要包括政治绩效、经济绩效和社会绩效。其中，政治绩效主要是指政府的制度安排和制度创新；经济绩效主要是指政府发展经济的水平和能力；社会绩效是指政府公共服务的供给能力。

对一个组织而言，如果不能实施科学合理的绩效考核，那么就无法计算出组织内部不同部门的贡献值，如此一来，就无法针对不同的贡献给予不同的奖励或惩罚。如果一个组织内部的奖惩机制失效，那么在组织内部就会形成"干多干少一个样，干好干坏一个样，干与不干一个样"的工作氛围，组织所设定的运行目标自然就无法实现。对于政府而言，同样如此。建立政府绩效考核机制的目的就在于杜绝此种情况的发生，维持政府的正常运作。具体而言。第一，政府绩效考核有利于保持政府目标一致性。从时间发展上来看，作为公共管理机构，政府在不同时期的发展目标并不相同。从主体组成来看，在同一时期，不同政府之间的目标也有可能是不同的。即使所有政府的目标都是一致的，但是主体的多样性也决定了不同主体之间对于目标的理解可能会存在偏差。要实现政府目标的一致性，就必须保证政府目标能够传达到每一个成员并且得到正确理解。要想实现这一目标，就需要通过政府绩效考核制度，"将中央相对抽象的政策

---

① 范柏乃：《政府绩效评估——理论与实务》，人民出版社，2005，第271页。

要求变成可以量化的目标体系，强化各级政府部门的绩效意识，形成正确的决策导向和工作导向"。① 第二，政府绩效考核有利于维护政府内部良好的竞争秩序。任何政治体制要发挥作用，都必须解决如何治理官员这一前提性问题。而治理官员的核心则在于建立一套合理的官员考核机制，将政府官员的政治前途与政治体制的运行目标紧密联系在一起。如果没有明确的衡量标准决定政府官员是否应当晋升、哪一个官员应当晋升，那么这种晋升机制的不确定性就会对政府运行产生相当大的不利影响。一方面，晋升的不确定性会增加政府官员为寻求晋升机会而消耗的政治成本，另一方面，这种不确定性在很大程度上会引发政府官员之间的恶性竞争。第三，政府绩效考核有利于政府目标实现的效率性。美国马萨诸塞州福利部前主任约翰·普拉特（John Pratt）在谈及政府改革和政府绩效考核时指出："你只要测量某件事，人们就会做出反应。"② 政府绩效考核就是如此，它在本质上是一种竞争激励机制，将政府官员的政治晋升机会和政府绩效挂钩，通过对政府官员任期绩效的评测，决定是否对其予以晋升。政府绩效考核的这种竞争激励机制能够刺激政府官员积极提高工作效率，从而带动整个政府目标实现的效率性。

按照公共管理理论，相对绩效考核是与绝对绩效考核相对应的一种特殊的考核激励机制，它以存在多个委托代理人为前提，具体而言，所谓相对绩效考核是指："当代理人的产出信号不仅受到自身努力的影响，也受到其他代理人努力的影响时，或者当代理人受到共同因素冲击时，其他代理人的产出也可能包含有关该代理人努力水平的有价值的信息，因此，给予代理人的补偿不仅基于代理人的绝对绩效，还要考虑到相对绩效，这样就可以部分消除代理人受到共同冲击的影响，更精确推断代理人的努力程度。"③

相对绩效考核产生的原因在于存在多任务主体时，绝对绩效考核所面

---

① 刘美彦：《激励视角下的政府绩效研究》，中央民族大学博士学位论文，2007，第24页。
② 戴维·奥斯本、特德·盖布勒：《改革政府：企业精神如何改革着公营部门》，上海市政协编译组、东方编译所编译，上海译文出版社，1996，第128页。
③ 周宏等：《相对绩效评价理论及其新发展》，《经济学动态》2008年第2期。

临的信息不对称困局。从理论上而言，绝对绩效考核最能反映被考核对象的真实绩效水平，但是绝对绩效考核的前提是考核主体能够完整地掌握考核对象的全部信息，包括其在完成预定目标时所采用的方式方法、工作效率等。绝对绩效考核所需要的这种理论预设在现实中无法完全实现：第一，考核主体在对考核对象进行考核时，其所依据的信息在传递过程中存在失真的风险；第二，在多任务主体的情况下，考核对象完成任务的效果，不仅取决于其自身的能力水平，同时还会受到其他任务主体等外部环境的影响，在这种情况下，绝对绩效考核的结果并不能真正反映考核对象的真实能力。相较于绝对绩效考核，相对绩效考核的优势在于能够增加绩效考核的精确度，确保绩效激励机制能够充分发挥作用。我国在政府绩效考核中，也采用了相对绩效考核制，各地方政府只需要在和其他地方政府的绩效竞争中取得优势，就可以胜出，进而相关官员可以获得政治晋升机会。①

准确地说，我国地方政府的绩效考核既不同于绝对绩效考核，也不同于相对绩效考核，它是一种以经济发展为中心的"单一相对绩效考核制度"。在单一相对绩效考核制度之下，地方政府官员扮演着经济人与政治人的双重角色。作为经济人，他要大力发展本地区经济，而作为政治人，他又必须极力追求政治晋升。所谓"单一"，是指我国地方政府的绩效考核以经济发展为中心。随着我国改革开放的全面展开，我们对社会主义初级阶段问题的认识逐步深化。1987年，中国共产党第十三次全国代表大会提出了社会主义初级阶段理论，确立了"以经济建设为中心"的社会主义初级阶段基本路线。自此，以坚持四项基本原则为前提，以改革开放为手段，以经济发展为目的，最终将我国建设成为富强、民主、文明的社会主义现代化国家，就成为中国特色社会主义发展的核心目标。为实现上述政治目标，我国在官员考

---

① 需要指出的是，对政府的绩效考核和对官员的绩效考核在意涵上并不完全相同。但由于政府和政府官员之间的联系非常密切，尤其是在我国体制下，政府官员的意志对政府行为有着相当大的影响，因此本书在讨论绩效考核时，并没有严格划分政府绩效考核和官员绩效考核的区别。

核指标体系中，特别提高了经济发展绩效所占比重①，经济发展水平的高低成为决定地方政府官员能否获得仕途升迁最为重要的依据。有学者以 1979~2002 年 28 个省区市的 187 位省（区、市）委书记和 157 位省（市）长、区主席为样本，对其晋升情况做了模型考察，结果表明，各省的经济发展绩效与地方官员的晋升之间呈现出高度的正相关。② 谁在经济指标上取得领先地位，谁就在政治晋升上处于优势地位。

所谓"相对"，是指对地方政府的绩效评定并不依据地方政府自身的经济发展状况，而是通过将它与其他地方政府在经济发展方式、发展速度、经济总量等方面做横向比较，来确定其真实的发展能力。采用相对绩效考核的原因在于，"当多个代理人从事的任务中涉及某种共同的未被观察的因素，比较代理人的相对绩效可以剔除这些共同因素的干扰，增加评估的精确度，从而提高激励契约的激励强度"。③ 具体而言，它是指不同地方政府在发展过程中，其所面对的发展基础、外部环境、内部负担等条件都各不相同，因此绝对的绩效成绩无法真实反映某一地方政府或地方政府官员真正的发展能力，"为准确判断一个地区官员的真实经济绩效，把它与条件相近地区的平均绩效相比就可以消除这些干扰"。④ 对地方政府实行单一相对绩效考核，第一意在使地方政府集中精力发展经济，第二意在使各地方政府官员能够获得相对均等的晋升起点，从而确保绩效考核竞争激励机制的效用能够得到充分发挥。正是在单一相对绩效考核制的激励之下，我国经济获得了强大的发

---

① 我国官员考核的主要指标分别来自：《地方党政领导班子和领导干部综合考核评价办法（试行）》《党政工作部门领导班子和领导干部综合考核评价办法（试行）》《党政领导班子和领导干部年度考核办法（试行）》。中组部负责人在解读这些考评办法时强调："综合考核评价注重经济建设、政治建设、文化建设、社会建设和党的建设协调发展。"经济建设指标在所有考核指标中占据首要位置。参见《中组部负责人就改进和完善干部考核评价工作答问》，中国政府网，2006 年 7 月 9 日，http：//www.gov.cn/zwhd/2006 - 07/09/content_331301.htm。

② 参见周黎安等《相对绩效考核：中国地方官员晋升机制的一项经验研究》，载清华大学经管学院编《经济学报》第 1 卷第 1 辑，2005，清华大学出版社。

③ 张军、周黎安编《为增长而竞争——中国增长的政治经济学》，格致出版社、上海人民出版社，2008，第 117 页。

④ 彭时平、吴建瓴：《地方政府相对绩效考核的逻辑与问题》，《经济体制改革》2010 年第 6 期。

展动力，创造了改革开放以后中国经济的发展奇迹。

在经济人角色之外，地方政府官员还扮演着政治人的角色。在政治人角色中，政府官员基于自身利益最大化的考虑，总会追求更大的权力、更多的金钱收入、更高的声望以及便利和安全。美国政治学家安东尼·唐斯（Anthony Downs）在讨论官僚体制下政府官员的行为模式时曾说："每个权力攀登者都寻求权力、收入以及声望的最大化，他总是渴望更多地拥有这些利益。"[1] 对政府官员而言，获取上述利益最根本的方法即在于拥有更高层次的权力，因此，作为政治人的政府官员，其最大的行为动机就在于追求政治上的晋升。政府官员的行为动机在于追求更高层次的政治权力，这一点在我国的官僚体系中表现得尤为明显，这是由我国官僚体系的封闭性所决定的。官僚体系的封闭性使我国政府官员的行为选择非常狭窄，"一旦被上级领导罢免、开除，就很难在组织外部找到其他工作，作为官员个人也不能随意选择退出已有的职位，仕途内外存在巨大落差，产生一种很强的'锁住'效应，个人一旦进入官场就必须努力保住职位并争取一切可能的晋升机会"。[2]

改革开放之后，为了增强地方发展动力，尽快使我国经济获得增长，我们确立了以经济绩效为中心的单一相对绩效考核机制。在单一相对绩效考核机制的激励之下，地方政府动力十足，我国整体经济增长迅速。但是，随着经济发展的深入，各种深层次问题逐渐显现，单一相对绩效考核机制对于区域协调发展、跨域公共事务治理的制约效应越来越明显。

在以经济绩效为中心的绩效考核机制之下，地方经济发展水平的高低成为决定地方政府官员能否获得仕途升迁最为重要的依据。谁在经济指标上取得领先地位，谁就在政治晋升上处于优势地位。

但是，对于地方政府官员而言，其不得不面对的一个现实就是政治晋升资源的有限性。不管在何种政治体制之下，更高层次的权力，总是为更少数

---

[1] 安东尼·唐斯：《官僚制内幕》，郭小聪等译，中国人民大学出版社，2006，第98页。

[2] Li-An Zhou, "Career Concerns, Incentive Contracts, and Contract Renegotiation in the Chinese Political Economy," Ph. D. thesis, Stanford University, 2002.

的人所有，这就意味着并非所有的地方政府官员都能得到政治晋升的机会，只有在绩效考核中处于优势地位的人才能得到晋升。但是，在单一相对绩效考核机制之下，这种优势并非绝对优势，而是相对优势，也即地方政府在竞争中获胜，并不以地方政府达到某项发展指标来计算，而是依据地方政府和其他相类似地方政府的对比优势。换言之，不需要地方政府发展得有多好，只要它比其他相类似地区发展得好，就可以在政治晋升的竞争中获胜。在单一相对绩效考核机制之下，只有处于相对优势地位的人才得以获得提升，一个人的提升机会增加，必然导致其他人提升机会的降低。因此，地方政府最为关心的不是本地的发展水平，而是和其他地区相比，本地发展的相对水平。这就使得地方政府及其官员不仅会大力提高自己所辖区域的经济水平，在某些情况下甚至会采取非合作乃至破坏的方式降低其他区域的经济水平。在这种情况下，地方政府之间很难发生真正的合作。特别是在跨域公共事务治理方面，往往会出现一方受益而另一方受损的情况，区域合作更难发生。作为区域合作的最高形式，地方政府立法协作在地方政府层面也就失去了自发动力空间。

单一相对绩效考核机制的存在，决定了地方政府官员之间在政治晋升上处于一种零和博弈的状态，没有足够的动力机制去推动彼此之间的立法协作。首先，从绩效考核的角度而言，地方政府间的合作绩效无法准确计算，地方政府因此而不倾向于分工合作。这就如同在市场竞争中，我们可以很直观地看出每个企业的经济效益，进而在这些企业之间作出效益排名。但是就某一个企业单独而言，很难区分该企业内部不同的部门对该企业发展的贡献值。这是因为，企业的发展并不是依靠某一个部门，它是内部各个部门之间通力合作的结果，而每个部门的职能不同、作用不同，很难有一个标准的衡量尺度适用于所有的部门。这种困难同样存在于政府之间的分工与合作之中。地方政府之间的合作是以分工为前提的，只要存在分工就意味着地方政府在合作中扮演的角色不同、作用不同，这就很难去衡量每个政府在合作之中的贡献价值。由于无法衡量其贡献值，也就意味着政府间的合作在绩效考核上属于无用功，地方政府自然不会倾向于区域合作。所以我们可以很明显地看到，我国地方政府在产业结构上基本都是属于"小而全"的类型，结构都类似，工业门类齐全，不考虑自身的资源禀赋优势，片面追求完整的工业体系。其次，政治晋升的压力，使地方政府不可能寻求以立法协作的形式推动彼此合作。如前文所述，政治晋升是地方政府官员最为核心的利益，而在单一相对绩效考核机制之下，要实现政治晋升，不需要该地区经济上的绝对发展，只需要超过其他参照地区。在如何超越其他参照地区上，地方政府有两个选择：一是全心全意大力发展本地经济，二是全心全意尽量打压其他地区发展。在现实的选择上，我们可以很明显地看到，地方政府一边是极力促进本行政区经济发展，另一边又采取各种措施，限制其他地区发展。

但是，党的十八大以后，我们可以明显发现地方政府之间的立法协作开始逐步展开。与 2006 年东北三省之间的立法协作不同，党的十八大之后的地方政府立法协作已经涉及地方立法权的实质性运作。比如京津冀地区有关大气污染防治的联合立法，长三角地区为了推进区域一体化在交通、环境保护、产业规划等方面的联合立法。2021 年 12 月 2 日，第二十七次全国地方立法工作座谈会召开。在分析全国地方立法工作特色和取得的主要创新成绩时，会议明确提出了"区域协同立法加快发展""探索流域共治共同立法模式"两个地方经验。从中我们可以看出两个变化。（1）无论是京津冀有关大气污染防治的地方联合立法，还是长三角各省市关于交通、环境保护、产业规划的地方联合立法，都属于中央没有明确规定的自主创新。因此，才得以在 2021 年全国地方立法工作会议上作为地方创新经验被单独提出。（2）全国最高立法机关对地方政府立法协作保持着足够的尊重，并且承认这种创新的合理性。地方政府从不愿意推动实质性的立法协作，到积极主动推动实质性的立法协作，这中间最大的变量在于中央权威。党的十八大以来，中央政府的政治权威得到进一步巩固。根据中央部署，地方立法要围绕地方党委贯彻落实党中央大政方针的决策部署，更好助力经济社会发展和改革攻坚任务。这意味着，地方立法的目的发生了重大变化。党的十八大以前，地方立法更多的是考虑本辖区的发展和治理问题；党的十八大以后，地方立法的首要任务是落实党中央大政方针的决策部署，更好助力经济社会发展和改革攻坚任务。中央政府从全局考虑，需要地方政府之间形成良好的关系以实现区域发展和区域治理的战略目标。因此与其说是在权力下放的背景下，地方政府基于经济发展和跨域治理的考量推动了彼此之间的立法协作，不如说中央政府的权威和战略安排，促使地方政府更加积极作为，进而从非制度化的横向合作演化为深层次的立法协作。

第二节　地方政府立法协作的基本原则

地方政府立法协作是一种新型的政府权力运作模式，尽管它的发生与发展得到了中央政府和地方政府的政治认可，但所有的权力都必须被关进制度的笼子里，对这种新型政府权力运作模式的法律控制仍然是一种必然的需要。需要讨论的问题是，有关地方政府立法协作的法律控制究竟应当是一种规则控制，还是原则控制呢？其中所包含着的价值判断因素，在地方政府立法协作推进区域协调发展和跨域治理的背景下，到底应该赋予其多少自我演绎的制度空间？作为一种新型的政府权力运作模式，我们固然能够理解它可能带来的不确定性，但与其通过详细的规则降低这种不确定性，不如以更加宽容的姿态包容地方政府立法协作这一地方政府的制度创新，为它的进化式发展提供制度空间。如此一来，就需要我们树立一种"原则之治"的治理理念，以便因应地方政府立法协作的制度创新。

一　法治统一原则

需要承认的客观现实是，地方政府立法协作是一种新型的政府权力运作模式，在性质上归于立法权。但是 2000 年《立法法》中没有关于地方政府立法协作的具体规定。党的十八大之后，地方政府围绕区域协调发展和跨域公共事务治理，彼此之间展开实质性的立法协作。但是 2015 年修改的《立法法》仍然没有对地方政府立法协作进行制度描述。我们无法贸然臆断立法者的本意，但这种局面可能会导致地方政府立法协作逸脱法律的控制，不仅损害其自身的发展空间，而且对国家整体法治建设安排也会产生不利影响。法治是治国理政的基本手段，它意味着国家治理的各个环节和各个方面都必须依据法律进行。只有这样，作为治国理政基本手段的法治才能形塑治理秩序。尽管地方政府立法协作并没有明确的法律规则对其予以约束，但它的运作必须符合法治统一原则。

　　法治统一原则是现代法治所必须遵循的基本原则之一，它的目的在于形塑治理秩序。从一般意义上来说，所谓秩序是指"在自然进程和社会进程中都存在着某种程序的一致性、连续性和确定性"。[①] 无论是作为个体的人，还是作为整体的社会、国家，秩序都是一种潜在且又自发的需求。从个体的角度来说，遵照客观物质条件对未来作出某种判断是生存所必需的技能。人们倾向于对现状和未来保持相同的预期，这一预期是经过某种现状和未来某种客观物质条件得以关联的。也就是说，"除非我们有特殊理由预测未来会有改变，否则我们会设想现存的状况将无限期地继续下去"。[②] 个人在社会和国家的生活、生产需要秩序，否则无法在未来作出有效安排，个人也将因此而处于不确定性的紧张之中。社会和国家同样需要秩序，如果社会和国家不能对秩序进行良好的维护，展现清晰的秩序预期，那么社会和国家生活将会陷入紊乱之中。

　　秩序是构造的产物，它的产生与演进经历了一个从自然构造到社会构造，再由社会构造到法律构造的过程。需要首先明确的是，人类社会的秩序并非总是基于人的主观构造，自然因素同样会对人类社会的秩序产生影响。最早的秩序就是人类基于自身生存和发展需要对自然因素的回应。比如，日出日落会影响人类社会整体的作息习惯，而人类社会的生产安排又会受春夏秋冬等自然气候条件的影响。但是，人类社会的本质是人的集合体，个人为了生存所遵循的秩序和作为整体的社会有所不同。同样的道理，社会秩序的架构既是基于个人的生存秩序，但同时又超越各个秩序，集中表现在人与人

---

① E. 博登海默：《法理学——法律哲学与法律方法》，邓正来译，中国政法大学出版社，2004，第 296 页。
② 梅纳德·凯恩斯：《就业、利息与货币概论》，黄跃进译，中国社会出版社，2000，第 1 页。

之间的社会关系架构方面。社会秩序产生的起点在于合作的需求，因为社会本身就是基于各种需求而产生的。人和人之间基于生存、生产等一系列需要，从最初松散的地缘、血缘合作，发展到更大范围的合作。社会秩序的本质"意味着个人的行动是由成功的预见所指导的，这亦即是说人们不仅可以有效地运用他们的知识，而且还能够极有信义地预见到他们能从其他人那里所获得的合作"。① 社会的规模和社会组织结构的复杂性呈正相关。随着社会生产范围的扩大以及社会风险的增加，社会合作的范围和组织化程度不断加强。不仅作为个体的人对秩序的要求日益提高，而且社会也需要用更加规范的方式进行秩序管理。这意味着，作为维护预期的社会秩序，其自身的构造必须具备充分的可预期性。

社会的高度分化带来了合作的需求。但是，高度分化的社会本身是复杂的，"一个分化了的社会并不是一个由各种系统功能、一套共享的文化、纵横交错的冲突或者一个君临四方的权威整合在一起的浑然一体的总体，而是各个相对自主的'游戏'领域的聚合，这种聚合不可能被压制在一种普遍的社会总体逻辑下，不管这种逻辑是资本主义的、现代性的还是后现代的"。② 因此，社会秩序的构建要向着更高层次推进，由此催生了社会秩序向法律秩序的转型。事实上，社会秩序向法律秩序的转型一直存在。早期的"自然正当性""自然法"等，都曾经是法律秩序取代社会秩序的理论基础。18 世纪后，经过了理性祛魅，以人的自身理性为基础的法律构造逻辑得到广泛承认，由此为法律秩序的构建提供了正当性基础。

按照《牛津法律大辞典》的定义，"法律秩序是从法律的立场进行观察，从其组成成分的法律职能进行考虑的，存在于特殊社会中的人、机构、关系、原则和规则的总体。法律秩序也包括某种原则与规则，如行为的推测等。法律秩序的这个术语被诸多法学家在不同意义上用作制度或法

---

① 弗里德利希·冯·哈耶克：《自由秩序原理》（上册），邓正来译，生活·读书·新知三联书店，1997，第 199 页。

② 皮埃尔·布迪厄、华康德：《实践与反思：反思社会学导引》，李猛、李康译，中央编译出版社，2004，第 17 页。

律体系，甚至是法律的同义词"。① 法律秩序的构建只有主权者才能完成。换句话说，人民的意志是法律秩序的效力来源，法律秩序的构建是以主权概念和它下属的法律规则为前提的。也正是在这个意义上，法律秩序本身凭借强烈的主权属性获得了和其他社会秩序相区别的核心要件。需要注意的是，法律秩序本身既具有工具属性，也具有目的属性。法律秩序维护着社会的整体秩序，同时它自身也需要进行秩序架构。这构成了法治统一的基本要求。

法治统一要求国家治理的法律必须符合位阶秩序，并进而构成一个"由一些条件性规范和附条件规范组成的"等级森严的规范体系。② 我国作为一个有着悠久大一统传统的国家，对法治统一原则有着极高的要求。自"八二宪法"开始，法治统一原则就被列入宪法，1999 年宪法修正案中进一步明确法治统一原则的具体要求，核心内容是"一切法律、行政法规和地方性法规都不得同宪法相抵触"。与此同时，作为架构和调控立法体制的基本法律，《立法法》也对法治统一原则进一步予以确认。《立法法》第五条要求："立法应当符合宪法的规定、原则和精神，依照法定的权限和程序，从国家整体利益出发，维护社会主义法制的统一、尊严、权威。"

《宪法》和《立法法》对法治统一原则的强调，其最核心的目的在于维护中央权威，防止地方政府逸脱中央政府的管辖范围。地方政府立法协作本身就是地方政府主动性的体现，因此更需要遵从《宪法》和《立法法》所确立的法治统一原则。如果不能将法治统一原则作为根本遵循，地方政府在立法协作过程中制定出台与"国家整体利益"相背离的规章或法规，不仅会破坏全国统一市场，而且会损伤中央政府权威。尤其需要注意的是，地方政府作为一个相对独立的利益主体，它本身具有尽可能扩张自身利益的动力机制。在地方立法环节，曾经出现下位法不遵从上位法，甚至地方立法突破上位法创设地方准入门槛、行政许可等情况。这都属于

---

① 《牛津法律大辞典》，光明日报出版社，1988，第 539 页。
② 顾建亚：《法律位阶划分标准探新》，《浙江大学学报》（人文社会科学版）2006 年第 6 期。

对法治统一原则的挑战。

地方政府立法协作要遵从法治统一原则，一是要求地方政府立法协作的权限和程序符合《立法法》的规定，二是要求地方政府立法协作的效果符合下位法和上位法之间的位阶秩序要求。对于第一个要求而言，职权和程序符合《立法法》的要求属于事前控制；对于第二个要求而言，它更倾向于一种事后控制。现阶段，由于《立法法》未能对地方政府立法协作予以明确的规则指引，因此地方政府立法协作中的法治统一原则，更多体现为一种事后控制的要求。这意味着，无论是狭义的地方政府立法协作还是广义的地方政府立法协作，其最终的协作效果都必须确保所制定的地方政府规章或地方性法规与上位法相一致。

二 治理效能原则

在 2021 年全国地方立法工作座谈会上，全国人大常委会对地方政府彼此推进立法协作的努力作出了肯定性的表示。尽管地方政府立法协作尚未在《立法法》中获得明确的法律支持，但是全国人大常委会的肯定性表示仍然可以视为一种政治肯定。在此次会议上，全国人大常委会明确要求尽快在更大范围、更多层次、更深领域推进地方政府立法协作。这与改革开放以来一贯施行的从局部试点到全面铺开的改革思路相一致。但是就具体的内容而言，在政治上对地方政府彼此之间的横向合作，特别是深层次的立法协作予以确认，在强调中央权威的传统文化中仍然稍显突兀。特别是当我们回顾新中国成立以来地方政府彼此之间横向合作的发展历程，观察中央政府在其中所秉持的态度和扮演的角色，2021 年的政治性肯定是中央政府态度的一个重要转折点。究其原因在于，国家治理理念正在经历从治理权威到治理效能的转变。中央政府对地方政府立法协作给予了前所未有的政治肯定，其主要目的在于期望通过地方政府立法协作破解区域经济发展和跨域公共事务治理中所面临的难题和障碍。因此，地方政府立法协作的制度演绎必须能够回应上述需求，符合治理效能原则的基本要求。

国家治理的概念外延较为宽泛，在理论上它经历了一个从国家统治到国

家管理，再由国家管理到国家治理的嬗变。在早期，国家统治的理念在国家
概念体系中占据主导地位。在马克思主义经典论著中，也强调国家成立之时
就要着手探索如何实现有效统治的问题。应当说，国家与国家统治具有高度
的关联性，国家存在的首要目的就是实现有效的统治。在这个意义上，我们
也可以将国家统治与国家治理的目的进行有机关联。但是在性质上，国家统
治带有更为强烈的政治色彩。在国家统治的话语体系之下，国家的目的更多
表现为促进统治阶级利益实现，对社会秩序的保障也服从于更好促进统治阶
级利益实现这一目标。随着国家政权的稳定，国家统治需要逐渐向国家管理
转变。尽管这一时期权威、命令仍然是国家维系社会秩序的重要手段，但社
会秩序维系的目的更多的是如何在政治统治之外，实现经济社会职能。国
家统治和国家管理在权力运作方向上强调单向度的权力关系。与之相对，
国家治理的概念带有更多的地域特征和时代特征。就地域特征而言，西方
理论视域中的国家治理强调的是治理主体的多元性，试图打造一个包含着
政府、社会和公共组织的国家治理体系。在中国，政府对国家治理负有天
然的政治义务和道德义务，因此不同于西方多主体的国家治理结构，我们
构建的是单一主体的国家治理模式。虽然，社会组织和其他公共组织可以
以授权或委托的形式进入国家治理结构，并且"随着市场经济的发展，市
民社会的不断发育和成熟，企业和非政府组织表现出了强烈的参与公共事
务管理的意愿和自觉性，并积极采取行动，打破了政府垄断公共事务管理
的局面，多元管理主体格局形成，对削减政府职能、精简政府规模、强化
政府治理效能都有积极作用"①，但它只是以政府为主导的国家治理的一种
补充。

　　国家越来越强调治理的效能，传统理论对国家治理秩序的要求逐步让位
于治理效能。所谓国家治理的效能，在整体上指称由国家治理活动所产生的
一系列结果和影响。国家治理效能反映着国家治理体系各类目标的实现程

---

①　方盛举：《中国省级政府公共治理效能评估的理论与实践——对四个省级政府的考察》，云
南大学出版社，2010，第5~6页。

度，它是各类国家治理主体在治理过程中所取得的综合收益。概括而言，国家治理效能在目标层面要求国家治理的目标必须具有正当性，治理的过程必须具备合理性，而治理的结果必须具备可接受性，这也可以被称为国家治理效能的三要素。根据国家治理效能三要素的标准，地方政府立法协作作为一种国家治理手段，要满足治理效能的要求，就必须在地方政府立法协作的目的、方式和结果上回应上述要求。

首先，就地方政府立法协作的目的而言。地方政府立法协作目的正当性需要在形式上以社会共同的价值观为基础。如果我们将地方政府立法协作本身视为一种规范，规范的正当性基础是形而上的判断标准。当然，形而上的判断标准仍然是一种价值判断，它也因此必然带有浓厚的地域和时代色彩。"不管是古希腊对自然法的确信，还是中世纪对上帝的信仰，都是一种终极价值规范，它对统治权力的正当性构成了超强的解释力和论证力。"[①] 但是近代以来，"价值"和"事实"的二分导致价值判断逐渐式微。特别是现代以后，社会上越来越复杂的利益关系导致利益冲突广泛存在。[②] 因此，在识别地方政府立法协作的目的正当性时，需要对各种利益诉求进行价值整合。

价值的本质是反映"在人类活动中主体与客体需求与被需求的关系，揭示的是人的实践活动的动机和目的"。[③] 作为个体的社会人，其活动的目的与自身利益最大化有密切关联，人们参与社会活动，在社会关系中实施各种社会行为，最终都是为了实现利益，也就是说，"人们奋斗所争取的一切，都同他们的利益有关"。[④] 映射到地方政府立法协作的实践之中，各个地方政府参与立法协作，也是为了实现本地利益最大化。这样不可避免地会出现地方利益冲突，而作为协调地方政府利益关系的地方政府立法协作制度，也会在地方利益冲突的过程中逐渐出现失效的问题。地方政府立法协作

---

① 王海洲：《合法性的争夺——政治记忆的多重刻写》，江苏人民出版社，2008，第2~3页。
② 参见彭永东、朱平《当代中国社会多元价值观理论研究》，《安庆师范学院学报》（社会科学版）2011年第12期，第95页。
③ 张文显主编《法理学》，高等教育出版社、北京大学出版社，2007，第293页。
④ 《马克思恩格斯全集》第1卷，人民出版社，1956，第82页。

的目标导向需要能够平衡协调地方政府之间的利益关系，在不同利益诉求之间谋求最大的利益公约数。我国区域协调发展的经验表明，对地方政府之间利益的协调需要以整体性的利益为基准。也就是说，地方政府之间所实现的最大利益公约数并不是地方政府利益简单的集合，而是以国家整体利益为导向的。从整体性的视角来看，这个利益的主体应当是人民，也即地方政府立法协作必须能够将增进人民的利益作为其运作的基本目标。对此目标进一步细化，可以将地方政府立法协作的目的分为两个部分。一是地方政府立法协作必须能够有效促进全国各区域之间的经济交流，最终达到区域经济一体化的效果。它进一步指引地方政府立法协作要围绕区域之间的经济事项，特别是制约人、财、物等各类生产要素流动的制度壁垒进行立法创新。二是地方政府立法协作必须能够促进跨域公共事务治理，有效避免公地悲剧现象在跨域治理中发生。

其次，就地方政府立法协作的方式而言。地方政府立法协作的方式必须具备合理性，然而存在的难题是，和目的的正当性类似，合理性仍然是一个带有主观判断的事项。为了解决这一问题，法治是地方政府立法协作所必须遵循的路径。因为"正当性的规范之维和经验之维最终又体现在法律的事实有效性维度和规范正当性维度之中"①，法律为地方政府立法协作的合理性提供了制度背书。但是，正如前文所描述的，地方政府立法协作并没有明确的法律规范可供遵守。因此，法律所能提供的合理性背书较为有限。为此，需要我们立足法律的目的和精神，将协商作为地方政府立法协作方式合理性的主要依据。

地方政府立法协作的目的是促进区域经济发展，推进跨域公共事务治理，其根本目的是构建更为规范良好的地方政府关系。因此，地方政府立法协作需要以深度的协商为其具体方式合理性的基础，构建有关区域利益的磋商机制。"所谓区域利益磋商机制是指区域关系主体就涉及自身利益的某一具体事项，与其他利益相关方进行正式磋商，寻求消除分歧或达成一致行动

---

① 唐丰鹤：《在经验和规范之间：正当性的范式转换》，法律出版社，2014，第250页。

意见的利益协调机制。与区域利益沟通机制相比，区域利益磋商机制涉及的事项更为具体，各区域关系主体一般直接针对某一具体事项进行磋商。同时，区域利益磋商机制达成的结果对各方主体具有一定的约束力，但是这种约束力并不是强制约束力，它的实现需要依靠利益各方的自觉遵守。"① 在没有现成法律制度规范地方政府立法协作的前提下，有关区域利益磋商机制本身的权威性需要地方政府立法协作所有参与者共同建设，因为"他们作为承受者必须服从的那些规则，恰恰是他们自己赋予权威的"。②

最后，就地方政府立法协作的结果而言。地方政府立法协作的结果必须具备可接受性。在西方语境下，正当性来自合法性。只要程序合法，其结果无论是否能够达成预期目标，都可以被施以正当性评价。但是在中国语境下，制度创新评价标准与制度创新是否能够解决实际问题有密切关联。制度创新要想获得制度认可，甚至进一步得到推广，就必须以有效性为前提。具体到地方政府立法协作领域，它的立法协作结果要能够与立法协作目的有机关联。从更深层次角度而言，地方政府立法协作必须能够构建规范良好的地方政府关系。

地方政府关系也即狭义上的区域关系，它包含着地方政府彼此分工与合作过程中运用职权形成的各类关系。它有两个方面的特点。首先是跨域性，区域关系是地方政府运用职权处理跨域议题，或者职权外溢时所形成的政府关系。"这里所说的域并不是空间概念上的特定地区，而是抽象意义上一个'完整的行政区划单元'。地方政府的行为只要超过自身行政单元的范围，就可称之为跨区域行为"③，产生跨域关系。"一般情况下，地方政府的跨区域行为是指地方政府在彼此横向联系过程中所作出的行为，比如就某一行政事务的管理签订行政协议等。这种行为因为会对其他行政辖区的治理产生直

① 周叶中、张彪：《促进我国区域协调组织健康发展的法律保障机制研究》，《学习与实践》2012年第4期。
② 哈贝马斯：《在事实与规范之间：关于法律和民主法治国的商谈理论》，童世骏译，生活·读书·新知三联书店，2011，第46页。
③ 张彪、周叶中：《区域法治还是区域法制？——兼与公丕祥教授讨论》，《南京师大学报》（社会科学版）2015年第4期。

接影响，因而当然属于跨区域行为。"① 除此之外，还有一些地方政府的行为仅仅针对本辖区公共事务的内部治理，它的目的、方式都以本行政区的空间范围为限制。但是，这些行为如果对其他地方政府辖区的治理产生了间接影响，我们也将其视为跨域性的一个表现。这类政府行为所产生的社会关系也因此被纳入区域关系的范畴。其次是权力规范性，这意味着区域关系必须是政府依职权所产生的关系，是政府权力运作的结果。在区域经济理论中，区域中包含着政府、个人和市场组织三类主体。"而在我国政府主导型的发展模式下，地方政府在本辖区的发展中扮演着极为重要的角色。这种角色不仅体现为地方政府以本辖区经济发展为最高目标，同时还体现为地方政府对辖区内经济社会生活的高度关注。"② 因此，在区域关系中，政府在其中发挥着主导性的作用，区域关系也因此主要是指地方政府之间的关系。"在没有一个共同权力使大家慑服的时候，人们便处在所谓的战争状态。"③ 改革开放之后，区域关系的紊乱归根到底在于缺少一个能够使所有地方政府共同遵循的规范体系。因此，地方政府立法协作的结果要想使各方都能够接受，就必须围绕区域关系构建相关的规范体系。

三　法律地位平等原则

在地方政府立法协作的具体实践中，参与立法协作的各个地方政府，政治地位存在一定差异，由此导致地方政府立法协作时常受到非法律因素的影响。因此，为了稳步推进地方政府积极展开立法协作，需要在承认政治地位存在差异的前提下，遵循参与各方法律地位平等的原则。所谓法律地位平等原则，是指参与地方政府立法协作的各个地方政府彼此之间具备平等的立法权限，能够基于相同的法律地位实施立法协作。

---

① 张彪、周叶中：《区域法治还是区域法制？——兼与公丕祥教授讨论》，《南京师大学报》（社会科学版）2015 年第 4 期。
② 张彪、周叶中：《区域法治还是区域法制？——兼与公丕祥教授讨论》，《南京师大学报》（社会科学版）2015 年第 4 期。
③ 霍布斯：《利维坦》，黎思复、黎廷弼译，商务印书馆，1985，第 94 页。

在我国国家治理的实践中，各个地方政府之间的政治地位存在一定差异。构成这种差异的主要来自党的领导系统。党的领导和政府领导共同发挥作用，这是我国国家治理的独特结构，"中国实际上存在两套各不相同却又内在关联的组织系统，此即：具有过度分权之联邦制属性的地方人大制度，和具有高度集权之单一制品格的政党组织体制；前者以中国宪法文本为依据，后者则是因执政党多年革命、建设历史沿袭而成，似可被视为中国的宪法惯例"。① 其中，政党组织体制对上级服从下级的权力位阶体系有着天然的亲近，因此地方党组织的组织建设和各项工作需要严格遵从中央党组织的指令。

在《中国共产党章程》中，我们可以找到有关党中央和地方党组织之间关系的规定。《中国共产党章程》第十条规定："党的最高领导机关，是党的全国代表大会和它所产生的中央委员会。党的地方各级领导机关，是党的地方各级代表大会和它们所产生的委员会。党的各级委员会向同级的代表大会负责并报告工作。"第十六条规定："有关全国性的重大政策问题，只有党中央有权作出决定，各部门、各地方的党组织可以向中央提出建议，但不得擅自作出决定和对外发表主张。党的下级组织必须坚决执行上级组织的决定。下级组织如果认为上级组织的决定不符合本地区、本部门的实际情况，可以请求改变；如果上级组织坚持原决定，下级组织必须执行，并不得公开发表不同意见，但有权向再上一级组织报告。"不难看出，无论是第十条有关中央和地方党组织结构的规定，还是第十六条有关各级党组织职权的规定，下级党组织服从上级党组织的理念贯穿始终。在党的组织体系中，存在地方各级委员会委员（主要是各级委员会书记）担任上级党组织职务的情况，因此会在事实上出现政治差异。同级地方党委所在的地方政府也会因为党委负责人之间的任职差异而形成不一样的隐性政治地位。

---

① 周刚志：《"过度分权"与"过度集权"：中国国家结构形式的"制度悖论"及其宪法释义》，《交大法学》2014年第4期。

政党组织体制对地方政府之间关系的影响不止于彼此之间的地位。事实上，在国家制度建构层面有关地方关系的规范体系一直未能明确，这也与我国特有的政党组织体制存在密切关联。我国是政党建构型国家，中国共产党早于国家成立，并且缔造国家。因此，国家制度安排与中国共产党的党内制度设计存在诸多联系。《中国共产党章程》有关中央和地方各级党组织的描述较为详细，但是基于下级必须服从上级的政治理念，地方党组织之间的横向联系如何开展，《中国共产党章程》并没有作出详细的规定。在宪法和《地方各级人民代表大会和地方各级人民政府组织法》中，我们也很难为地方政府之间的法律地位找到清晰的法律指引。

两个或两个以上的地方政府，因为区域经济发展和跨域公共事务治理的需要，彼此之间在立法领域展开横向合作，同时基于公共事务的应对需要而彼此展开横向联系，形成了一系列新型的权力运作模式。从维度上看，它是地方政府立法权在水平面向上的运作，因此必须以地方政府之间具有平等的法律地位为前提。为此，需要我们对地方政府的法律地位进行理论建构。当然，这并不是否定地方政府的法律地位。实际上，按照《宪法》《地方各级人民代表大会和地方各级人民政府组织法》《立法法》的相关规定，地方政府的法律地位是明确的。但是，有关地方政府法律地位的规定是以从中央到地方的纵向维度为场域的，与地方政府立法协作所展现出来的水平面向关系并不相符，也无法对立法协作过程中地方政府的法律地位进行直接映射。因此，构建平等的地方政府法律主体地位，首先需要对其进行法律主体资格授权。具体所要考虑的因素是意志与责任，也就是地方政府在展开立法协作的过程中，必须能够以地方政府为主体作出独立的意思表示，同时也要承担与立法协作相关的一系列法律责任。当然，这种承担必须是独立的承担。

从域外的经验来看，公法人拟制是被普遍采用的法律主体赋权方案。日本的独立行政法人、德国的公法人、美国的政府法人等，都是地方政府法人拟制的结果。它们的一个共同特点是，通过法律赋权对地方政府的独立主体地位加以承认，地方政府因此获得开展横向联系的法律资格。由此我们可以看出，地方政府彼此之间拥有独立并且平等的法律地位，是其进行立法协作的基本前提。与此同时，这种独立且平等的法律地位，也是地方政府立法协作制度构建所要解决的首要问题。在我国区域治理实践中，地方政府是否具备独立的法律地位，这是一个在理论上和实践上存在偏差的问题。从实证的角度出发，无论是《宪法》，还是《地方各级人民代表大会和地方各级人民政府组织法》都赋予了地方政府充分的治理权限。尤其是地方人大作为地方的权力机关，进一步彰显了地方政府独立的法律主体地位。但是，在《宪法》和《地方各级人民代表大会和地方各级人民政府组织法》中，同样规定了地方各级人民政府必须对上一级国家行政机关负责，并且以报告工作的形式确定了具体的负责形式。同时，《宪法》和《地方各级人民代表大会和地方各级人民政府组织法》规定地方政府必须服从国务院也即中央政府的统一领导。如果我们对涉及地方政府重大事项的组织人事权、发展规划权、财政权等进行细致观察就可以发现，尽管地方政府经由地方人民代表大会的组织体系可以行使上述权力，但中央政府对此依然掌握着较强的控制能力。一些研究据此认为，地方政府不具有实质性的法律独立主体地位，它在独立主体和中央附属之间摇摆转换，但是"更偏重于中央政府的执行体，或者说是中央政府在地方的代理人和执行体"。[①] 实际上，这既是"过度分权"与"过度集权"，也是"由于中央政府的权力和利益外扩，而地方政府的权力和利益内敛所形成的一种特殊格局"。[②] 但无论是"过度分权"，还是"过度集权"，"地方政府代理人和执行体的身份并不会从根本上否定它的主体地位，所影响的只是主体身份的空间范围"。

第三节　地方政府立法协作模式设计

法治统一原则、治理效能原则、法律地位平等原则和均衡原则既是地方

[①]　袁明圣：《宪法架构下的地方政府》，《行政法学研究》2011 年第 1 期。
[②]　张彪：《地方政府跨域合作的合宪性问题与制度进路》，《南京社会科学》2016 年第 8 期。

政府立法协作所要遵循的基本原则，同时也指引了地方政府立法协作的具体模式的构建。以上述原则为指引，地方政府立法协作的模式设计如下。

一　立法协作主体

立法活动与立法主体密切相关，立法主体不仅是立法活动的实施者，而且决定着立法活动的最终走向。地方政府立法协作的主体，是指有权进行地方性法规和地方政府规章修改废释工作的地方国家机关。按照严格的形式法治观点，地方政府立法协作的主体只能是地方人大及其常委会和地方人民政府，因为依法立法是现代法治所必须遵循的基本法治原则。但是，如果按照功能视角，那么除了法律规定的有权立法主体之外，在立法活动中事实上会存在一些法律没有对其进行立法赋权，但它的活动会对立法活动产生实质性影响的主体，这类主体也应当归入立法主体的范围之内。功能视角所立足的根据是，立法活动是复杂的，有权立法主体并不是立法活动唯一的参与者，并且立法活动并非一锤定音的审议表决。在立法的全部程序中，参与者的行为势必会对立法活动产生影响。站在功能主义的立场，这些主体都是广义的立法主体。

根据我国现有立法体制安排，狭义上的立法主体是指地方人大及其常委会，以及地方政府。当然，地方政府立法主体地位的获取，也经历了一个颇为复杂的演变历程。在新中国成立之初，立法权由中央和地方共同享有。这在某种程度上是对革命战争时期所形成的政治格局的确认。彼时，由于全国人民代表大会并未成立，中央立法权主要由全国政协代为行使。地方以法令或单行法规的形式进行立法活动和地方管理。1954 年，全国人民代表大会正式成立，与此同时，政治结构也由新中国成立初期的分散格局演变为中央集权的格局。地方的立法权也随着政治格局的变化而被废止。在这一时期，除了民族区域自治地方有权依照法定程序制定自治条例和单行条例外，其他地方均无立法权限。这种情况一直持续到改革开放初期，直至 1979 年《地方各级人民代表大会和地方各级人民政府组织法》出台才发生改变，授予省级人民代表大会及其常务委员会立法权。2000 年《立法法》则进一步进行权力下放，省级以外的地方政府也获得了立法权限。当然，此时的地方立法权限仍然受到较多限制。对地市一级地方政府而言，只有国务院批准的"较大的市"享有立法权。2015年，新修订的《立法法》实施后，"设区的市"均被赋予立法权限。这也为地方政府立法协作打开了更为广阔的制度空间。

地方人大及其常委会的立法权限包括执行性立法和创制性立法两个方面。地方人大及其常委会可以围绕法律、行政法规的规定，结合本行政区域的实际情况作出具体规定。与此同时，地方人大及其常委会也可以根据本地区行政事务管理的需要，制定地方性法规。地方政府根据授权，可以围绕执行法律、行政法规、地方性法规的具体需要制定地方政府规章，也可以根据本行政区实际管理需要，制定地方政府规章。但是，根据实际需要制定政府规章的，其规章调整事项范围限于城乡建设与管理、环境保护、历史文化保护等方面。本书所涉及的地方政府立法协作，主体是地方政府，并不包括地方人大及其常委会。但是在功能主义公法思想视角下，参与地方政府立法协作的主体既包括地方政府，同时也包括立法过程中所涉及的各方主体，在它们的共同作用下，地方政府立法协作才得以实施并完成。

但是，所有具有立法权的地方政府都可以作为地方政府立法协作的主体吗？对于这一问题，理论界存在不同的主张。比较主流的观点认为，并非所有的地方政府都可以作为立法协作的主体，对主体的范围应当进行限制，仅限于省级地方政府之间才可以展开横向的立法协作。这一主张的主要理由是，区域治理实践中所需要协调的事务大多表现为跨省事务，因此由省级政府相互协调并通过立法予以解决更为合适。即使一个省级行政辖区内存在部分地级市之间的跨域治理事务，也完全可以凭借省政府的权威以行政命令的方式予以解决，并不需要借助法治资源。针对这类事务，如果一定需要法治资源介入，那么省级政府规章就足以解决问题，跨域立法没有存在的必要。退而求其次，如果发生跨域治理需求的地方政府分属于不同的省级行政辖区，那么也应当由省级政府相互协调推进立法工作。"这样做的目的，主要是防止联合规章的制定主体过多，进而造成更多的矛盾与冲突，违背联合规章的初衷。"① 应当说，这种考量和制度设计是谨慎的，特别是在地方政府立法协作的初期，这种制度安排可以更好地减轻制度创新压力。但是，就现阶段而言，随着经济社会的发展和高速变迁，跨域治理的需求急剧增长。单单依靠省级政府进行立法协作已经难以满足跨域治理的实际需求。同时，如果将地方政府立法协作的主体限制为省级政府，那么还必须要考虑自上而下的行政成本。更为重要的是，秉持上述观点的理论研究所要避免的"更多的冲突与矛盾"，与地方政府立法协作的主体数量并无绝对的必然联系。冲突与矛盾是事物发展变化的常态，它受客观的结构因素影响，主体的数量或多或少，与客观的结构因素之间没有必然的逻辑关联。只要我们能够将立法协作的各类事项纳入法治轨道，就可以尽力避免"更多的冲突与矛盾"。有鉴于此，我们认为除省级政府之外，其他拥有立法权的地方政府都可以作为立法协作的主体，以在更大范围和更多层次上满足跨域治理的实际需求。问题的关键是，立法协作是相互的，那么作为相互的主体，如何满足主体之间的平等性要求。

按照地方政府立法协作"法律地位平等原则"的要求，参与立法协作的各个地方政府彼此之间应该具备平等的法律地位。这就意味着，立法协作只能在同级政府之间进行。我国行政区划包括省、自治区、直辖市等省级单元，省、自治区又可以划分为自治州、县、自治县、市等地级市单元，县、自治县分为乡、民族乡、镇。与此同时，根据《立法法》设定，享有立法权的地方政府包括省、自治区、直辖市和设区的市、自治州等五类。除此之外，省、自治区人民政府所在地的市、经济特区所在地的市和国务院批准的较大的市也享有地方立法权。因此，地方政府立法协作的主体应当满足同级主体的条件要求。也就是说，省、自治区、直辖市人民政府在开展地方政府立法协作时，它的协作主体只能是同级的省、自治区、直辖市人民政府。如表4-1所示，与之相似，其他地方政府也需要根据法律地位平等原则选择同级地方政府作为立法协作的对象。

---

① 王春业：《论地方联合制定行政规章》，《中国行政管理》2011 年第 4 期。

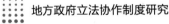

表4-1　地方政府立法协作关系

1	省、自治区、直辖市人民政府	省、自治区、直辖市人民政府
2	省、自治区、直辖市人民政府所在地的市	省、自治区、直辖市人民政府所在地的市
3	经济特区所在地的市	经济特区所在地的市
4	国务院批准的较大的市	国务院批准的较大的市
5	设区的市	设区的市
6	自治州	自治州

资料来源：笔者自制。

　　但是，需要进一步追问的是：地方政府立法协作的主体在要求同级的背景下，是否也要符合同类要求？所谓同类，是指地方政府的类别应当一致。以国务院批准的较大的市为例，它在与其他地方政府进行立法协作时，其他地方政府是否也应当是国务院批准的较大的市，抑或只要与它同属于地级市政府即可？如前文所述，我国地方政府事实上存在政治地位的差别。因为在党的组织体系中，存在地方各级委员会委员（主要是各级委员会书记）担任上级党组织职务的情况，因此会在事实上出现政治差异。同级地方党委所在的地方政府也会因为党委负责人之间的任职差异而形成不一样的隐性政治地位。比如，经济特区所在地的市和设区的市，国务院批准的较大的市和设区的市，其隐性政治地位并不相同。类似的地方政府之间是否可以进行立法协作呢？

　　对此，我们认为应当以"事物的本质"为判断标准加以分析。事物的本质可以被理解为一种不证自明的，能够充分反映事物内在的联系和根本特征的因素。事物的本质这一概念和法学相关联，最早起源于古罗马时期，罗马法学家投入了大量的精力探索与事物本质相关的理论。英国法学家彼得·斯坦（Peter Stein）等曾经指出："当某些法学家以事物本质为手段对抗那些他们认为过于繁杂、过于人为雕琢的理论时，这个概念便开始进入罗马法的领域。"[①] 对这一问题的探索最早集中于立法内容领域，它所要强调的是，

---

① 彼得·斯坦、约翰·香德：《西方社会的法律价值》，王献平译，中国法制出版社，2004，第151页。

立法内容是否能够满足规律性的要求，决定着立法的质量，并间接影响着立法之后的执法和司法效能。一个显而易见的社会事实是，社会中的人，以及人和人之间形成的社会关系，其复杂程度远远超过理性的预期。不同的人和群体，对社会关系的理解很难达成统一的认识。因此，需要一个超越社会群体的共通标准提供依据，并且能够作为执法和司法的法律渊源。这个超越社会群体的共通标准包括"人的本质，它的天然的能力、本能冲动、意志目标等等，这些品质在不同的年龄阶段上都会有所表现。然而除此之外，它本身也还包括人的各种活动领域和共同体所固有的、独特的客观规律"。[①]

随着社会情势的发展，事务的本质逐渐从聚焦于立法内容，转向立法体制安排领域。一个获得广泛认可的观点是，对立法质量的追求不仅取决于立法内容本身，更受制于立法体制，包括立法主体、立法程序等一系列体制机制安排。在法律制度建设方面，事物的本质决定着法律制度具体建设的方案和走向。因为"法律可以改变已经由法律规定了的东西，但它却不能改变本质所决定的东西"。[②] 在地方政府立法协作的体制安排上，主体毫无疑问是需要首先解决的关键问题。而立法协作的主体应当如何设置，则取决于地方政府立法协作所要遵从和所要解决的事务的本质。如果我们将视角再一次返回到地方政府立法协作的起点，我们可以作出如下判断。首先，地方政府立法协作必须遵从法治统一原则、效能原则和法律地位平等原则。这些原则的背后，是中国对秩序和正义双重要求的综合或者妥协。其次，在更深层次上，地方政府立法协作是为了追求更好的治理，包括区域经济一体化发展和跨域公共事务治理两个层面。但是，因为这种追求所创设的具体制度，仍然必须符合维护中央权威的基本要求。在这两方面的照应下，我们承认地方政府之间存在隐性的政治地位差异的事实，但是地方政府立法协作所要解决的区域经济一体化发展和跨域公共事务治理两方面的事项，并不会因为这种隐性的政治地位差异而有所改变。因此，地方政府立法协作的主体，应当满足

---

① H. 科殷：《法哲学》，林荣远译，华夏出版社，2002，第147~148页。

② 彼得·斯坦、约翰·香德：《西方社会的法律价值》，王献平译，中国法制出版社，2004，第152页。

前述"同类"的要求。

需要再次强调的是，尽管同类要求拒绝将地方政府之间的政治地位差异作为限制地方政府立法协作主体适格的前提性条件，但是这种拒绝是有限度要求的。如前所述，立法协作只能在同级政府之间进行。这种制度设计并非因为不同层级地方政府存在政治地位差异。相反，它是一种纯粹的技术考量。地方政府实际上具有政治人和法律人的双重身份。所谓的政治地位差异，存在于地方政府的政治人身份之中。在法律人身份中，地方政府之间存在的并不是政治地位差异，而是管辖权限差异。不同层级的地方政府，其所拥有的事务管辖权并不相同。与之相似，立法权的范围和效力也不相同。因此，同类要求的精确含义是：地方政府立法协作可以且必须在同级地方政府之间进行。超越同类要求的地方政府立法协作不仅不符合地方政府法律人的规范要求，而且会进一步扭曲立法末端的执法和司法。

二　立法协作权限

在法治国家，依法执政作为一项基本要求已经被广泛承认和接受。随之而来的必然结果是，立法权的重要性越发显著。为了维护法治国家的秩序，立法权限配置就成为一个重要的法治建设话题。对于地方政府立法协作而言，立法协作过程中的权限配置问题更为重要且更为复杂。传统的立法权限配置主要涉及中央政府与地方政府之间的关系，但地方政府立法协作中的立法权限配置，则打开了一个在我国法治建设史上从未有过的领域：地方政府之间的立法权如何分配。

对这一问题的追问，不仅涉及地方政府立法协作制度本身，同时也关系到我国宪制框架稳定。首先，地方政府立法协作的权限范围需要予以明确。缺乏明确的立法权限规定，地方政府可能会出现越权立法协作或者不推进立法协作两种情况。当然，最有可能出现的情况是不推进立法协作。在地方立法的发展史上，不积极、不主动立法的情况已经发生。2015 年，新修订的《立法法》获得全国人大通过。在有关地方立法权的设计中，"城乡建设与管理、环境保护、历史文化保护等方面的事项"被明确提及。一些地方据此认为，地方立法权能且仅能在这三个领域运行，超越这三个领域所规定的范围，属于僭越《立法法》的强制性规定。因此，一些地方政府自缚手脚，并且将严格遵循《立法法》规定作为其行为的正当性理由。确实，2015 年《立法法》对地方政府立法范围作出了明确规定。但是如果我们探究立法者的本意就会发现，《立法法》的目的并非限制，而是指引和督促。

2015 年 3 月，第十二届全国人民代表大会法律委员会向第十二届全国人民代表大会主席团提交了《关于〈中华人民共和国立法法修正案（草案）〉审议结果的报告》。在报告中，法律委员会对地方政府立法权限范围的疑问做了详细解释。法律委员会认为："关于设区的市地方立法的权限，修正案草案规定为'城乡建设与管理、环境保护、历史文化保护等方面的事项'。有的代表建议对设区的市的地方立法权限不作限制；有的代表建议增加一些事项，包括教育、城乡规划、社会管理、社会保障、经济发展、民生保障、生态建设、自然资源保护等；有的代表建议对已经享有地方立法权的 49 个较大的市的立法权限不作限制，实行'老城老办法、新城新办法'；也有的代表认为应当对所有设区的市一视同仁。法律委员会经研究认为，'城乡建设与管理、环境保护、历史文化保护等方面的事项'，范围是比较宽的。比如，从城乡建设与管理看，就包括城乡规划、基础设施建设、市政管理等；从环境保护看，按照环境保护法的规定，范围包括大气、水、海洋、土地、矿藏、森林、草原、湿地、野生生物、自然遗迹、人文遗迹等；从目前 49 个较大的市已制定的地方性法规涉及的领域看，修正案草案规定的范围基本上都可以涵盖。"[①] 通过文意我们可以发现，立法者认为，尽管《中华人民共和国立法法修正案（草案）》对地方政府立法权限进行了限定，表明地方政府在城乡建设与管理、环境保护、历史文化保护等方面享有立法权，但这种立法事项范围具有显著的宽泛性，"从目前 49 个较大的市已制定的地方性法规涉及的领域看，修正案草案规定的范围基本上都可以涵

---

① 第十二届全国人民代表大会法律委员会：《第十二届全国人民代表大会法律委员会关于〈中华人民共和国立法法修正案（草案）〉审议结果的报告》，《中华人民共和国全国人民代表大会常务委员会公报》2015 年第 2 期，第 188 页。

盖"。所以，立法者的本意并非要限制地方政府的立法权限。相反，在立法者看来，《中华人民共和国立法法修正案（草案）》赋予了地方政府最为宽泛的立法权。2015 年 9 月，全国人大常委会法制工作委员会主任李适时在第二十一次全国地方立法研讨会上举例指出：类似于"城乡建设与管理"，"既包括城乡道路交通、水电气热市政管网等市政基础设施建设，也包括医院、学校、文体设施等公共设施建设。城乡管理除了包括对市容、市政等事项的管理，也包括对城乡人员、组织的服务和管理以及对行政管理事项的规范等"。① 由此我们同样可以看出立法者对地方政府立法权限的宽泛表达。这给我们的启发是，如果希望地方政府在立法协作中能够积极主动作为，那么明确授予地方政府宽泛的立法权限属于必要之举。

然而，所有的事物都具有两面性。如果在立法协作中赋予地方政府宽泛的立法权限，那么是否会出现类似 1923 年《中华民国宪法》所遭遇的境地？在前文中，我们已经对 1923 年《中华民国宪法》的遭遇进行了详细说明。1923 年 10 月 10 日通过的《中华民国宪法》第 25 条规定："举凡省教育、实业及交通；省财产之经营处分；省市政；省水利及工程；田赋、契税及其他省税；省债；省银行；省警察及保安事项；省慈善及公益事项；下级自治以及其他依国家法律赋予事项，由省立法并执行或交县执行之。前项所定各立法事项中，'有涉及二省以上者，除法律别有规定外，得共同办理'。"② 同时第 33 条规定："省不得缔结有关政治之盟约。省不得有妨害他省或其他地方利益之行为。"按照 1923 年《中华民国宪法》的立法精神，地方各级政府可以在不具有政治性的领域进行横向联系，并且这种横向联系并不需要中央政府的特别批准。包括林纪东等在内的法学家对此进行了猛烈批判，认为如此仓促允诺地方政府立法协作，如此宽泛的立法授权，"无异

---

① 李适时：《全面贯彻实施修改后的立法法——在第二十一次全国地方立法研讨会上的小结（摘登）》，中国人大网，2015 年 9 月 28 日，http://www.npc.gov.cn/zgrdw/npc/lfzt/rlyw/2015-09/28/content_1947314.htm。

② 转引自于立深《区域协调发展的契约治理模式》，《浙江学刊》2006 年第 5 期。

自毁长城之办法，其不合于制宪时代"。①

　　对于这一问题的回答，需要我们立足于更加系统的思维和更加全局的视角。林纪东等人的批判固然有其合理之处，但需要明确的是，权力的大小与权力是否会被滥用没有必然的逻辑关系。与其执着于控制地方政府立法协作的权限，不如将重点聚焦于如何更好地规范控制立法权力。不过，规范控制的前提依然是明确地方政府立法协作的权限范围。这不仅与地方政府之间的立法权限安排有关，同样受中央与地方之间的立法权限配置影响。

　　地方政府立法协作表现为地方政府之间的横向立法关系，但实际上中央与地方关系对其有着决定性的影响。就立法权限配置而言，中央与地方之间仍然有需要加以明确的地方。总体而言，我国现行立法体制是"在党中央统一领导下，以全国人大及其常委会为核心的分层次立法体制"。②《立法法》在处理中央与地方立法权限划分问题时，采用列举的方式明确了只能由中央立法的事项，包括国家主权事项；各级人大、政府、监察委、法院、检察院的产生、组织和职权；民族区域、特别行政区、基层自治制度等其他必须由全国人大及其常委会负责的事项。存在的问题是，这类专属事项的范围如何进一步明确？专属事项是否能够授予地方政府？地方政府立法协作的重点事项应当如何确定？

　　关于第一个问题。专属事项的范围在兜底性条款"必须由全国人民代表大会及其常务委员会制定法律的其他事项"的加持下，可能会给地方政府立法实践造成两方面的困惑。"一方面，从中央来说，可以理解为只要主观上认为需要制定就可以制定；另一方面，从地方来说，只要不触及明确列举的十类中央专属立法事项，对其他事项都可以进行立法。这些年来的立法实践，展现的正是这样一个立法图景。"③ 从立法技术来说，对专属事项的解释应当首先服从宪法的规定，凡是宪法中已经明确应当由中央立法的事

---

① 转引自于立深《区域协调发展的契约治理模式》，《浙江学刊》2006 年第 5 期。
② 张春生主编《中华人民共和国立法法释义》，法律出版社，2000，第 16 页。
③ 王腊生：《新立法体制下我国地方立法权限配置若干问题的探讨》，《江海学刊》2017 年第 1 期。

项，则自然归入专属事项范围。关于第二个问题，中央专属的立法事项，如果还没有制定法律，地方政府是否可以先行立法，并在立法协作中展现？我国《立法法》有关中央与地方立法权的设计，借鉴了德国"法律保留"原则。依照法律保留原则的指引，凡是属于立法机关专属的立法事项，行政机关不得介入。但是，拒绝行政机关立法介入并非绝对的，除《立法法》所规定的三类绝对法律保留事项外，行政机关可以就其他原本属于立法机关的专属事项进行立法。当然，这要以立法机关尚未制定法律，并且得到立法机关的明确授权为前提。从立法的实际操作来看，国务院作为最高行政机关在《立法法》中获得了正式确认。1985年前后，国务院两次获得授权对最高立法机关专属事项进行先行立法。除此之外，地方政府也同样获得过最高立法机关的立法授权。其中较为典型的是深圳等经济特区。这意味着，除了三项绝对立法保留的专属事项外，其他专属于全国人大及其常委会的立法权限可以下放给地方政府。地方政府立法协作的权限范围应当能够包含除绝对保留之外的其他事项。关于第三个问题，地方政府立法协作的重点事项应当如何确定。《立法法》第八十条规定："省、自治区、直辖市的人民代表大会及其常务委员会根据本行政区域的具体情况和实际需要，在不同宪法、法律、行政法规相抵触的前提下，可以制定地方性法规。"第八十一条规定："设区的市的人民代表大会及其常务委员会根据本市的具体情况和实际需要，在不同宪法、法律、行政法规和本省、自治区的地方性法规相抵触的前提下，可以对城乡建设与管理、生态文明建设、历史文化保护、基层治理等方面的事项制定地方性法规，法律对设区的市制定地方性法规的事项另有规定的，从其规定。"根据这两项规定，地方政府立法事项在立法目的上需要以"实际需要"为基准，在立法权限上需要以"不抵触、不冲突"为原则，在立法范围上需要以"城乡建设与管理、生态文明建设、历史文化保护、基层治理等"为限度。

尽管我们根据第十二届全国人民代表大会法律委员会向第十二届全国人民代表大会主席团提交的《关于〈中华人民共和国立法法修正案（草案）〉审议结果的报告》探究立法本意，认为立法者对地方政府立法权限给予了最宽泛的授权，但是从各个地方政府（设区的市）实际立法的情况来看，立法事项范围大多集中于城乡建设与管理、环境保护、历史文化保护三个方面，很少有超越这三个方面的立法尝试。有鉴于此，同时考虑到地方政府立法协作对宪制框架稳定可能产生的不利影响，我们认为应当秉持更为谨慎的制度设计思路。换言之，尽管地方政府立法协作可以在最宽泛的范围内进行，但在这一制度运行初期，将其限制在规定的事项范围内，是更为稳妥的做法。当然，这与地方政府立法协作所要达成的区域经济一体化和跨域公共事务治理的宏大目标存在一定的差距。

三　立法协作程序

按照现行通说，立法程序指称的是立法机关制定法律的正当过程。[1] 其中，立法机关应当是有权立法机关，它在法定权限范围内创制法律。立法程序并非无意义的，因为程序本身是具备独立价值的。季卫东教授早年引入程序正义理念时曾经指出："如果我们要实现有节度的自由、有组织的民主、有保障的人权、有制约的权威、有进取的保守这样一种社会状态的话，那么，程序可以作为其制度的最重要的基石。"[2] 在季卫东教授的论述中，程序通过一种可被量化的程式化方式，可以限缩权力主体的恣意，确保选择的理性，最终达成权力主体的"作茧自缚"和反思性整合。[3] 具体到立法程序，它的价值既包括以程序控制立法环节的各方利益表达，增加立法的民主正当性，同时还是对立法主体权力的有限制约。

对地方政府立法协作而言，如何开展立法协作，立法协作程序如何安排，回答这些问题意义重大。首先，立法协作程序是保证地方政府立法协作民主正当性的关键支撑。立法权是主权的重要延伸，在主权在民政治原则的指引下，立法活动就是人民公共意志的集合与表达。因此，洛克直言："只

---

[1]　参见周旺生《立法学》，法律出版社，2004，第149页。
[2]　季卫东：《法治秩序的建构》，中国政法大学出版社，1999，第11页。
[3]　参见季卫东《程序比较论》，《比较法研究》1993年第1期。

有人民才能通过组成立法机关和指定谁来行使立法权。"① 孟德斯鸠甚至把人民掌握立法权作为现代民主政治的基本规律，"民主政治有一条基本规律，就是只有人民可以制定法律"。② 马克思更是明确宣称："法典就是人民自由的圣经。"③ 这些政治理论映射到国家制度之中，就要求立法必须具备民主正当性基础。同样，立法程序也要能够有利于民主的实现。《立法法》确定了三个立法基本原则，法治原则、民主原则和科学原则。在具体条文中明确要求保障人民参与立法活动，"列入常务委员会会议议程的法律案，应当在常务委员会会议后将法律草案及其起草、修改的说明等向社会公布，征求意见，但是经委员长会议决定不公布的除外。向社会公布征求意见的时间一般不少于三十日。征求意见的情况应当向社会通报"。类似的相关规定，都是保障立法民主正当性的重要举措。在地方政府推进立法协作过程中，立法的民主正当性会遭受质疑乃至挑战。这是因为，地方政府的立法权以本行政区所管辖的地域范围为空间限制，本行政区内的人民也构成了民主正当性的基础。但是，地方立法协作是两个及以上地方政府彼此之间的联合立法，立法效力作用于两个及以上地方政府的行政辖区。因此，更需要在立法程序上进行设计以保证民主正当性得到维护。

其次，立法协作程序需要能够满足并促进各个地方政府之间的利益表达和利益沟通。从现有全国各级地方政府出台的立法工作规定来看，立法程序大致包含如下内容。第一，由地方政府编制年度立法工作计划。第二，确定规章草案起草部门或者单位。第三，由政府司法行政主管部门对草案进行审查。第四，政府常务会议对审查通过的草案进行讨论、审议。通过的地方政府规章应当及时公布。从中我们可以总结出地方政府立法的基本要求。其中，最重要的在于需要一个具有高度权威性的权力机关，这个权力机关的作用在于控制立法程序，确保立法过程中各方利益表达和利益沟通都能够在合理的范围内有序进行。按照这一思路，地方政府立法协作过程中应当如何确

① 洛克：《政府论》（上篇），瞿菊农、叶启芳译，商务印书馆，1982，第88页。
② 孟德斯鸠：《论法的精神》（上册），张雁深译，商务印书馆，1994，第12页。
③ 《马克思恩格斯全集》第1卷，人民出版社，1995，第176页。

定具有高度权威的权力机关是问题的关键。在单个行政辖区内，这一问题并不复杂，地方政府可以承担这一角色。但是在多个地方政府推进立法协作时，参与的各个地方政府均不具备对其他地方政府的权威性。比较直接的处理方案是在参与立法协作的各个地方政府之上，架构一个具备权威性的协调机关，比如立法协作议事协调领导小组等。从纯粹的理论推演来说，这一方案是可行的。但是具体到实际操作环节，这一方案不具备可执行性。按照简单的数学运算，全国具备立法权的设区的市大约有330个。所有的地级市交互组合进行立法协作工作，那么所涉及的立法协调机构将数以万计。显然，即使是临时性的立法协调议事机构，所要付出的制度成本也远远超出地方政府的承受能力。我们认为，解决这一问题的关键不在于如何推进正式的制度建设。相反，制度并非万能，而更多地需要着眼于地方政府立法协作过程中的行政伦理或政治伦理。地方政府立法协作并非现有立法体制的强制性要求，它是地方政府的能动性创设，是地方政府首创精神和担当精神的一种具体体现。因此，在设计地方政府立法协作程序时，必须考虑地方政府立法协作产生的特殊背景，给予参与立法协作的各个地方政府以足够的政治信任。地方政府之间的利益表达和利益沟通，应当嵌入现有立法程序。我们应当更多借鉴美国"州际协定"所依托的"双方合意"标准。也即，在不改变现有立法程序的前提下，地方政府立法协作能否最终完成，关键在于各个地方政府之间是否能够达成合意。换言之，参与立法协作的各个地方政府拥有一票否决权。这种设计固然有它的缺点，因为它可能会增加立法协作的成本，减损立法协作的效率，但是优点也显而易见。对各个地方政府的尊重，可以有效保护地方政府的利益，在整体上激发地方政府立法协作的积极性。

最后，立法协作程序的设计需要能够有效约束各个地方政府之间的权力运作。如前所述，无论是作为政治人，还是作为经济人，各个地方政府参与立法协作的最终目的都是实现自身的利益最大化。如此一来，地方利益冲突在所难免。在自身利益最大化的诉求之下，地方政府势必选择不合作或恶性竞争。但是很显然，这种逻辑推演存在明显的缺陷，它忽略了一个基本的逻辑关系：意识并不必然催生行动，两者之间并无必然联系。当然，我们的传统文化中有"有善有恶意之动"① 的观点，这种观点认为人的外在行动是由内心的活动所决定的，也即我们常说的"意识决定行动"。但是，从逻辑构成上来说，行动的产生包括"行动意愿"和"行动能力"两个方面。意识、意愿或动机提供的只是行动的激励和指导，它是行动的主观可能性，这种主观可能性要想物化为外在的行动，必须与行动能力相结合。虽然中央向地方的分权赋予了地方政府足够的发展权限，看似具备了行动能力的条件，但是权力本身是中性的，其中的关键在于权力运作的方向。② 种种区域问题，无论是地方政府之间的不合作、恶性竞争，还是跨域公共事务治理无法有效展开，都是地方政府权力的非规范运作结果。所以，在利益诉求不能轻易改变的情况下，解决区域问题，关键就在于如何规范地方政府在横向跨区域活动中的权力运作。具体到立法协作程序来说，它的价值和意义就在于规范或者说约束地方政府在立法协作过程中的各个权力。

基于以上考量，我们可以将地方政府立法协作程序在总体上划分为"立法协作的准备程序"和"立法协作的正式程序"两个部分；在流程上大致包括立法协作规划、起草、提案、审议、表决和公布等 6 个环节。其中，规划和起草属于立法协作的准备程序，提案、审议、表决和公布属于立法协作的正式程序。

就立法协作的准备程序来说。立法并非在虚空中开展，它必须与客观情势密切相连。在传统的行政区立法中，这一要求被广泛提出。"立法如果能够考虑并抓住下述因素的一切联系及其相互关系，就能达到完善地步。这些因素就是国家的地理位置，领土面积，土壤，气候，居民的气质、天赋、性格和信仰。"③ 在地方政府立法协作的准备程序中，上述理念依然需要被遵从。协作立法的提出需要充分的现实必要性，因为"新的依法制定的法律的颁布倾向于发生在这种地方，即这里的冲突表明需要新的规则的创立"。④

---

① 王守仁撰，吴光等编校《王阳明全集》（上册），上海古籍出版社，2011，第 133 页。
② 参见张彪《区域冲突的法制化治理》，《学习与实践》2015 年第 3 期。
③ 霍尔巴赫：《自然政治论》，陈太先、眭茂译，商务印书馆，1994，第 287 页。
④ L. 科塞：《社会冲突的功能》，孙立平等译，华夏出版社，1989，第 111 页。

如果单个或多个地方政府基于区域经济一体化或跨域公共事务治理的需要，认为确实应当就某一事项展开立法协作，则地方政府立法协作就进入了规划环节。当然，立法协作的规划更多地强调的是超前性，也即对未来可能出现的问题进行前瞻性处置。其中的关键问题是，应当由谁来编制地方政府立法协作的长远规划。在现有的立法程序中，立法规划的编制多由地方政府负责，具体由地方政府司法行政部门予以完成。它所依据的前提是，地方政府在其行政辖区内是最高的权威机关。对于地方政府立法协作而言，由于不存在一个超越于各个地方政府之上的权威机关，因此立法协作规划的制定就需要各个地方政府分别进行。但是，随之而来的问题是，各个地方政府分别制定的立法协作规划，如何能够获得其他相关地方政府的承认？对此我们认为，除了前述的行政伦理和政治伦理所要求的互信和尊重外，还应当同时增加公众参与的因素。立法本身就是人民利益的表达，人民是赋予立法正当性最为关键的因素。透过广泛的公众参与，可以为各个相关地方政府的立法协作规划赋予隐性正当性保证。不过，仍然需要特别强调的是，在某些情况下，公众参与非但不能促进立法协作，相反可能成为立法协作的阻碍因素。比如，在长三角地区曾经推进的有关各地居民医保支付、教育权利、购房资格互认的立法尝试，就遭到了民主压力。但从整体和长远视角来看，医保支付、教育权利、购房资格又属于推进区域经济一体化所必须完成的工作。也就是说，公众的理解和政府工作的需求之间存在偏差。为此，需要我们将地方政府立法协作所涉及的区域经济一体化和跨域公共事务治理相关事项做进一步区分。

区域立法协作事项是否需要公众参与，其标准可以借鉴常规立法的分类，也即"立法的质量要求"和"立法的可接受性要求"。如果一项立法强调更多的是立法质量，那么立法程序对公众参与的需求就并非绝对或者其必要性就有待进一步商榷。我们必须承认的一个社会现象是，"许多选民被问及自己对重大问题的看法时，会回答说，他们不太了解情况，不好妄加评论。换句话说，让精英分子去处理吧"。① 在这种情况下，立法本身所要求的复杂技术性资质和专业水平，天然地排斥公众参与，因为"技术的复杂性为专家参与程度的研究提供了更为有利的分析视角"。② 类似的立法协作事项应当排斥公众参与。"尽管排斥公众参与的主张看起来十分反常，也似乎与平等主义的要求格格不入，但若在这一类基准上（立法事项上）寻求公众参与，却是十分危险也是不必要的。"③ 与之相对，如果立法协作所涉及的事项有赖于社会公众的接受才能得到良好实施，那么立法协作的过程就应当尽可能吸引更多的公众参与进来。所以，在制定地方政府立法协作的立法规划时，应当首先对所涉及的立法事项进行评估。根据立法事项属于"立法的质量要求"和"立法的可接受性要求"的不同情况，有选择性地推进公众参与立法规划工作。

完成地方政府立法协作的立法规划工作之后，下一阶段的工作重心是立法草案的起草。立法草案的起草表面上看属于立法准备程序，并不涉及立法工作的关键环节。但其实，草案对整个立法工作影响颇深。在某种程度上，立法草案几乎决定着立法工作的走向和最终的立法结果。这种情况的发生是不可避免的，主要原因在于立法的专业性。19 世纪以来，随着社会事务的日益繁杂，立法不仅任务繁重，而且专业壁垒更高。某些事项几乎已经完全排斥非专业人士的参与。比如特种设备管理，它所涉及的事项主要包括"涉及生命安全、危险性较大的锅炉、压力容器、压力管道、电梯、起重机械、客运索道、大型游乐设施"等设备的生产、运输、安装、运行等工作。此类事项的监管不仅远超普通社会公众的认知，而且即使同为政府管理部门，也存在管理能力壁垒。由于立法草案往往由政府专业职能部门起草，其他职能部门很难对立法草案涉及的事项作出评价，最终出现了立法草案决定立法工作走向和最终立法结果的情况。为了避免地方政府立法协作时出现上

① 威廉·亨利：《为精英主义辩护》，胡利平译，译林出版社，2000，第 20 页。
② 安德鲁·里奇：《智库、公共政策和专家治策的政治学》，潘羽辉等译，上海社会科学院出版社，2010，第 118 页。
③ 周佑勇：《裁量基准公众参与模式之选取》，《法学研究》2014 年第 1 期。

述问题，应当再将协作程序前移，明确要求参与立法协作的各地方政府在草案起草阶段进行有效沟通。

由于现行制度缺乏有关地方政府立法协作正式程序的规定，因此在正式立法环节，首先要解决立法提案的启动事宜。所谓立法提案，是指具有立法提案权的组织和个人，依据法定程序向立法机关提出关于某项法律修改、制定、废止的动议。关于这一问题，需要考虑的特殊情况是，地方政府立法协作并不是由上级地方政府对立法进行审议、表决。根据现有地方政府立法协作的经验来看，其在形式上仍然采用的是各个地方政府分别立法的形式。因此，立法提案工作如何进行，并无统一规范可供借鉴。对此，我们认为仍然应当遵循地方政府之间的行政伦理和政治伦理。参与立法协作的各个地方政府之间应当达成共识，在草案起草工作完成之后，共同约定向有权立法机关提出立法提案的时间和形式。

尽管我们可以在立法协作的立法规划、起草、提案等环节，通过对行政伦理和政治伦理的提倡促使参与立法协作的各个地方政府统一行动，但是，立法审议环节却很难以共同的标准要求各个地方政府。这是因为，立法本身就是利益博弈，而立法审议是利益博弈最为集中的环节。从某种角度来说，"人是社会的但具有冲突倾向的动物"。[1] 以人为个体所构建的社会，也具有冲突特质。人类社会得以维系，依靠的是规则、法律。因为"法律的功能在于调节、调和和调解各种错综复杂和冲突的利益"。[2] 法律调节利益，而立法就是利益博弈。换言之，当社会上存在多种利益诉求时，需要一个大家所能共同遵守的规则对各种利益诉求进行调整。这个规则本身就是利益博弈的产物。"立法的核心问题在于对各种利益的协调、维护、促进或者限制、取缔。"[3] 在立法博弈的过程中，立法者需要衡量立法所涉及的各种利益关系，并最终确定各种利益关系的位阶秩序。利益本身是分层的，尽管对利益进行准确分层存在难度，但这并不意味着立法可以不考虑利益主次而以平衡

---

① 何建辉：《立法：利益表达的过程》，《甘肃社会科学》2007 年第 5 期。
② 罗斯科·庞德：《法理学》第 1 卷，邓正来译，中国政法大学出版社，2004，第 518 页。
③ 宋薇薇：《地方立法中的利益协调问题研究》，《人大研究》2011 年第 3 期。

的方式推进。一如美国法理学家埃德加·博登海默（Edgar Bodenheimer）所言，"人的确不可能凭据哲学方法对那些应当得到法律承认和保护的利益，作出一种普遍有效的权威性的位序安排。但是，这并不意味着立法中相互冲突的利益都是位于同一水平上的，亦不意味着任何质的评价都是行不通的"。①

在传统的以单一行政区为基本单元的地方立法活动中，地方立法利益博弈主要集中表现在经济发展领域、社会民生领域和生态文明建设领域。利益博弈的僵局可以通过地方政府的权威性予以破解、消除，甚至一锤定音。但是如前所述，在立法协作领域，没有也很难构建一个类似单一行政区地方政府这样的权威机关。因此在立法协作时，利益博弈更容易陷入僵局。最早推进立法协作的东北三省政府就曾经遭遇此类情况。2006 年前后，东北三省政府尝试通过立法协作的方式解决三省之间机动车管理政策的差异问题。当时的情况是，黑龙江、吉林、辽宁三省对辖区内机动车管理的立法规定并不相同，特别是在道路养护费用的收取上，黑龙江显著低于吉林和辽宁。"由于政府立法的不一致使得各地区出现高低不同的养路费标准，导致吉林、辽宁大批车辆落户黑龙江"②，吉林和辽宁面临经济损失。为了解决这一问题，黑龙江、吉林、辽宁三省法制部门根据《东北三省政府立法协作框架协议》，着手拟定有关统一三省机动车管理标准的地方立法。然而，由于三省之间对这一问题分歧过大，彼此利益无法得到有效协调，始终无法达成利益共识，后期的立法工作也因此停滞。

不难看出，审议环节是地方政府立法协作的关键。在无法对各个地方政府利益关系进行有效协调的情况下，很难就审议环节的程序作出统一的构建尝试。但从另一个面向来说，如果不能对立法协作的审议环节进行统一的程序性制度构建，那么立法协作就很难达成。即使最终达成立法协作，并予以

---

① E. 博登海默：《法理学——法律哲学与法律方法》，邓正来译，中国政法大学出版社，2004，第 290 页。

② 《东北三省横向协作立法　能否一法通三省受关注》，新浪网，2006 年 8 月 4 日，http://news.sina.com.cn/c/l/2006-08-04/03379653482s.shtml。

公布，在实施环节一样会因为利益冲突遭受挑战。考虑到上述可能的情况，我们认为仍然需要针对立法协作的审议环节进行统一的程序设置。但是，这种统一的程序设置并非纯粹程序性的，它应当以利益协调为目标，并且能够最终促进各方就相关利益进行妥协。根据以上思路，立法协作的审议程序最为核心的在于构建不同地方政府之间的利益补偿机制。利益补偿机制可以协调地方政府之间的利益差异，对受损的地方政府利益予以保护。作为区域经济一体化和跨域公共事务治理的关键与核心，利益补偿机制能够确保地方政府立法协作的顺利展开。利益补偿机制需要遵循平等原则，补偿的方式既可以是直接补偿，也可以是间接补偿。当然，也要考虑到区域经济一体化和跨域公共事务治理本身所存在的风险，因此并非所有的地方政府利益都应当得到补偿。利益补偿机制需要以风险共担为大家所共同遵守的理念，在增强利益分配合理性的同时保障公平性。

第五章　地方政府立法协作的
　　　合宪性控制

地方政府立法协作既是地方政府之间围绕区域经济一体化和跨域议题的权力运作，同时也是应对区域经济一体化和跨域议题的治理结果。在全面依法治国的大背景下，无论是其中的权力运作，还是最终的立法结果，都应当被纳入法治轨道。由此，引发了需要我们密切关注的地方政府立法协作的合宪性控制问题。在具体的实践中，自发启动的地方政府立法协作尚缺少周全的合宪性控制机制，由此所出现的问题是，一方面地方政府立法协作常常逸脱合理的空间范围，其效力因此存在疑问，另一方面地方政府立法协作又自我抑制，表现出较为典型的保守色彩。无论是何种情况，与地方政府立法协作所欲达成的治理目标都存在一定的偏差。因此，合宪性控制的价值和意义并不是压缩地方政府立法协作的演绎空间。相反，它的目的在于为地方政府立法协作提供充分的合宪性支撑，同时确保地方政府立法协作在法定的目的和框架范围内进行。

第一节　形式合宪性控制与实质合宪性控制进路

对地方政府立法协作究竟是采用形式合宪性控制，还是采用实质合宪性控制，既需要厘清合宪性控制的最终目标，也需要合理区分两种合宪性控制方案的差异，从而确保对地方政府立法协作的合宪性控制这一手段与最终目的之间保持合理衔接。从发展脉络上来说，无论是形式合宪性控制还是实质合宪性控制，它们核心的逻辑起点都来自形式法治与实质法治长久以来的理论争论。

一 形式法治与实质法治逻辑构造

形式法治与实质法治分别代表着两种不同的法治建设进路，两者都将人治、政治、德治作为自己的对立面，并以此实现自己的理论自洽性。但形式法治和实质法治的理论构造逻辑存在显著差异，两者之间维持着长久的理论争论。这种差异进一步影响了有关形式合宪性审查和实质合宪性审查的具体制度运作。

第一，对法律正当性的不同理解。无论是形式法治，抑或实质法治，都将法律作为国家治理的核心依据。在人类对国家治理的认识过程中，实质法治在早期占据着主流地位。纵观西方法律思想史和发展史，最早关于法治的主张都存在超验主义的色彩。这种超验主义试图在法律制度之外架设一个超验的价值体系，它或者表现为自然法中的自然，也可以是教会所主张的上帝。但无一例外，国家的法律制度必须被赋予超乎法律制度本身的价值，如此才能获得正当性。国家法律制度的正当性来自法律制度本身符合正义的要求。但是，正义的标准是什么，应当如何界定正义，谁是界定正义的有权主体，这些问题依然是悬而未决的。在古希腊时期，哲学家们曾经尝试利用宗教传说或者神话故事对这些问题加以解释，但宗教传说和神话故事自身的封闭性阻断了它们解释现实问题的发展性。"原先，最好的权威是祖传的，或者说一切权威的根源都是祖传的。经由自然的发现，基于祖传而要求权利的路数被连根拔起。"[1]

对这一问题的探索尝试主要从自然领域汲取养分。"当最早的哲学家们谈到自然时，他们指的是初始的事物，亦即最古老的事物；哲学由对祖传之物的诉求转向了对于某种比之祖传的更加古老的事物的诉求。自然乃是万祖之祖，万母之母。自然比之任何传统都更古久，因而它比任何传统都更令人心生敬意。"[2] 哲学家们借助对自然的观察和理解，解释有关正义的上述争

---

[1] 列奥·施特劳斯：《自然权利与历史》，彭刚译，生活·读书·新知三联书店，2003，第92页。

[2] 列奥·施特劳斯：《自然权利与历史》，彭刚译，生活·读书·新知三联书店，2003，第92~93页。

论，并且将其进一步细化为标准用以评价有关国家法律制度安排的正当性。在他们看来，尽管国家的统治有其自身的正当性，但自然才是最高的评价标准，国家法律制度依然要接受自然正义的检验才能在世俗国家产生效力。所谓的法律，并不是经由国家制定就可以称为法律并具备法律所应当具备的正义价值。相反，"法律并不具有内在的价值，因为只有自然认为正当的东西才具有这种价值"。① 这些主张构成了自然法学派的智识基础，其强调自然准则和人类社会法则之间的共通关系。也就是所谓"与实践的理智、因而也是与伦理上的明智判断相适应的东西，同时也是自然的"。② 但是在理解自然准则时，包括柏拉图等在内的哲学家认为所谓的自然准则与城邦高度关联，"在亚里士多德眼里，如同在柏拉图眼里，城邦乃是伟大的导师……他们不承认超越理想城邦之外的人的目标"③，城邦中所存在的等级制度就是自然准则的反映。因此，早期的自然法学派并没有能够完成法治独立性的构建，它更多地类似于以自然之名解释现实世界的制度安排，并为其赋予合理性。但无论如何，在国家法律制度之上存在一个更高层级的标准，这一理念已经被接受。国家法律制度必须被更高层级的自然准则赋予正当性，或者必须符合自然准则的要求。因为"真正的法律乃是正确的理性，它与自然相吻合，适用于所有人，是稳定的、恒久的，以命令的方式召唤履行责任"。④ 后期，自然法学派在发展过程中，将自然准则与世俗社会相分离，并且更加强调人的理性的重要性。中世纪时期，基督教兴起并成为支配欧洲社会的统治力量。随之而来的是，神学在社会思想领域占据了绝对的主导地位。包括圣·奥勒留·奥古斯丁（Sanctus Aurelius Augustinus）、托马斯·阿奎纳（Thomas Aquinas）等在内的神学家进行理论创造，把神学的权威扩展到国家社会生活的方方面面。在这一时期，自然准则的权威性逐渐被神学取代，人们"赖以辨别善恶的

---

① 海因里希·罗门：《自然法的观念史和哲学》，姚中秋译，上海三联书店，2007，第8页。
② H. 科殷：《法哲学》，林荣远译，华夏出版社，2002，第15页。
③ 海因里希·罗门：《自然法的观念史和哲学》，姚中秋译，上海三联书店，2007，第17页。
④ 西塞罗：《论共和国 论法律》，王焕生译，中国政法大学出版社，1997，第120页。

自然理性之光，即自然法，不外乎是神的荣光在我们身上留下的痕迹"①，自然法于是变成了上帝法则和人的理性的结合。换言之，世俗国家的法律制度是否与上帝法则相一致，或者是否符合上帝法则的精神，成为评价法律制度好坏的标准。后期随着欧洲宗教改革的推进，基督教神学所提倡的上帝法则逐步被人的理性所取代。但是，哲学家们强调法律制度本身必须具有道德性，这一点仍然没有改变。

但是，随着经济社会发展以及社会结构的变化，实质法治所设想的法治建设进路遭到了挑战。这些挑战主要来自实证主义法学派，他们尝试将实质法治所描绘的法治图景做二元区分，在实然和应然之间寻找对实质法治的否定。当然其更为核心的意图在于将国家法律制度建设中的形式与道德分离，避免道德等价值判断对法治建设产生不利影响。实证主义法学派认为，实质法治谋求法律必须具有道德性，否则就失去了法律作为社会治理规范的正当性，这种判断对法治建设存在诸多伤害。一方面，在法治建设的实践中，如果仅仅因为一部法律违背了道德标准就否定其效力，那么无论这种道德标准是自然准则、上帝法则，抑或人的理性，都将严重损害法律的权威性。法律之所以成为法律，源自它是主权者的命令，并且在程序上经由一系列民主过程获得正当性。如果将道德标准嵌入法律，那么法律的效力将变得不可确定。另一方面，实质法治特别是自然法学派所强调的法的理性，很有可能会混淆社会治理规则。理性作为最高标准，那么符合理性的准则是否具备了类似于法律的效力？恰如实证法学派的代表人物边沁所言，自然法所谓的理性就像是"一个暧昧不明的幽灵，它在那些追逐其踪影的人的想象中，有时表示习俗，有时表示法，表示法的场合有时是现有的法，有时则是应用的法"②，它本身带有高度不确定性，不可能作为国家治理的准则予以使用。如果实质法治坚持将理性作为法律的基本内涵，甚至将理性作为评价法律正当性和效力的标准，那么社会就会陷入缺

---

① 《阿奎那政治著作选》，马清槐译，商务印书馆，1963，第107页。

② 边沁：《道德与立法原理导论》，时殷弘译，商务印书馆，2000，第365页。

少权威的混乱状态。无疑，这和自然法学派最初以自然取代宗教传说和神话故事所要达成的目的南辕北辙。对实质法治路线最为深刻的批判来自马克思。实质法治所描述的法治图景无疑带有主观的想象，而在马克思看来，无论是国家法律制度，还是人的权利主张，它们都只是客观世界的主观反映。社会的客观物质条件决定着上层建筑的具体设计，"权利决不能超出社会的经济结构以及由经济结构制约的社会的文化发展"。① 即使是立法者，他所能做的也仅仅是根据客观的社会物质生活条件去发现法律，而非制定法律。

第二，两种不同的法治建设进路。形式法治和实质法治因底层逻辑的区分，对立法及法律的正当性、权威性产生了不同类型的理解。在形式法治的智识视野内，立法和法律将民主作为其正当性、权威性的核心依据。但实质法治与之相反，尽管它并不反对民主，但是却强调价值对立法和法律正当性、权威性的重要性，并将价值作为最根本的依据。不同实质法治流派在这一点上并无区别，它们所争论的，只是到底以哪一种价值为依据。时至今日，形式法治和实质法治之间的理论分歧仍然没有得到完整解决，两者虽然有相互交叉的发展趋势，但底层的逻辑差异没有根本性的融合，使得形式法治和实质法治发展出两种截然不同的法治建设进路。

在法治建设的具体方案方面，无论是形式法治还是实质法治，都承认法律应当是法治建设的核心内容。这也是法治所提倡的依法律而治应有的内涵。但区别在于，形式法治强调以逻辑为中心构建整个法治体系，立法和法律的关键在于其符合逻辑。形式法治所强调的逻辑是由多个方面共同构成的。首先，形式法治要求法律体系本身需要具备完整性。完整性的要求，一方面是指立法应当能够对国家治理和社会生活进行广泛覆盖，在国家治理和社会生活的方方面面都能找到准确的法律适用依据。因为在形式主义看来，"从法律形式主义和规范学角度加以界定，法律是一种包含着普遍性的允

---

① 《马克思恩格斯选集》第3卷，人民出版社，2012，第364页。

许、命令或禁止非特定人们如何行为的规则或标准"。① 法律作为一种科学以允许、命令或禁止等方式规范着社会秩序，因此它需要实现对国家治理和社会生活的全覆盖。另一方面完整性是指组成法律体系的各个法律相互之间要能够协调一致，不能出现立法不一致甚至相互矛盾冲突的情况。形式法治认为，法律的正当性和权威性来自制定法律的民主程序及其背后的民主授权，换言之，法律一经制定出来就具有了规范效力，并且这种效力并不需要再次经过价值判断。因此，法律体系在形式上必须是科学完整的，法律体系内部之间的构造和关系应当保持一致。在法治建设的具体实践中，法律体系内部各个法律之间不一致甚至相互矛盾冲突的现象时有发生。为了维护法律体系的完整性，形式法治对法律的合宪性控制极为关注。其次是法律规范的普遍适用性。无论是形式法治还是实质法治，所要打造的都是一种依据法律进行治理的宏大体系。为了完成这一体系的打造，不仅需要有一个完备的法律体系，还要求在实施过程中，所有的法律都能够得到无差别的普遍适用。"法律若想不成为专断，还需要满足一项条件，即这种法律乃是指平等适用于人人的一般性规则。"② 基于对法律规范的普遍适用，社会在整体上完成从人治、政治等到法治的转型。更进一步而言，法律规范的普遍适用意味着在法律实施环节否定了有关法律实施的裁量空间。法律的实施者只需要严格遵循法律规范所设定的权利义务框架就可以达成适用法律的目标。这也就是说，"法官发现而非创造法律，判决源自不可变易的正义原则，法官犹如一台自动售货机，只要根据先例或正义原则，就可推导出任何案件的判决"。③最后，形式法治要求法律规范必须具备公开性、明确性、可预期性、稳定性等一系列特质。公开性是法律规范能够发挥效力的基础性条件，无论是《汉谟拉比法典》还是子产铸刑书，其目的都是破除法律规范的神秘性。明

---

① 王人博、程燎原：《法治论》，广西师范大学出版社，2014，第163页。
② 弗里德利希·冯·哈耶克：《自由秩序原理》，邓正来译，生活·读书·新知三联书店，1997，第191页。
③ 徐俊：《形式理性与实质正义：法律形式主义与法律现实主义之争》，西南政法大学硕士学位论文，2019。

确性是指法律规范的含义必须清晰准确，符合社会公众的语言习惯和心理预期。法律规范的明确性要求有助于维护其统一性，确保社会公众能够对法律规范的具体要求达成共识。同时，明确性要求对规范国家权力运作也具有重要价值，它可以尽可能压缩国家权力运作的裁量空间。可预期性要求法律规范不能超出一般人的理解水平，这是立法和客观物质生活条件关系在法律实施领域的具体展现。稳定性要求法律规范一经制定颁布之后就不能随意变动，只有这样才能形成法律规范所要实现的治理秩序。

总体而言，形式法治要求法律规范必须具备非常明确的逻辑性，并且无论是法律规范自身的条文款项，还是法律规范外部的法律体系，都要在逻辑上形成关联。前者是在微观层面对法律规范制定技术的具体要求，包括法规规范的语言文字清晰明确，条文款项之间应当保持一致，在逻辑上形成一个自洽的整体等。后者是在宏观层面对法律规范体系的具体要求，它要求法律规范之间必须能够保持一致性，进而使整体的法律体系能够发挥应有的效用。不难看出，在形式法治的智识视野中，法律规范本身是关注的重点，形式法治要完成法律规范本身的技术构造，至于它们是否能够反映正义的价值，以及是否需要经过正义价值的评判才能具备效力，这些并不是形式法治关注的重点。形式法治尝试描绘并打造出这样一个法治图景：国家治理和社会生活的各类关系都可以在法律规范中找到适用的依据，所有的法律规范形成一个自洽的体系，而体系本身在逻辑结构上严丝合缝，依赖这个体系就可以实现法律治理。不难看出，在形式法治的智识视野中并没有为法律规范的价值判断预留过多的空间。尽管形式法治在和实质法治的互动过程中逐渐承认并引入了价值判断，但在它们看来，法律的生命是逻辑。

在实质法治看来，如果法律规范的正当性和权威性仅仅只是从民主程序和民主授权领域获得，那么就可能会发生恶法亦法的情况，这与实质法治所追求的良法之治存在冲突。在实质法治的支持者看来，法治不是简单地依法律治理，否则立法机关的权力将不受制约，它所制定颁布的法律规范就会获得合法的强制执行力，由此导致立法的专断，或者民主的专断。因为"真正的法律是与本性相结合的正确的理性，它是普遍适用的、不变的和永恒的……试图改变这种法律是一种罪孽"。① 因为理性本身就是正当性的最高基础，而"自然法是所有的人、立法者以及其他人的永恒的规范。他们所制定的用来规范其他人的行动的法则以及他们自己和其他人的行动都必须符合自然法、即上帝的意志，而自然法也就是上帝的意志的一种宣告，并且，既然基本的自然法是为了保护人类，凡是与它相违背的人类的制裁都不会是正确的或有效的"。② 实质法治对法律道德性的追求，表明它们虽然主张依据法律治理国家，但并不认为立法在整个法治建设体系中处于核心地位。相反，如何规范控制立法权，是实质法治所倾力追求的目标。但在各国法治建设的实践中我们可以发现，"事实上，在世界上几乎所有的法律体系中，立法越来越重要。这可能是我们这个时代除了技术和科学进步之外最引人注目的特征"。③

为了达成控制立法权力的目标，实质法治对立法权的运作提出了包括主体、领域、形式要件等诸多方面的限制。就主体限制而言，实质法治认为立法权只能由主权国家行使，立法的效力也仅限于主权国家的统治范围之内。实质法治的这个要求一方面强调立法和主权者之间的关联，将立法权视为主权者的专属权力。在某种程度上，考虑到经典理论对主权不可分割性的坚持，立法权应当由中央政府行使，地方政府并不是当然的立法主体。除了纵向上的限制，在横向上立法权只能由民主代议机关行使，民主代议机关不得将立法权转让或授予其他任何机关。因为民主代议机关是国家主权的最高代表，"他们除了只受他们所选出的并授以权力来为他们制定法律的人们所制定的法律的约束外，不受任何其他法律的约束"。④ 另一方面，主体要求作为对立法权的限制，其本身也要受到限制，立法权的运行必须符合特定的价值目标。自由在实施法治所追求的各种价值目标中占有核心地位，因此立法

---

① 西塞罗：《国家篇　法律篇》，沈叔平、苏力译，商务印书馆，1999，第 104 页。
② 洛克：《政府论》（下篇），叶启芳、瞿菊农译，商务印书馆，1964，第 84 页。
③ 布鲁诺·莱奥尼：《自由与法律》，秋风译，吉林人民出版社，2004，第 11 页。
④ 洛克：《政府论》（下篇），叶启芳、瞿菊农译，商务印书馆，1964，第 84 页。

权的运行应当能够增进国家内部人民的自由权利。当然，实质法治同时要求"自由诸原则只能被一以贯之地适用于那些本身遵循自由诸原则的人，而不得扩大适用于那些并不信奉自由诸原则的人"。[①] 就立法领域而言，实质法治要求立法权所涉及调整的领域只能用来维护或增进公民个人自由。立法权的运行领域有强制性要求，概括而言，立法权"只能在下述两个领域中加以适用。第一，实施那些保护个人领域的普遍的正当行为规则。第二，筹集资金以支持政府所提供的各项服务"。[②] 其重点是对政府的权力进行规范和控制。就形式要件而言，实质法治认可形式法治所主张的有关法律必须满足公开性、明确性、可预期性、稳定性等系列要求的观点。

二 合宪性控制的方案分歧

形式法治和实质法治都追求通过法律的国家社会治理，但彼此之间的逻辑构造存在根本性的差异。尽管1959年国际法学家大会通过的《德里宣言》从形式和实质两个方面对法治的概念和内涵进行了界定，融合了形式法治和实质法治之间的理论差异，但是两者的分歧依然存在。前端基础性逻辑架构上的分歧在末端法治建设进路中进一步被放大，两者对合宪性控制也各自发展出了不同的主张。每一种合宪性控制方案都包含着一个系统的控制体系，涵盖了形式法治和实质法治所要达成的核心目标。为了便于讨论，我们在形式法治合宪性控制方案中提取了法律保留原则，在实质法治合宪性控制方案中提取了比例原则。通过对法律保留原则和比例原则的解析，进一步探讨两种不同的合宪性控制方案可能对地方政府立法协作合宪性控制产生的影响，从而谋求设计更适合我国地方政府立法协作合宪性控制的具体方案。

（一）形式合宪性控制：法律保留原则

形式法治认为，民主程序和民主基础赋予了立法机关绝对的正当性，因

---

① 弗里德利希·冯·哈耶克：《法律、立法与自由》（第2、3卷），邓正来等译，中国大百科全书出版社，2000，第351页。

② 弗里德利希·冯·哈耶克：《法律、立法与自由》（第2、3卷），邓正来等译，中国大百科全书出版社，2000，第433页。

此立法机关所要的仅仅是按照法定程序制定法律，法律一经制定颁布，就获得了强制执行力。至于立法机关所制定的法律究竟是否符合经济社会发展的需要，这不是形式法治所关心的重点。只要在程序上法律规范的制定没有瑕疵，那么它的正当性就是不证自明的。因此，我们可以认为形式法治所追求的是立法秩序，在合宪性控制方案上，形式法治也更加强调对立法主体、权限、程序等各种细节的考察。形式法治拒绝对立法进行价值判断，其中所蕴含的风险是，立法权作为一种权力和其他类型的权力在性质上并无本质区别，它仍然可能存在被滥用的风险。民主程序和民主基础确实是社会共同意志最优的表达方式，但民主一样可能会异化为少数人的民主或多数人的暴政。脱离价值判断，立法的正当性必将受到挑战。二战时期，纳粹德国以国家的名义和法律的形式制造暴行，这进一步印证了形式法治的脆弱性。因此，将价值判断嵌入形式法治之中成为形式法治所必须面对并接受的时代任务。然而，形式法治并没有因为这种时代转型的压力全面倒向实质法治，它仍然坚持自身逻辑构造的合理性，并试图在形式层面找到解决问题的方案。法律保留由此进入形式法治的视野，并被形式法治的支持者视为弥补形式法治中价值缺失的有效手段。

在法治建设实践中，法律保留原则最早见于《普鲁士普通邦法》。这部法律在划定警察权的边界时，强调把警察权限定在维护公共秩序以及排除社会或个人所遭遇的危险这类范围，并且强调即使是这类范围也要符合限度要求。在当时的社会背景下，警察权经常与行政权混用，或者说，人们倾向于认为行政权的核心就是警察权。19 世纪时，法学理论家将这一规定进行概念抽象，德国行政法学家奥托·迈耶（Otto Meyer）在《行政法》一书中将其概括为法律保留原则。正是由于法律保留原则的这种历史发展脉络，它一般被视为行政法上的一个基本原则，其所要主张的是将行政权放置于立法权的约束之下。换言之，早期法律保留原则指代这样一种途径：行政机关若要干涉个人自由，必须要以得到法律的明确授权为前提。未经法律许可，行政机关不得主动行政。但必须注意的是，法律保留原则在设定行政不得作为的禁区时，同时也设定了立法不得干预行政的禁区。奥托·迈耶在解释法律保留原则的概念时提出："合乎宪法的法律只是对一些特别重要的国家事务而言是必要基础。在其他所有方面对执行权则无此限制，行政以自有的力量作用，而不是依据法律，我们把这个在特定范围内对行政自行作用的排除称之为法律保留。"[①] 可见，早期法律保留原则的重点是处理立法权和行政权之间的关系，尽管它主张立法权对行政权的优越性，但同时承认行政权自身拥有一定的特权，在这个特权领域，行政权可以排除立法权的干预。从表面上看，这与形式合宪性控制所要求的立法秩序并无太多关联，但法律保留原则在发展过程中其内涵早已发生变迁，由最初界定立法权和行政权之间的关系，转变为立法权内部的权力配置和立法秩序维护。早期，法律保留原则的存在确是为了实现立法权对行政权的控制，这是因为在当时的时代背景之下，国家权力主要为行政权力，并且由君主代表国家掌握。彼时立法机关虽然表面上属于民意代表机关，但其拥有的立法权限较为有限，且有限的立法权限往往与行政机关分享。随着国家社会情势发展的变化以及民主理念的普及，主权的概念和内涵发生了变化，人民取代君主成为主权的所有者。基于以上变化，代议机关的民主正当性被大大加强，逐步成为国家治理的关键环节。此时，代议机关和行政机关的关系也发生变化，原本两者共同分享立法权，并且行政机关处于主导地位，现如今，代议机关已经全面占据优势。与之相伴，法律保留原则的内涵也发生了重大变化。之前的法律保留原则强调行政机关应当依照法律行使行政权，在代议机关取得优势地位后，法律保留原则进一步强调行政机关必须在法律明确授权的范围内行使权力，而这一点已经成为法治建设的共识，法律保留原则已经发展成为维护立法秩序的基本原则。

按照形式合宪性控制的思路，对地方政府立法协作的控制应当尊重法律保留原则，将法律保留原则作为控制的核心手段。这意味着地方政府立法协作受"保留范围"的影响。然而，如何划定"保留范围"仍然是一个理论难题。按照法律保留原则的经典理论，保留范围可以划分为侵害保留说、全

---

① 奥托·迈耶：《德国行政法》，刘飞译，商务印书馆，2013，第73页。

部保留说、重要事项保留说、机关功能保留说、社会保留说等不同的类型。
这些类型所依据的标准并不统一，但是我们仍然能够从中找到法律保留原则
在设定保留范围时的思路和重点。侵害保留说是法律保留原则最初被提出时
的主要观点，它强调对行政机关的限制应当集中在涉及个人生命、财产和自
由等领域。这种观点和当时的社会背景密切相关。在现代国家建立初期，自
由主义的理念促进了经济的极大繁荣，进而也影响着关于国家权力的构造。
人们普遍相信有限政府的必要性和正当性，"夜警国家"的理念深入人心。
因此，法律保留原则所涉及的事项范围被严格控制在与个人生存和发展最紧
密的领域。全部保留说与侵害保留说相反，它主张将所有的行政权力都纳入
法律的控制范围之内。这种主张从表面上来看有助于避免行政权力滥用，展
现出了旺盛的法治企图心。但是，法治建设的资源是否能够承担其如此巨大
的建设成本，立法机关是否能够及时有效地回应对行政权力加以控制的诉
求，在社会情势高速变迁的今天，上述问题的解决方案很难支撑全部保留说
的设想。对我们的启示是，在设计有关地方政府立法协作的保留范围时，所
要做的不仅是对地方政府的控制或对中央政府权威的维护，还必须考虑这些
目的背后所要付出的成本。重要事项保留说与侵害保留说类似，主张对部分
事项进行保留。其认为，"完全重要的事务需要议会法律独占调整，重要性
小一些的事务也可以由法律规定的法令制定机关的调整；一直到不重要的事
务，不属于法律保留的范围"。① 两者的区别在于，侵害保留说明确划定了
法律保留的事项范围，而重要保留说为了避免僵化，采用了不确定法律概念
的方式对事项范围加以确定，从而确保保留事项范围能够适应时代的发展变
化。机关功能保留说与功能主义公法思想的主张类似，它承认立法机关的民
主程序和民主基础可以为立法权提供正当性，但同时也看到了民主制度可能
会出现的僵化，因此主张在民主之外按照最符合事物本质的要求确定立法权
的保留范围。社会保留说在某种程度上与侵害保留说截然相反。侵害保留说
生长于自由经济快速发展的时代背景下，强调国家对社会和个人生活尽可能

---

① 哈特穆特·毛雷尔：《行政法学总论》，高家伟译，法律出版社，2000，第110页。

少地干预，进而实现人的发展。但是随着社会发展变化，个人、社会和国家之间的关系也有了新的特点，国家不再是社会的守夜人，它需要承担更多积极的责任以完成对社会权利的保障。

形式合宪性控制的目的在于排除价值判断，并为此发展引入法律保留原则作为其合宪性控制的主要手段。但是在确定法律保留的具体事项范围时，其所依据的各类标准又包含着具体的价值判断。可以说，形式合宪性控制所依赖的法律保留原则正在从形式控制走向实质控制。

（二）实质合宪性控制：比例原则

实质法治不仅要求把法律作为国家治理和社会规范的根本依据，同时还要求法律必须符合特定的价值要求。这种价值可以是所谓的自然法则，也可以是上帝意志，抑或正义等。换言之，实质法治所要求的既是法律之治，又是良法之治。不过，实质法治的这些主张曾经遭到实证法学派的批评，因为所谓法的价值带有诸多的不确定性，由此可能会导致法律控制的虚无主义。但是二战之后与实质法治有关法的价值主张再次占据主导地位，人们普遍相信法律本身并不能因为它是法律而获得正当性和强制执行力，除非法律自身是良善的。同样是合宪性控制，实质法治所依赖的路径和形式法治存在明显差异。形式法治把民主程序和民主基础作为根本，因此强调在形式上构建一种上下一体的控制体系，由此法律保留原则成为形式合宪性控制的核心。而实质法治所要求的是法律自身包含着善的价值，因此它的合宪性控制更强调法律规范的内在品性。由此，比例原则逐渐发展成为实质合宪性控制的核心。

和法律保留原则类似，比例原则原本也属于行政法上的理论创造，它最早源自德国行政法学家对警察权的控制。追踪比例原则的思想渊源可以发现，它与实质法治中的自然法学派息息相关，两者在理念上高度契合。首先，自然法学派对事物本质的探索和比例原则相一致。在自然法学派的理论努力中，其尝试洞悉事物的客观运作规律，这个规律是法律制定的标准和依据，因为"法是由事物的性质产生而来的必然关系"。[①] 换言之，立法者在

---

① 孟德斯鸠：《论法的精神》（上册），张雁深译，商务印书馆，1963，第 27 页。

考虑如何制定法律时，必须对该项法律所涉及的事物本质及其客观规律加以细致掌握。如果立法者所制定的法律没有能够准确反映事物本质及其客观规律，那么法律即使被制定出来也会遭受合理性的质疑，并进一步影响其在实施环节的效果。在自然界中，比例毫无疑问是事物所普遍内含的本质，并且也是客观世界的规律之一。可以说，比例就是自然中万事万物的一部分。其次，自然法学派和比例原则都强调对理性的发现和遵从。自然法学派认为，国家法律的制定应当是理性的产物，个人意愿、欲望、利益诉求等都不应该影响法律的制定。由此不难看出自然法学派对理性的推崇。与之相似，比例原则其实也是理性的反映。它的核心是要求目的和手段之间必须保持适度关系，避免任何一种价值主张占据绝对地位。

比例原则滥觞于 19 世纪德国警察国家，最初的目的是实现对警察权（行政权）的有效控制，其也被行政法学视为帝王条款。基于比例原则，行政法发展出了一套控制行政权力，特别是行政裁量权力的准则。但实际上，比例原则作为一种控制手段，它的适用范围极为广泛。比例原则不仅可以限制行政权力的裁量空间，同样可以对立法过程中的裁量空间予以约束。或者说，立法过程中的裁量权同样也需要借助比例原则予以规定。原因在于，虽然"法律规则应该符合真理性和科学性的要求，是对客观信息的归纳和概括"[1]，但是客观信息的归纳和概括并非易事。社会利益是如此复杂，以至于我们很难凭借个人的理论认识和价值判断完成这一工作。同时，"社会利益关系的结构决定了法的现象的结构，社会利益关系的发展决定了法的现象的变化和发展"[2]，平衡这些利益进而探究社会利益关系的结构需要借助比例原则加以完成。

按照实质合宪性控制的思路，对地方政府立法协作的合宪性控制应当在立法全过程予以体现，按照比例原则的要求对地方政府的立法协作活动进行监督。比例原则本身的结构也为针对地方政府立法协作的实质合宪性控制提

---

① 于立深：《行政立法过程的利益表达、意见沟通和整合》，《当代法学》2004 年第 2 期，第 25 页。

② 公丕祥主编《法理学》，复旦大学出版社，2002，第 158 页。

供了操作框架。具体而言，这一框架由三个部分构成。首先是适当性控制。适当性控制又可以称为"合目的性控制"，它强调"一个公权力措施（立法或政府措施）能够达到其所欲追求的目的"。[①] 作为控制行政权力的基本原则时，比例原则适当性控制的重点是考察公权力手段与它所要达成的目的之间是否存在直接的因果关系。作为控制立法权力的基本原则时，比例原则适当性控制的重点是对立法和目的的关联进行审查。如果立法和目的之间没有直接的因果关系，那么此项立法的合宪性就存在瑕疵。当然，考虑到立法事务的复杂性和不确定性，适当性控制对立法和目的的考察程度也应当是适当的。适当性控制并不谋求立法和目的之间完全吻合，即使立法和目的之间只有部分吻合也是可以接受的。适当性控制的重点并不是要否定立法活动，而是尽可能排除与自身明显不相符合的立法设想。具体到地方政府立法协作领域，就需要地方政府在开展立法协作之前进行广泛而深入的立法调研和论证。其次是必要性控制。必要性控制又可以称为最小侵害控制或者不可替代控制。它的本意是指行政权力在运用时，应当充分考虑目的和手段之间的关系，采用对公民个人权利或社会公共利益侵害最小的手段。在行政法学研究中，它可以进一步被细化为"相同有效"和"最小侵害"两个要求。也就是说，行政权力在选择具体的手段和措施时，在各类手段措施都有效的情况下应当比较不同手段和措施之间的侵害程度，选择最小侵害的手段措施，这些要求被比喻概括为不能用大炮打小鸟。最后是均衡性控制。均衡性控制是指"一个措施，虽然是达成目的所必要的，但是，不可以给予人民过度之负担"。[②] 与适当性控制和必要性控制相比，均衡性控制所强调的重点是利益衡量，要求在不同利益之间进行比较，确定核心利益。

比例原则所包含的适当性控制、必要性控制和均衡性控制，构成了有关地方政府立法协作实质合宪性控制的基本结构。在这个结构中，适当性控制表征着目的，它要求地方政府立法协作本身必须符合特定目的；必要性控制

---

① 林来梵主编《宪法审查的原理与技术》，法律出版社，2009，第236页。
② 陈新民：《德国公法学基础理论》（上册），法律出版社，2010，第417页。

表征着法律效果，它要求地方政府立法协作在所要达成的目的和手段之间必须满足最小侵害的要求；均衡性控制表征着价值衡量，它要求地方政府立法协作本身和协作的立法事项能够实现不同利益的均衡发展。这三个控制要求虽然相互独立，但彼此之间也存在位阶秩序。其中，适当性控制作为整个控制体系的起点，是地方政府立法协作合宪性控制必须满足的首要条件。

第二节　地方政府立法协作合宪性控制的技术路径

围绕地方政府立法协作的合宪性控制，形式合宪性控制与实质合宪性控制为我们提供了两种不同的解决方案。但是两个方案的分歧是显著的，在地方政府立法协作合宪性控制的具体制度设计及运行方面，这种分歧将会进一步放大。如何理解、对待这种分歧，两者的分歧有没有融合的可能，具体应当选择哪一种合宪性控制进路，对这些问题的回答尤为重要。但任何一种抽象的理论概括都是片面的，尽管它们宣称自己在理论基础和基础理论上十分努力，但理论和实践之间仍然不可避免地会存在认识上的差异。因此，理论上的抽象概括仅仅为我们提供了一种分析问题的方法，距离解决问题还有很远的距离。所以，在设计有关地方政府立法协作合宪性控制的具体技术方案时，不仅需要我们对形式合宪性控制与实质合宪性控制有着充分的了解，同时也要厘清其中所涉及的重要影响因素。如此，才能在理论上获致周全。

一　影响地方政府立法协作合宪性控制的因素分析

无论是形式合宪性控制，抑或实质合宪性控制，它们在细节上都需要依赖具体的控制技术。而这种技术应当如何设计，则需要在整体上说明影响地方政府立法协作合宪性控制的具体因素。总的来说，这些因素是客观的，其中既有国家能力所要求的政治因素，也有发展目标导向下的经济因素。除此之外，主观的因素一样存在，主要是指跟社会心理认知有关的文化因素。

（一）国家能力因素

如前文所述，地方政府立法协作在形式上是地方政府之间为了区域经济一体化和跨域议题治理所开展的能动权力运作。地方政府在其中扮演了关键角色，并在形式上主导着地方政府立法协作的具体走向。没有地方政府的积极作为，地方政府立法协作很难发生。从我国地方政府立法协作发展的一般性历程来看，这一点也得到了印证。但实际上，地方政府立法协作受中央政府影响颇深。中央政府主导的央地权限配置对地方政府立法协作的影响是间接的，但也是根本的。进一步深入观察中央政府在地方政府立法协作中的作用可以发现，中央政府的权威是地方政府立法协作开展的关键，地方政府立法协作需要以不损害中央政府的权威为前提。这意味着，国家能力是地方政府立法协作开展的重要因素。有关地方政府立法协作合宪性控制的具体方案，必须首先考虑国家能力的承载限度。

从字面意思出发，国家能力就是国家把自己的主观意志转化为客观行动，并达成预期目标的能力。[①] 在内容上，国家能力包括以命令和服从为逻辑的绝对统治能力，同时也包括以协商与合作为逻辑的地方治理能力。就前者而言，绝对的统治能力是中央政府的专属权力，它表征着中央政府在国家治理方面拥有的优势地位，指的是"国家精英可以自行其是，而不必例行化、制度化地与市民社会各集团进行协商"。[②] 就后者而言，地方治理能力虽然以协商与合作为主，但本质仍然是命令和服从，它要求中央政府能够在国家统治的全域范围内有效贯彻自己的主观意志。总的来说，我们同意这样一种观点："国家能力是统治阶级通过国家机关行使国家权力、履行国家职能，有效统治国家、治理社会，实现统治阶级意志、利益以及社会公共目标的能量和力量。"[③] 随之而来的问题是，国家能力的主体应当如何界定？对

[①] 参见王绍光《安邦之道：国家转型的目标与途径》，生活·读书·新知三联书店，2007，第5页。

[②] 迈克尔·曼：《社会权力的来源》第2卷（上），陈海宏等译，上海人民出版社，2007，第68页。

[③] 黄宝玖：《国家能力：涵义、特征与结构分析》，《政治学研究》2004年第4期。

这一问题的回答，不仅影响中央与地方之间的权限配置，同时也会进一步影响地方政府立法协作的合宪性控制。一般而言，国家是一个抽象的集合，但国家能力作为一种客观存在，它必然有一个具体的主体。有的观点把中央政府视为国家能力主体，并且是唯一的主体。在他们看来，"只有中央政府才能代表国家意志，而其他公共权威以及地方政府是无法代表国家意志和国家利益的"。① 这种观点从现象出发，进而归纳，最终把国家能力的主体限定为中央政府，表面上并无不妥。但实际上，中央政府代表国家意志并不能必然推导出中央政府是国家能力的唯一主体。从逻辑关系上来说，意志是主观的，而能力是客观的，主观的意志并不能必然得出客观的能力。同时，国家作为一个集合，既有整体利益，也有部分利益。中央政府所代表的是整体利益，它所表达出来的意志是维护整体利益。同样，局部利益以地方政府为代表，地方政府同样需要就维护局部利益进行意志表达。地方政府虽然不能代表国家的整体利益，但它自身能力的强弱会直接影响国家整体的能力。因此，国家能力的主体应当包括中央政府和地方政府两个维度。但需要注意的是，尽管地方政府和中央政府一样都是国家能力的主体，但在我国国家治理语境下，中央政府在其中发挥着更为关键的作用。国家能力的维护和建设需要综合考虑地方政府和中央政府两个方面的内容，但最为关键的仍然是如何以中央政府为核心建设国家能力。

国家能力所包含的内容极为广泛，为了便于分析，我们借助现有国家能力研究的成果，将国家能力的主要内容重点限定在四个方面。一是强制能力。强制能力是合法垄断并使用暴力的权力，既包括对外的强制能力，也包括对内的强制能力。其中对外的强制能力主要是指国家守卫领土安全的能力，对内强制力是指维护命令服从体系有序运作的能力。地方政府立法协作所面临的主要难题就是如何在地方政府相互联合的背景下，维护中央政府的绝对权威。1923 年《中华民国宪法》和 1946 年《中华民国宪法》对此问题观照不足，是导致中央政府失去对地方政府控制力的主要原因之一。二是汲

① 王绍光、胡鞍钢：《中国国家能力报告》，辽宁人民出版社，1993，第 6 页。

取能力。汲取能力是指国家获取发展资源,特别是经济资源的能力。在现阶段以经济建设为中心的基本路线要求下,经济发展依然是中国解决各类问题的关键手段。这对我们的启示是,地方政府立法协作应当以能够促进经济发展,特别是整体经济发展为重点。回顾形式合宪性控制中有关法律保留范围的讨论,我们可以大致作出这样的判断:地方政府之间围绕经济发展进行的立法协作在原则上应当得到支持,对这类立法协作的合宪性控制应当尽可能降低控制强度。三是濡化能力。所谓濡化能力就是"不能纯粹靠暴力、靠强制力来维持社会的内部秩序,要形成广泛接受的认同感和价值观,这样可以大大减少治国理政的成本"。① 在有关地方政府立法协作的批评中,"助长地方分裂意识"曾是主要内容之一。地方政府立法协作是地方能动性的体现,背后所依托的是地方自我利益意识的觉醒。基于客观物质条件和社会意识之间的关系,这种自我利益意识的觉醒在某种程度上会对国家认同产生一定的负面影响。因此,对地方政府立法协作的合宪性控制需要设定立法协作禁区,以避免产生上述负面影响。四是规管能力。规管能力强调国家对社会生活的有效管控,这种管控不一定需要全面覆盖到社会生活的每一个领域,但它必须是有效的。而地方政府就某一问题进行立法协作,协作的结果大多是联合制定有关具体事项的地方政府规章。这类规章和原有的地方政府规章在形式与性质上都存在一定的差异,现行制度中有关地方政府规章的控制手段很难直接复制。

基于上述考量,在逻辑进路上我们可以作如下呈现。首先,有关地方政府立法协作的合宪性控制应当考虑国家能力这一政治因素,只有在国家能力足够的前提下,地方政府立法协作才具有存在的空间和价值。其次,考虑国家能力因素主要目的是维护和增进中央政府权威,进而维护国家的整体利益。但是对中央政府权威的维护和增进同时也要以尊重地方政府作为国家能力主体为前提。尽管我们可以将中央政府和地方政府关系概括为命令与服从的关系,但这种概括仅仅是简单而抽象的概括,并不能展现中央与地方关系

---

① 王绍光:《国家治理与基础性国家能力》,《华中科技大学学报》(社会科学版)2014年第3期。

的全貌。因此，在设计具体合宪性控制方案时，并不是要完全将地方政府置于中央政府的绝对命令之下，地方政府本身的利益也应当得到尊重。最后，国家能力依靠中央政府和地方政府具体的权力运作而实现，但这种权力运作具有双向性。① 价值衡量仍然是一个必要的手段。

（二）经济社会发展和财税因素

改革开放之后，我国地方政府自发开展的立法协作主要集中在经济社会发展领域，这与民国时期地方政府之间的立法协作存在很大差别。经济社会因素既是我国地方政府立法协作所要解决的主要问题，也是影响我国地方政府立法协作合宪性控制的重要方面。

民国时期地方政府立法协作制度更多的是人为构造，它是立宪者基于现实政治力量对比和自己的理论前见所进行的制度设计。但改革开放之后我国地方政府立法协作则带有明显的自发性，很难发现人为创设或者理论复刻的痕迹。可以说，它是经济社会水平发展到一定程度的必然结果。对一个国家来说，经济社会发展既是整体的，也是局部的，它是由各个地方政府的发展所共同汇聚而成。在中西方语境中，有关经济社会发展的具体内涵存在认识和理解上的差异，但是双方都承认地方政府对经济社会发展的重要推动作用，并且一致认为地方政府之间会就经济社会发展展开竞争。所不同的是，在西方的理论研究中，地方政府之间的竞争与公共服务、财政支出等事项密切相关，它的竞争只为了在"用脚投票"的现实中获取优势。② 而在我国的理论研究中，地方政府的竞争压力与"用脚投票"并无直接关联，它主要

---

① 政治学者王绍光曾经对这种权力运作的双向性作如下描述：所谓国家能力就是国家实际干预程度与国家希望达到的干预范围之比，其中，国家希望达到的干预范围越大，国家能力越弱；国家实际实现的干预程度越大，国家能力越强。具体论证可以参见王绍光《安邦之道：国家转型的目标与途径》，生活·读书·新知三联书店，2007，第5页。

② 西方的政府竞争理论脱胎于财政分权理论，是从早期财政分权理论延伸到政府行为分析的产物。相关学者认为，地方政府的宗旨是吸引资本、劳动和其他投入要素以改善本地区的生活环境与增加人民福利。假定地区间居民的流动性不受限制以及不存在外溢性等条件，居民会"用脚投票"，根据自己的偏好来选择一个地区的税收和支出组合，以达到效用与福利最大化的目标。因此地方政府能够和自由市场一样有效率地提供公共商品。具体内容可以参见汪伟全《地方政府竞争秩序的治理：基于消极竞争行为的研究》，上海人民出版社，2009；冯兴元《地方政府竞争：理论范式、分析框架与实证研究》，译林出版社，2010。

来自上级政府所打造的"晋升锦标赛"机制。① 可以说，地方政府竞争是个永恒的话题，地方政府之间的竞争关系也是一个长期的存在。但是地方政府立法协作所展现出来的却是合作关系，并且是制度化的深层次合作，这和地方政府之间长期存在的竞争关系并不相符。事实上，地方政府从竞争走向合作是经济社会发展到一定程度的必然结果。无论是西方语境下地方政府之间的竞争，抑或我国地方政府之间的竞争，它们都类似于零和博弈。一方在竞争中获益，另一方必然会受损。但是当经济社会发展到一定程度之后，这种竞争关系就无法持续。竞争各方需要彼此之间展开合作才能获得更多的发展机遇和发展资源，竞争也由此走向合作。同时，随着经济社会的快速发展，单个地方政府已经很难解决本行政区内的地方事务，需要从单一"行政区治理"向"跨域治理"转变。这些都构成了地方政府立法协作发生的必然因素。

但是，仅仅是经济社会发展到一定程度并不必然会引发地方政府立法协作。除了经济社会方面的因素外，地方政府立法协作若要发生，还必须满足财税因素的要求。"在没有一个共同权力使大家慑服的时候，人们便处在所谓的战争状态"②，地方政府立法协作也不可能顺利发生。这个共同的权力在政治上表现为中央政府的权威，在经济上则主要是中央政府的财税能力。一般而言，"财政收入规模关系到社会资源在公共部门与私人部门之间的配置，直接影响到整个社会的经济发展效率"。③ 可以说，税收能力代表着国家的整体能力，并进一步彰显了中央政府和地方政府之间的关系。因此，新中国成立至今，中央与地方关系的重大调整总是与财税体制改革紧密相连。从改革开放之前的统收统支，到改革开放之后的财政包干、分税制、营改增

---

① 我国的地方政府竞争理论主要源自"中国特色联邦主义"的假说和解释。该理论认为，中国地方政府之间的竞争受行政分权和财政分权影响深重，正是这两方面的激励使得中国地方政府有极高的热情维护市场，推动地方经济增长。参见钱颖一《激励理论的新发展与中国的金融改革》，《经济社会体制比较》1996年第6期。另有观点认为，晋升锦标赛作为中国政府官员的激励模式，是地方政府发展经济并进行横向竞争的主要激励机制。参见周黎安《中国地方官员的晋升锦标赛模式研究》，《经济研究》2007年第7期。
② 霍布斯：《利维坦》，黎思复、黎廷弼译，商务印书馆，1985，第94页。
③ 郭彦卿：《中国适度财政收入规模理论与实证》，南开大学出版社，2012，第1页。

等，每一次财税体制改革都会促使中央与地方关系发生重大变化。另外，我们也可以认为每一次中央与地方关系的重大调整都将财税体制改革作为重要突破口。

财税体制安排对地方政府立法协作的影响是多层次的。一方面，地方政府在立法协作过程中仍然有自己的利益诉求。区别于地方政府之间的竞争，这种诉求是希望最终达成政府间的合作。但是，如果财税体制不能支持一个强有力的调控体系，那么这种合作很难持续下去。以我国处理区域发展不平衡的经验为例。受政策、资源、区位等多种因素影响，区域发展不平衡的问题在我国一直存在。为了缩小区域之间的发展差距，中央政府在财税方面采用了转移支付的方式。如果没有强有力的调控体系，那么转移支付的实施将面临诸多问题，紧随其后各个区域地方政府之间的合作也就难以持续。类似的经验还包括地方政府在经济发展和环境保护之间的合作。根据国家主体功能区的相关要求，我国不同地方政府被划分为不同的功能区，功能区之间的开发强度和发展方向都受到相应的约束。在实践中，有的地方政府经济发展资源禀赋较好，但其环境脆弱，需要其他地方政府以环境保护为主要发展方向，从而共同维护环境平衡。不过，经济发展和保护环境的短期收益存在较大差距，以环境保护为主要发展方向的地方政府所获得的收益明显低于以经济发展为主要方向的地方政府。因此，两个不同发展方向的地方政府虽然存在合作的空间，但这个合作若要实现，就必须以利益补偿为前提。

由上可见，国家的经济社会发展水平和财税因素都会对地方政府立法协作的顺利开展产生影响。这两个方面的影响因素互为牵涉，其中又以经济社会因素为主，因为"经济发展水平对财政收入的影响，表现为基础性制约，两者之间存在源与流、根与叶的关系，源远则流长，根深则叶茂"。[①] 但如果仅仅是经济社会发展，中央政府没有掌握足够的财税资源，那么地方政府立法协作又将陷入利益纷争之中无法持续推进。无论是经济社会因素，还是财税因素，都是对地方政府立法协作进行合宪性控制所应当考虑的内容。

---

① 陈共编著《财政学》，中国人民大学出版社，2009，第190页。

（三）意识形态和文化因素

经济基础决定上层建筑，这一论断在地方政府立法协作领域依然是适用的。在这个意义上，国家的经济社会发展水平和财税能力作为一种客观的经济基础，势必会对地方政府立法协作的根本方向产生影响。但与此同时，地方政府立法协作作为一个制度，它又进一步受更为深层次的意识形态和文化因素影响。同时，意识形态和文化因素又会对经济社会发展和财税制度产生影响，从而形成一个相对完整的影响链条。

就地方政府立法协作的发展而言，意识形态和文化可能在某些情况下会发生比经济社会发展和财税因素更为深刻的影响。地方政府立法协作关系到我国国家治理结构的底层安排，它同时会触动国家治理体系中最为敏感的中央与地方关系。在马克思主义经典论述中，集权被视为国家的本质。这一观点正在得到越来越多的认同。马克斯·韦伯、亨廷顿等政治学家都承认并主张国家的集权架构，并将国家集权视为现代国家所不可或缺的结构要素。[①]在他们看来，"民族国家享有对外主权不受他国干扰，中央政府享有的对内主权不被地方或区域性权力所左右。它意味着国家的完整，并将国家的权力集中或积聚在举国公认的全国性立法机构手里"。[②]但毫无疑问，地方政府立法协作这项制度一旦正式运行，地方政府之间的关系将变得更为紧密。尽管这项制度设计的初衷是促进区域经济一体化和跨域议题治理，但我们也不得不面对这项制度可能超出区域经济一体化和跨域议题范畴的可能。因为被设计的制度总是存在这样一种可能，它一经设计完成就会获得自己的生命，并且朝着不可完全预知的方向演绎。这样的例子并不难寻。1923 年《中华民国宪法》和 1946 年《中华民国宪法》都有关于地方政府立法协作的制度设计。1923 年《中华民国宪法》的目的是对国家现实政治格局予以确认，

---

① 韦伯认为国家作为一个组织，它的机构组成数量繁杂，需要依靠行政权威对这些组织进行领导和协调。同时，国家还必须有足够的能力对领土范围内的人民和其他社会组织进行管制，因为国家是合法的暴力垄断者。具体论述可参见 Max Weber, *The Theory of Social of Social and Economic Organization*, ed, Talcott Parsons, Yale University Press, 1989, pp. 221-223。

② 塞缪尔·P. 亨廷顿：《变化社会中的政治秩序》，王冠华等译，上海人民出版社，2008，第 27 页。

避免制度设计背离实际需求。考虑到当时中央政府事实上的孱弱，它已经无法实现对全国事务的有效掌控。但从法统道义上来说，中央政府又是治理全国事务的当然合法主体。1923 年《中华民国宪法》允许地方政府进行立法协作，很大一部分原因是为了解决地方政府介入更广泛议题的合法性，从而弥补因中央政府孱弱所出现的治理空白。1946 年《中华民国宪法》同样设计了地方政府立法协作制度，但它的主要目的是在巨大的军事、政治压力之下，发挥地方政府自身的能动性，从而获得整体上的竞争优势。但 1923 年《中华民国宪法》和 1946 年《中华民国宪法》有关地方政府立法协作制度的设计，都没能将地方政府立法协作控制在合理范围。最终出现地方政府过度联合，挑战中央政府权威的局面。

无论是我们国家悠久的大一统、独尊中央文化，还是现代国家对中央政府权力的认可，都不可能接受地方政府对中央政府权威的挑战。这既是历史的，也是现代的；既是中国特有的，也是世界普遍的。因此，地方政府立法协作将会被多种复杂制度目标所包裹。其中，既有地方政府发展实现自身利益诉求，也有实现国家整体利益的要求；既包括对地方政府独立主体地位的确认，也要求地方政府对中央政府权威的绝对尊重。这些目标是如此复杂，以至于在平衡时可能无法做到极致周全。但是，历史的惯性和发展的情势势必会进一步激发传统中的意识形态和文化记忆，这也是地方政府立法协作合宪性控制所必须审慎对待的重大问题。

二　复合型控制方案

围绕影响地方政府立法协作合宪性控制的因素分析，展现出了一个复杂的合宪性控制场景和目标。无论是形式合宪性控制，抑或实质合宪性控制，都无法单独完成对地方政府立法协作的合宪性控制。有鉴于此，我们主张一种复合型的控制方案，形式合宪性控制与实质合宪性控制所主张的关键控制要素应当被这种复合型控制方案所接受。但这种复合型控制方案也不应当是两者的简单结合，在融合形式合宪性控制与实质合宪性控制的同时它应当有合理的衔接机制沟通两者的理论差异。

（一）复合型控制方案的功能定位

从世界主要法治发达国家和地区的经验来看，合宪性控制的具体形态虽然存在差异，但每种合宪性控制方案都有其自身的功能定位。这个功能定位是方案差异的源头，决定着具体方案的路线细节。就地方政府立法协作的复合型控制方案而言，它的功能定位是多层次的，需要我们对不同层次功能进行位阶判断。

一般而言，合宪性控制的功能大致可以分为两类。一类以维护法治统一为目标，带有较强的政治属性，主要的代表国家是法国。1958 年，法国成立了宪法委员会，并以此作为专门的宪法审查机关。宪法委员会成立之初，其主要目的是平衡行政权和立法权之间的关系，避免立法权过度膨胀压缩行政权的运作空间，同时"保证宪法的权威和维护宪法秩序，强调在法律公布之前使其内容与宪法保持一致，防止与宪法相冲突的法律在公布实施以后，对宪法秩序构成侵害"。① 另外一类合宪性控制的功能以权利保护为目标，其主要代表国家是美国。区别于法国，美国并没有成立专门的合宪性审查机关，而是将这一权力分散于整个司法系统。就其具体运作而言，这种合宪性审查与司法诉讼紧密关联在一起，是在具体案件中完成的合宪性审查。这两种不同的功能定位映射到地方政府立法协作的合宪性控制，可以理解为以中央政府权威为主的功能定位和以地方政府为主的功能定位。换言之，复合型的控制方案要在维护中央政府权威和激发地方政府积极性两个价值中作出判断，确定其中最为重要的价值取向。

在比较法的经验中，有关地方政府立法协作合宪性控制的功能定位以保护或增进地方政府的自治权力为主。地方政府是合宪性控制机制关注的重点，它的自治权力往往被视为关乎整个国家治理正当性的根本所在。比如美国在处理州际协定这一问题时，早期就采用了非常宽泛的控制思路。它不仅允许各州政府之间可以横向进行立法协作，而且按照最小侵入的原则赋予各州政府宽泛的立法协作权力。合宪性控制机制所发挥的作用，仅仅是要求各

① 吴天昊：《法国违宪审查制度的特殊经验及其启示》，《法国研究》2007 年第 1 期。

州政府把立法协作限定在政治事项之外。但是在实际操作中,各州政府之间的立法协作究竟有没有涉及政治事项,联邦的立法机关很少对此进行深入审查。当然,随着针对州际协定的审查密度有所增加,国会在审查中的作用也不断强化,而且对政治事项的内涵也秉持着更为宽松的界定理念,由此在事实上限缩了各州政府进行立法协作的空间。[①] 从历史脉络来说,美国各州政府之间的立法协作自由度较之从前有了明显的压缩。但从整体来看,这种合宪性控制虽然试图构建一个高效的全国型政府,但它的底层逻辑依然是强调各州政府的自治属性,这是其合宪性控制所不能侵入的权力禁区。

从美国针对州际协定进行的合宪性控制中我们可以发现,其所要解决的根本问题是如何在中央政府与地方政府之间进行价值取舍。基于美国自身所

---

① 在美国联邦制的实践演进中,联邦与州以及州际这两对关系有着密切关联,通常处于微妙变化之中。从历史发展的历程来看,较为松散的州际关系容易导致州际矛盾的增加和升级,进而激发联邦政府对州的控制,以此调整联邦与州之间的关系。反过来,联邦政府对州的控制增强,也会引起州的不适。此时,州与州之间会选择绕过联邦,寻求一种平等协作,以削弱联邦政府的控制,增强州的自主性。州际协定便是州与州之间协作的典型范式。经过200余年的实践演进,州际协定已被证明是一种行之有效的解决州际矛盾、协调州际关系、加强州际合作的区域化治理机制。当其作用越明显时,对联邦的影响就越大。与此同时,联邦则会试图在州际协定中施加影响。由此,以州际协定为枢纽,形成了一种州与州以及联邦与州的新型互动关系模式。从实践来看,联邦政府对州际协定的影响是多方面的。在环境资源保护领域,各州交叉管辖的关系极其复杂,争议也较多,联邦往往无力全部解决。因此,联邦非常鼓励各州加强合作,以州际协定的方式解决争议。国会有时会以预先立法的方式授予各州缔结协定的权力。在卫生健康领域,联邦则会建立专门的协调和管理机构,推动各州在这个领域签订协定,协调解决协定签订过程和实施过程中的障碍。甚至在诸如犯罪预防领域,联邦政府本身会成为州际协定的成员。从州的角度出发,为了获得基于联邦权威的背书,同时也是为了避免与联邦不必要的纠纷,部分州际协定也会主动提交到联邦,寻求联邦的批准。州主动寻求联邦同意的做法,也从某个维度说明了联邦对州事实上的影响力。当然,在更多领域,联邦对州际协定持的是一种相对谨慎的态度,尤其要避免各州通过协定来共同侵害联邦权威。为此,美国宪法第1条第10款,明确规定任何一州,未经国会同意,不得与其他州或外国缔结协定。宪法规定"国会同意"的基本目的在于确保没有任何州际协定能够反对国会的立场。尽管宪法作出的仅是一种笼统的规定,但这一笼统规定却给予了联邦足够的解释空间,用以灵活处理州际协定给联邦带来的各种影响。联邦通过国会同意,对州际协定的签订和实施,发挥着深远影响。国会同意的授予、拒绝同意和其他相关行为,都可能改变州际协定。因此,国会同意成为州际协定的关键构成。具体论证可参见 Frederick Land Zimmermann and Mitchell Wendell, *The Law and Use of Interstate Compaets*, The Council of State Governments, 1976。

特有的历史传统和国家治理制度，它们以地方政府的自治权力为中心构建了针对州际协定的合宪性控制机制。但是，这一经验在我国并不适用。从整体上来说，无论是针对地方政府立法协作的合宪性控制机制，还是其他类型的合宪性控制机制，其主要目的都是维护国家法治统一，进而确保中央政府权威。我国"合宪性审查制度的发展，对于维护国家的法制统一，保证中央政令畅通，确保全党全国团结统一，具有重要的作用"。① 相较于美国，这是一种完全不同的合宪性控制功能定位。甚至可以说，两种合宪性控制的功能定位截然相反。在美国，国家治理体系的建构最早是沿袭从地方到中央的思路加以完成的，先由地方政府（州政府），再由地方政府基于多数同意创立中央政府（联邦政府）。因此地方政府是其国家治理的起点，国家治理的终极目的是维护各州政府的自治权力，从而实现个人的自由。但是我国的国家治理体系建构的逻辑与美国截然相反，地方政府是在中央政府的授权、许可下设立的。在这种逻辑关系中，地方政府运行的目的固然包括地方治理、地方利益，但其根本还是为了推进国家的整体治理，维护国家的整体利益。

相较于其他类型的合宪性控制，地方政府立法协作的合宪性控制与国家治理结构存在更为紧密的联系。具体方案的审查范围、密度等，都会对中央与地方关系产生重大而深远的影响。因此，复合型控制方案的功能定位应当沿袭我国合宪性审查制度发展所一贯遵循的逻辑路线，把维护中央政府权威作为合宪性控制的核心目标。但是，强调中央政府权威的重要性并不能否定地方政府的地位和作用。尊重并承认地方政府的独立地位和利益诉求，是复合型控制方案功能定位所应当遵循的另一个要求。

（二）全周期控制

党的十九大报告对合宪性审查工作提出了明确要求，合宪性审查被视为确保我国法治统一，保证中央政令畅通的一个重要制度安排。从制度内涵上

---

① 韩大元：《关于推进合宪性审查工作的几点思考》，《法律科学（西北政法大学学报）》2018 年第 2 期。

来说，合宪性审查工作不仅能够在宏观层面对宪法监督力度不足的问题予以有效回应，而且在微观层面对于丰富各类权利的救济渠道也具有显著价值。① 因此，可以考虑将合宪性审查工作作为对地方政府立法协作合宪性控制的主体。然而，抛开合宪性审查工作本身存在的问题，这一制度与我们所要达成的合宪性控制仍然存在较大距离。"严格意义上来说，这些备案审查工作只是合法性审查，没有真正达到合宪性审查的程度。"② 因此，备案审查工作能否担负起地方政府立法协作合宪性控制的责任仍然有待考虑。对备案审查工作责任能力的担忧并不仅仅是因为它的审查范围和审查程度，备案审查工作的介入时机和审查结果运用也是影响其效力发挥的重要内容。

有鉴于此，我们主张一种更为全面的合宪性控制机制。这并不是要否定现有合宪性审查工作的正当性和科学性，而是立足于全周期管理视角，对现行合宪性审查工作的相关机制予以订正，以使其能够更好地适应地方政府立法协作合宪性控制的工作要求。全周期管理是现代管理领域的管理理念之一，它兴起于战后西方工业化社会向后工业化社会转型时期，以系统论、控制论、信息科学、协同学、自组织理论等为理论基础，主张对管理进行全过程各环节的整合。具体到地方政府立法协作的合宪性控制中，全周期的合宪性控制可以按照如下方案进行。

在全周期理念下，前端管理工作介入得越早，越能降低中端和末端的管理成本，提高整体的管理质量。与之相类似，针对地方政府立法协作的合宪

---

① 党的十九大报告提出："加强宪法实施和监督，推进合宪性审查工作，维护宪法权威。"理论界对此高度认可，并围绕合宪性审查工作的价值和意义进行了详细阐述。总的来看，理论界普遍认为合宪性审查工作有利于坚持党的领导，树立党的权威；有利于监督宪法实施，维护宪法权威；有利于完善救济途径，保护基本权利。但是其在运行过程中仍有许多需要进一步改进之处，例如备案审查机构本身的定位不清；备案审查工作透明度不够；备案审查反馈机制缺乏；审查标准和审查程序仍不明确等。具体论证可参见秦前红《合宪性审查的意义、原则及推进》，《比较法研究》2018年第2期，第66~77页；林来梵《合宪性审查的宪法政策论思考》，《法律科学（西北政法大学学报）》2018年第2期；于浩《备案审查的"忙"与"盲"》，《中国人大》2018年第1期；温辉《政府规范性文件备案审查制度研究》，《法学杂志》2015年第1期；王锴《我国备案审查制度的若干缺陷及其完善——兼与法国的事先审查制相比较》，《政法论丛》2006年第2期。
② 秦前红：《合宪性审查的意义、原则及推进》，《比较法研究》2018年第2期。

性控制应当尽可能提前，在地方政府立法协作开展的初期就积极介入。当然，这样的安排也会出现理论争议。按照《宪法》《立法法》《法规、司法解释备案审查工作办法》的相关规定，法规、司法解释应当在其公布之后向全国人大常委会报送备案。① 这意味着，合宪性审查工作属于事后审查机制。采用事后审查的好处在于，它更能体现对被审查机关的尊重，赋予被审查机关更多的自主空间。同时，事后审查机制也可以降低审查机关的组织运作成本，避免被海量审查任务击垮。应当说，事后审查机制有其合理性。但是，"社会主义宪法监督制度不应以掣肘制衡为原则，而应以事前预防为主，事后纠正违宪只是一种辅助手段。这有助于从源头上减少违宪现象，尽可能将违宪消灭在萌芽状态，而不是等违宪行为发生后再进行事后纠正"。② 对于地方政府立法协作这种与国家治理体系和治理结构密切相关的事项，事后审查机制是否足够对其进行合宪性控制仍然存疑。但是，倘若所有的地方政府立法协作都采用事前审查机制，其所产生的组织成本和制度成本也是必须审慎对待的内容。对此我们认为可以将针对地方政府立法协作的合宪性控制适当前置，以这种折中的办法尽可能达成审查与控制的平衡。具体而言，涉及地方政府立法协作的合宪性审查，其备案的节点可以从现有的公布之后提前到草案审议环节。这一方面可以通过提前介入的方式"从源头上减少违宪现象"，另一方面也可以有效控制成本，把可能遇到的制度性阻力降至最低。

此外，在程序方面，还应当按照全周期理念的要求，审慎设置有关地方政府立法协作合宪性控制的启动机制。一是有关合宪性审查的主体。一般来说，合宪性审查的启动分为主动审查和被动审查两种情况，其中都涉及合宪性审查工作由谁启动的问题。按照《立法法》等相关法律规定，有权提起合宪性审查工作的主体极为宽泛，它不仅包括立法部门，而且包括其他国家

---

① 2019年12月16日，十三届全国人大常委会第44次委员长会议审议通过了《法规、司法解释备案审查工作办法》。其中第九条规定："法规、司法解释应当自公布之日起三十日内报送全国人大常委会备案。"由此可见，合宪性审查工作属于事后审查。

② 李林、翟国强：《健全宪法实施监督机制研究报告》，中国社会科学出版社，2015，第112页。

机关。除此之外，社会团体、企事业单位、公民都可以启动合宪性审查。按照这一规定，合宪性审查的启动权限几乎无差别地被广泛赋予所有权利主体。产生这种情况的主要原因或许与我国政治制度和法律制度的安排存在一定关联。在依宪治国的要求之下，国家生活的方方面面都必须以宪法为根本的活动准则，维护宪法权威，保障宪法实施既是相关主体的权力也是其责任。[1] 因此《立法法》的此项规定可以看作对宪法要求的进一步细化，在某种意义上我们可以说，"立法法所规定的启动主体资格过度宽泛，没有设定任何限制条件"。[2] 但这与合宪性审查本身所带有的专业特质和专业要求存在一定的差异，难言匹配。合宪性审查本身影响重大，且专业性要求极强，需要综合考虑政治、法律、社会、经济等多重因素。这种无差别的启动授权不利于合宪性审查工作的高质量开展。因此，可以考虑在程序上设置相应的"过滤机制"，把地方政府立法协作合宪性控制的启动权限做主体限制，避免因主体过度泛化影响合宪性审查工作的质量。此外，过滤机制不仅在主体资格上应当发挥作用，在合宪性控制的位阶安排上也应当引入过滤机制。具体而言，合宪性控制虽然是一种法律判断，但它的判断过程以及判断结果同时也满含政治色彩。这意味着合宪性控制的成本极高，它是法治实施体系中的奢侈品。因此在对地方政府立法协作进行合宪性控制之前，应当首先对其进行合法性审查。如果能够通过合法性审查解决地方政府立法协作所面临的质疑和困难，那么就没有必要进入合宪性审查程序。只有在合法性审查已经不能解决问题，并且穷尽了所有合法性审查渠道时，才可以将地方政府立法协作纳入合宪性审查程序。这样的设计可以有效避免制度资源浪费，界定并区分法律问题和政治问题的边界。

三　合宪性控制的强度与例外

地方政府立法协作属于一种新型的政府权力运作模式。现代国家在法治

---

[1] 现行宪法在序言中明确指出："全国各族人民、一切国家机关和武装力量、各政党和各社会团体、各企业事业组织，都必须以宪法为根本的活动准则，并且负有维护宪法尊严、保证宪法实施的职责。"

[2] 胡锦光：《论合宪性审查的"过滤"机制》，《中国法律评论》2018 年第 1 期。

理念的要求之下，国家权力运作的设计方案总会留有权力制衡或权力监督的色彩。这意味着在国家权力中，没有任何一项权力可以或者应当不受限制。即使是拥有最高民主正当性的代议机关，它在行使立法权力时也要恪守禁止性规定，并非无所不能。这意味着在逻辑上，任何一项国家权力都要被放置于其他权力的制衡或监督之下。这种制衡或监督可能是单向的，也可能是双向的。但是无论如何，它都会引发一个新的问题：制衡或监督如何实现。这一问题又会具体细化为制衡或监督的主体以什么样的方式、途径运用制衡或监督的权力，这种权力的运用应当控制在什么样的程度。对于这些问题的回答，就构成了有关地方政府立法协作合宪性控制强度的讨论。同时，从理想的制度设计来说，地方政府立法协作的每一个细节都应当纳入合宪性控制的范畴之内。但是，这种理想的制度设计是否具备充分的合理性？是否存在关于地方政府立法协作的违宪阻却事由？这些问题也需要得到回答。

第一，合宪性控制的强度。合宪性控制的强度也可以理解为合宪性控制的密度，这一概念最初主要在司法系统内使用。一般而言，强度或密度是指"问题的深度，即法院在多大的纵深程度以内对问题进行审查。法院可以对一个问题进行深入的细致的审查，也可以只进行肤浅的审查，不作深入追究"。① 具体到地方政府立法协作，合宪性控制的强度就是指有权机关可以在多大范围和多大程度上对地方政府立法协作予以审查。背后所进一步表征的是中央和地方之间的权力应当如何配置。

在前文的论述中，我们多次强调地方政府立法协作合宪性控制的功能定位在于维护中央政府权威，确保中央政府在面对地方政府时有足够的优势地位。这种主张并非简单地对文化传统的借用，它是基于地方政府立法协作制度本身所提出的应对方案。地方政府立法协作固然有促进区域经济一体化和推进跨域议题治理等方面的积极意义，但它的消极影响同样不能忽视。其中，地方政府立法协作势必会加强地方政府之间的横向联系，并且把这种横向联系转变为制度性的合法联系。如此一来，地方政府借助彼此之间的横向

---

① 王名扬：《美国行政法》，中国法制出版社，1995，第674页。

联系可以获得更多的发展资源，进而会影响中央和地方之间的力量配比。即使地方政府无意挑战中央政府权威，但地方政府之间横向联系的深入以及随之而来的经济、社会耦合，也会对中央政府形成压力。因此，地方政府立法协作可能会对中央政府产生的负面影响是客观存在的，并且将成为一种结构性的影响。为了尽可能降低乃至消解可能产生的负面影响，我们将地方政府立法协作合宪性控制的功能定位确定为维护中央政府权威。

但是，就逻辑关系来说，中央和地方关系是相互的。维护中央政府权威势必会要求对地方政府权力的配置、运行等进行约束，以确保中央可以占据优越地位。但基于中央和地方关系的相互性，维护中央政府权威的另一个面向就是向地方政府赋权，通过地方政府的治理和发展达成全国整体性利益的增长。① 地方政府立法协作作为地方政府积极推进治理和发展的有效措施，其正当性也因此获得认可。这意味着，有关地方政府立法协作合宪性控制的强度应当是有限的。理想的状态是控制强度既可以保证中央政府的权威，防止地方政府失控，同时又确保地方政府有足够的权力运作空间，不至于丧失积极性。为了达成这一目标，比较直接的办法自然是在中央政府和地方政府之间划定明确的职权界限。不过社会事务高速变迁伴随着较大的不确定性，直接界定两者职权的努力往往会因为社会事务的高速变迁而陷入被动。基于此种情况，我们更倾向于以程序性的方式对地方政府立法协作合宪性控制的强度加以明确。具体而言，针对地方政府立法协作进行合宪性控制的机关是确定的，其权力也应当是专属的。不过，有权机关在行使该项权力时，应当充分吸收地方政府的意见，并把这种意见作为最终决定的主要参考依据。这种设计源自商谈理论，所强调的是对话式的运作模式。根据商谈理论的要

---

① 中央政府的权威不仅是纸面的文字表述，它同时需要客观的事实予以支撑。这些事实种类繁多，但最为关键的内容之一是中央政府能够积极提供公共产品和公共服务。达成这一目标，仅仅依靠中央政府的权力运作显然无法完成，它需要地方政府的积极性以及地方政府的实际治理效果。在这个意义上我们可以说，所谓中央政府的权威固然有其历史和文化的正当性，但这个权威若要得到维护，必须向地方政府进行赋权。具体论证可参见欧阳景根、张艳肖《国家能力的质量和转型升级研究》，《武汉大学学报》（哲学社会科学版）2014 年第 4 期。

求，一个决定的作出并非有权机关的专断，尽管法律可能已经赋予了有权机关专断的权力。考虑到社会关联的复杂性，有权机关所作出的决定往往需要经历复杂的社会交往才能够真正发挥效用。"根据商谈原则，只有那些可能得到一切潜在的相关者——只要他们参加合理商谈——同意的规范，才是可以主张有效性的。"① 地方政府立法协作合宪性控制的有权机关所要维护的是国家法制的统一和中央政府的权威，在某种程度上，它是中央政府的利益代表。地方政府在合宪性控制的过程中事实上处于相对的弱势地位。在这个背景下，对话机制的引入有助于提高合宪性控制的共识基础。

第二，合宪性控制的例外。所有的权力都应当被纳入法治的监督之下，这是现代国家所普遍认可并遵守的国家治理准则。但是地方政府立法协作是否应当全部纳入合宪性控制范围之内，这一点仍然有商榷的空间。当然，对这一问题的讨论难免会受到良性违宪的影响。② 但抛开良性违宪的争论，我们仍然能够看到地方政府立法协作合宪性控制的特殊之处。

对地方政府立法协作的合宪性控制，其目的是审查地方政府在推进立法协作时是否符合宪法的规定，它事实上包含着法治和政治两个方面的内涵。这是因为，"我国的宪法问题往往被认为是政治问题，政治化实施是中国宪法实施的主要方式"。③ 地方政府立法协作作为一种新型的政府权力运作模式，它既是中央与地方关系变化的反映，同时也反向影响着中央与地方关系的具体结构。可以说，地方政府立法协作的合宪性控制问题既是法律问题，

---

① 哈贝马斯：《在事实与规范之间：关于法律和民主法治国的商谈理论》，童世骏译，生活·读书·新知三联书店，2003，第 155 页。

② 20 世纪 90 年代，郝铁川教授提出了良性违宪的观点。在其看来，国家机关的一些立法行为、行政管理行为符合当时的社会需要，符合人民的利益，但是与《宪法》规定相冲突。这类行为本身并没有可责性，相反它有利于社会生产力发展，有利于维护国家、民族的根本利益。良性违宪的观点在理论界引发了广泛的讨论。批评者认为无论是何种权力，都应当在宪法的规定之下规范运作，良性违宪弊大于利，并且这种思路本身是违背法治理念的。有关讨论具体可参见郝铁川《论良性违宪》，《法学研究》1996 年第 4 期；童之伟《良性违宪不宜肯定——对郝铁川同志有关主张的不同看法》，《法学研究》1996 年第 6 期；韩大元《社会变革与宪法的社会适应性——评郝、童两先生关于"良性违宪"的争论》，《法学》1997 年第 5 期。

③ 翟国强：《我国合宪性审查制度的双重功能》，《法学杂志》2021 年第 5 期。

也是政治问题。这一问题的关键仍然是中央与地方关系这个核心命题。

　　倘若地方政府立法协作应当无差别地纳入合宪性控制之中，在某种程度上也意味着中央政府对地方事务的全面介入。如前所述，合宪性控制的有权机关所代表的更多的是中央的利益，地方政府在控制过程中并不具备足够的制度性对抗权力。借助地方政府立法协作合宪性控制机制，中央政府可以广泛介入地方事务，从而压缩地方政府的能动空间。地方政府立法协作本身是地方政府主动作为的产物，如果其能动性空间遭到压缩，那么地方政府之间的立法协作活动自然也会受到消极影响。由此构成了中央全面介入地方事务的悖论：防止地方政府能动性滥用是中央介入的主要理由，然而中央介入势必会损伤地方政府的能动性，介入的理由也会随之消失。① 当然，上述论证仅仅是一种可能性论证，局面也有可能向着相反的一面发展。对地方政府立法协作进行合宪性控制既是一种权力，也是一种责任。在中央广泛介入的情况下，有关立法协作是否符合宪法规定的判断责任由中央政府承担，地方政府在没有责任压力的情况下有可能实施更为广泛的立法协作。

---

① 在美国州际协定制度发展演绎的过程中，就曾经出现类似的制度运行悖论。州际协定的功能定位是协调各州之间的利益关系，其最终目标是维护州的自治地位。但是，以维护州的自治地位为目标的州际协定，在运行过程中却背离了制度初衷，压缩甚至削弱了州的自治权限，"以州为中心"转变为"以联邦为中心"。产生这一变化的原因在于三个方面。第一，随着经济一体化程度的提高，人们对统一市场的要求越来越高，各州自我保护的贸易壁垒和市场封闭已经无法满足现实需要，强化联邦权威破除州际障碍成为现实选择。第二，在联邦体制下，各州实际上存在某种"囚徒困境"。也即，"各州普遍担心本州在社会经济各领域较高的管制或保障标准，会将自身置于竞争不利的地位，所以都有采纳较低要求和标准的倾向，以至于形成'追底竞赛'，由此导致经济秩序混乱和对公民个人权益的损害"。而破除这一"囚徒困境"，只能由联邦出面制定统一的标准和要求。这必然成为联邦扩权的一条路径。第三，美国各州的经济社会发展水平和所拥有的资源存在显著差异。从国家整体的长远发展考虑，适度的宏观调控和政策倾斜是极为必要的。通过联邦介入促进州际平等，是从长远维持州际关系和联邦体制的必然选择。联邦借助于宪法第1条中的"州际贸易条款"等依据，对各州进行了强制介入，旨在消除州际贸易壁垒，加强州际交流，并通过财政杠杆适度平衡各州经济社会发展和社会保障水平。就此而言，基于对州际竞争进行平衡和调整的现实考虑，所谓"贸易的国家化和基本权利的国家化"，造就了"以联邦为中心"的联邦纵向分权格局。相关论证可参见杨成良《美国横向联邦制的演进》，人民出版社，2017，第259~260页；保罗·彼得森《联邦主义的代价》，段晓雁译，北京大学出版社，2011，第25页。

无论是哪一种可能，都表明对地方政府的合宪性控制不应当是绝对全面广泛的。无论是中央政府，抑或地方政府，都应当作为责任主体担负是否合宪的责任。综合中央和地方两个方面的核心利益诉求，我们认为应当允许合宪性控制的例外存在。一个比较可行的方案是将地方政府立法协作的事项类型化为政治事项、经济事项、社会事项、文化事项和生态保护事项五种不同的类型。其中，涉及政治事项的立法协作应当作为立法禁区加以明确禁止。而与经济、社会、文化和生态保护相关的事项，则应当做个案式的具体分析。分析的标准应当包括地方政府的层级、所涉事项的影响范围、事项协作方式等核心要素。这种方案类似于合宪性推定，它所要表征的是"宪法审查机关在对立法机关的立法进行审查的过程中，首先在逻辑上推定立法行为合乎宪法，除非有明显的事实证明其违反了宪法"。[①] 而在这种方案背后，则体现了中央政府与地方政府的相互信任和尊重。

---

① 王书成：《合宪性推定的正当性》，《法学研究》2010 年第 2 期。

结　语

在我国，区域问题的广泛存在已成为不争的事实，任由其继续无序发展，有百害而无一利。国家的整体发展和统一大市场建设因为区域合作无法进行、区域冲突屡禁不止产生了严重的资源浪费；跨域公共事务的治理也被虚置，能动型政府的目标难以实现。理论界对区域问题一直保持着高度的关注，不同学科都在尝试寻求解决区域问题的根本之道。基于学科的分析视角不同，它们对区域问题产生的原因也有着各自的理解，在此基础之上推演出来的解决方案呈现出多样化的色彩。但是无论哪一个学科都应当承认，区域问题的产生与结构性的因素有关。只要我们仍然坚持以单个行政区为治理单元，那么新的区域问题势必会不断出现。然而，解决问题的思路不能是工程式的，因为单一"行政区治理"模式在现阶段仍然具备充分的正当性。我们应当将理论的努力更多地向体制机制创新靠拢，而地方政府立法协作正是这种理论努力的结果。

如果说区域问题是结构性的，那么地方政府立法协作的产生则带有一定的必然性，它是从单一"行政区治理"到"跨域治理"的必然结果。在回应区域经济一体化和跨域议题时，包括行政协议、区域协调组织等一系列以跨行政区为特征的原理、制度和技术得以演绎，但这些制度创新仍然只是浅层次的区域合作，它无法提供制度化、规范化的合作预期。由此，地方政府立法协作得以产生。地方政府立法协作属于横向府际关系的新形态，但它其实和中央与地方关系密切相关。在某种程度上我们可以认为，地方政府立法协作是中央与地方关系图谱在横向府际关系上的映射，中央与地方关系对其发挥着决定性的影响。在经典理论中，地方政府立法协作之所以无法被限制框架的合宪性链条所接受，一个关键的原因就是受中央与地方关系的影响。

否定地方政府立法协作的合宪性，其底层思维就是否定地方政府之间相互合作的正当性。但从逻辑上来说，地方政府之间同时存在竞争与合作两种关系。美国学者多麦尔在《政府间关系》一文中认为，"如果说政府间关系的纵向体系接近于一种命令服从的等级结构，那么横向政府间关系则可以被设想为一种受竞争和协商的动力支配的对等权力的分割体系"。① 在多麦尔看来，横向地方政府间的关系可以从"竞争"与"合作"两个维度来考察。事实上，无论是国外的实践还是我国的实践都表明，同一国家的地方政府间总是既存在竞争也需要合作，即可以概括为一种"竞合"关系。竞争与合作就像是硬币的正反面，如果允许地方政府之间存在竞争，地方政府之间的合作同样应当被允许。2022 年，新的《地方各级人民代表大会和地方各级人民政府组织法》就已经对地方政府之间的合作关系进行了法律确认。

地方政府立法协作既是地方政府之间围绕区域经济一体化和跨域议题的权力运作，同时也是应对区域经济一体化和跨域议题的治理结果。在全面依法治国的大背景下，无论是其中的权力运作，还是最终的立法结果，都应当被纳入法治轨道，由此，引发了需要我们密切关注的地方政府立法协作的合宪性控制问题。在具体的实践中，自发启动的地方政府立法协作尚缺少周全的合宪性控制机制，由此出现的问题是，一方面，地方政府立法协作常常逸脱合理的空间范围，其效力因此存在疑问；另一方面，地方政府立法协作又自我抑制，表现出较为典型的保守色彩。无论是何种情况，与地方政府立法协作所欲达成的治理目标都存在一定的偏差。因此，合宪性控制的价值和意义并不是压缩地方政府立法协作的演绎空间。相反，它的目的在于为地方政府立法协作提供充分的合宪性支撑，同时确保地方政府立法协作在法定的目的和框架范围内进行。

从某种意义上来说，地方政府立法协作也深刻反映了我国经济社会高速变迁所带来的制度变化。作为一种地方政府自觉的制度创新，地方政府立法

---

① 转引自理德·D. 宾厄姆等《美国地方政府的管理：实践中的公共行政》，九洲译，北京大学出版社，1997，第 162 页。

协作向我们展现了公法事务自我发展的魅力，但同时也彰显了理论回应的仓促和不足。尽管我们尝试对地方政府立法协作的制度模式及合宪性控制进行详细的理论描述，以确保它在我国宪制框架的链条中畅通无阻，但这种理论描述是否能够真正回应经济社会高速发展的实际需求，仍然需要通过实践加以检验。

参考文献

一　经典文献

《邓小平文选》第 3 卷，人民出版社，1993。

《建国以来重要文献选编》第 11 册，中央文献出版社，1996。

《建国以来重要文献选编》第 19 册，中央文献出版社，1998。

《列宁全集》第 12 卷，人民出版社，1987。

《列宁全集》第 27 卷，人民出版社，1990。

《列宁选集》第 2 卷，人民出版社，1995。

《马克思恩格斯全集》第 1 卷，人民出版社，1956。

《马克思恩格斯选集》第 3 卷，人民出版社，1995。

《马克思恩格斯选集》第 1 卷，人民出版社，1995。

《马克思恩格斯全集》第 21 卷，人民出版社，2003。

《毛泽东文集》第 7 卷，人民出版社，1999。

《十二大以来重要文献选编》，人民出版社，1986。

二　专著及译著

《孙中山全集》第 1 卷，中华书局，1982。

林纪东：《中华民国宪法逐条释义》第 4 册，三民书局（台北），1986。

H. 科殷：《法哲学》，林荣远译，华夏出版社，2002。

弗里德利希·冯·哈耶克：《自由秩序原理》，邓正来译，生活·读书·新知三联书店，1997。

哈贝马斯：《在事实与规范之间：关于法律和民主法治国的商谈理论》，

童世骏译，生活·读书·新知三联书店，2003。

哈特穆特·毛雷尔：《行政法学总论》，高家伟译，法律出版社，2000。

海因里希·罗门：《自然法的观念史和哲学》，姚中秋译，上海三联书店，2007。

尤尔根·哈贝马斯：《合法化危机》，刘北成等译，上海人民出版社，2000。

布迪厄、华康德：《实践与反思；反思社会学导引》，李猛、李康译，中央编译出版社，2004。

德尼兹·加亚尔、贝尔纳代特·德尚等：《欧洲史》，蔡鸿滨等译，海南出版社，2000。

霍尔巴赫：《自然政治论》，陈太先、睦茂译，商务印书馆，1994。

基佐：《欧洲文明史》，程洪逵、沅芷译，商务印书馆，2005。

狄骥：《法律与国家》，冷静译，中国法制出版社，2010。

狄骥：《公法的变迁》，郑戈译，中国法制出版社，2010。

莱昂·狄骥：《宪法学教程》，王文利等译，辽海出版社、春风文艺出版社，1999。

孟德斯鸠：《论法的精神》（上、下册），张雁深译，商务印书馆，1963。

让·博丹：《主权论》，李卫海、钱俊文译，北京大学出版社，2008。

西塞罗：《论共和国 论法律》，王焕生译，中国政法大学出版社，1997。

柏拉图：《理想国》，郭斌和、张竹明译，商务印书馆，1986。

安德鲁·里奇：《智库、公共政策和专家治策的政治学》，潘羽辉等译，上海社会科学院出版社，2010。

安东尼·唐斯：《官僚制内幕》，郭小聪等译，中国人民大学出版社，2006。

安娜·罗彻斯特：《美国资本主义（1607—1800）》，丁则民、诸长福合译，生活·读书·新知三联书店，1956。

保罗·彼得森：《联邦主义的代价》，段晓雁译，北京大学出版社，2011。

E. 博登海默：《法理学——法律哲学与法律方法》，邓正来译，中国政法大学出版社，2004。

戴维·奥斯本、特德·盖布勒：《改革政府：企业精神如何改革着公营部门》，上海市政协编译组、东方编译所编译，上海译文出版社，1996。

丹尼尔·J. 伊拉扎：《联邦主义探索》，彭利平译，上海三联书店，2004。

费正清、赖肖尔：《中国：传统与变革》，陈仲丹等译，江苏人民出版社，1992。

弗朗西斯·福山：《国家构建——21 世纪的国家治理与世界秩序》，黄胜强、许铭原译，中国社会科学出版社，2007。

哈维·C. 曼斯菲尔德：《驯化君主》，冯克利译，译林出版社，2017。

汉密尔顿、杰伊、麦迪逊：《联邦党人文集》，程逢如、在汉、舒逊译，商务印书馆，1980。

L. 科塞：《社会冲突的功能》，孙立平等译，华夏出版社，1989。

莱斯利·里普森：《政治学的重大问题——政治学导论》，刘晓等译，华夏出版社，2001。

理查德·D. 宾厄姆等：《美国地方政府的管理：实践中的公共行政》，九洲译，北京大学出版社，1997。

列奥·施特劳斯：《自然权利与历史》，彭刚译，生活·读书·新知三联书店，2003。

罗斯科·庞德：《法理学》第 1 卷，邓正来译，中国政法大学出版社，2004。

罗斯科·庞德：《普通法的精神》，唐前宏等译，法律出版社，2018。

迈克尔·S. 格雷弗：《真正的联邦主义》，王冬芳译，陕西人民出版社，2011。

迈克尔·曼：《社会权力的来源》第 2 卷（上），陈海宏等译，上海人民出版社，2007。

曼瑟尔·奥尔森：《集体行动的逻辑》，陈郁等译，上海人民出版社，1995。

塞缪尔·P. 亨廷顿：《变化社会中的政治秩序》，王冠华、刘为等译，上海人民出版社，2008。

史蒂芬·B. 斯密什：《政治哲学》，贺晴川译，北京联合出版公司，2015。

霍布斯：《法律要义：自然法与民约法》，张书友译，中国法制出版社，2010。

威廉·亨利：《为精英主义辩护》，胡利平译，译林出版社，2000。

文森特·奥斯特罗姆：《美国联邦主义》，王建勋译，上海三联书店，2003。

约瑟夫·斯托里：《美国宪法评注》，毛国权译，上海三联书店，2006。

詹姆斯·M. 布坎南：《自由、市场和国家》，吴良健等译，北京经济学院出版社，1988。

麦迪逊：《辩论：美国制宪会议记录》（上册），尹宣译，辽宁教育出版社，2003。

布鲁诺·莱奥尼：《自由与法律》，秋风译，吉林人民出版社，2004。

《阿奎那政治著作选》，马清槐译，商务印书馆，1963。

A. 布洛克、O. 斯塔列布拉斯主编《枫丹娜现代思潮辞典》，中国社会科学院文献情报中心译，社会科学文献出版社，1988。

鲍桑葵：《关于国家的哲学理论》，汪淑钧译，商务印书馆，1995。

彼得·斯坦、约翰·香德：《西方社会的法律价值》，王献平译，中国法制出版社，2004。

边沁：《道德与立法原理导论》，时殷弘译，商务印书馆，2000。

弗里德里希·冯·哈耶克：《法律、立法与自由》第2、3卷，邓正来等译，中国大百科全书出版社，2000。

弗里德里希·奥古斯特·冯·哈耶克：《通往奴役之路》，王明毅等译，中国社会科学出版社，1997。

霍布斯：《利维坦》，黎思复、黎廷弼译，商务印书馆，1985。

昆廷·斯金纳：《国家与自由：斯金纳访华讲演录》，李强、张新刚主编，北京大学出版社，2018。

罗伯特·迪金森：《近代地理学创建人》，葛以德等译，商务印书馆，1980。

洛克：《政府论》（下篇），叶启芳、瞿菊农译，商务印书馆，1964。

马丁·洛克林：《公法与政治理论》，郑戈译，商务印书馆，2002。

梅纳德·凯恩斯：《就业、利息与货币概论》，黄跃进译，中国社会出版社，2000。

亚当·斯密：《国民财富的性质和原因的研究》，郭大力、王亚南译，商务印书馆，1974。

约翰·格雷：《自由主义》，曹海军等译，吉林人民出版社，2005。

包国宪、鲍静主编《政府绩效评价与行政管理体制改革》，中国社会科学出版社，2008。

包健：《区域经济协调发展中的政府作用》，经济科学出版社，2009。

薄贵利：《中央与地方关系研究》，吉林大学出版社，1991。

毕雁英：《宪政权力架构中的行政立法程序》，法律出版社，2010。

曹锦清：《黄河边的中国——一个学者对乡村社会的观察与思考》，上海文艺出版社，1998。

陈栋生主编《跨世纪的中国区域发展》，经济管理出版社，1999。

陈栋生：《区域经济的实证研究——对呼伦贝尔繁荣富裕之路的思考》，内蒙古文化出版社，1993。

陈栋生、王崇举、廖元和主编《区域协调发展论》，经济科学出版社，2005。

陈栋生主编《中国区域经济新论》，经济科学出版社，2004。

陈共编著《财政学》，中国人民大学出版社，2009。

陈汉宣、马骏、包国宪主编《中国政府绩效评估30年》，中央编译出版社，2011。

陈家海：《中国区域经济政策的转变》，上海财经大学出版社，2003。

陈晓枫：《中国法律文化研究》，河南人民出版社，1993。

陈新民：《德国公法学基础理论》（上册），法律出版社，2010。

陈秀山、张可云：《区域经济理论》，商务印书馆，2003。

陈秀山主编《中国区域经济问题研究》，商务印书馆，2005。

陈宣庆、张可云主编《统筹区域发展的战略问题与政策研究》，中国市场出版社，2007。

陈振明主编《公共管理学》，中国人民大学出版社，2005。

董辅礽等：《集权与分权：中央与地方关系的构建》，经济科学出版社，1996。

杜莉主编《欧盟区域经济政策》，吉林大学出版社，2007。

范柏乃：《政府绩效评估——理论与实务》，人民出版社，2005。

范柏乃、张鸣：《政府信用与绩效》，知识产权出版社，2012。

方盛举：《中国省级政府公共治理效能评估的理论与实践——对四个省级政府的考察》，云南大学出版社，2010。

费正清主编《剑桥中华民国史》第 1 部，章建刚等译，上海人民出版社，1991。

冯兴元：《地方政府竞争：理论范式、分析框架与实证研究》，译林出版社，2010。

傅角今：《重划中国省区论》，商务印书馆，1948。

甘霖：《变局：前 11 世纪以来至 21 世纪中国区域发展与社会变迁》，上海人民出版社，1999。

高伯文：《中国共产党区域经济思想研究》，中共党史出版社，2004。

高鸿业主编《西方经济学与我国经济体制改革》，中国社会科学出版社，1994。

高萍：《经济发展新阶段政府经济职能的创新》，中国财政经济出版社，2004。

葛剑雄：《统一与分裂：中国历史的启示》，商务印书馆，2013。

公丕祥主编《法理学》，复旦大学出版社，2002。

关山、姜洪主编《块块经济学——中国地方政府经济行为分析》，海洋出版社，1990。

郭彦卿：《中国适度财政收入规模理论与实证》，南开大学出版社，2012。

国家计委国土开发与地区经济研究所：《我国地区经济协调发展研究》，改革出版社，1996。

郝寿义、安虎森主编《区域经济学》，经济科学出版社，1999。

郝寿义：《区域经济学原理》，上海人民出版社、格致出版社，2007。

何华辉：《比较宪法学》，武汉大学出版社，1988。

何顺果：《美国史通论》，学林出版社，2001。

何勤华主编《美国法律发达史》，上海人民出版社，1998。

何渊：《中国特色的区域法制协调机制研究》，格致出版社、上海人民出版社，2010。

胡鞍钢、王绍光编《政府与市场》，中国计划出版社，2000。

胡鞍钢主编《地区与发展：西部开发新战略》，中国计划出版社，2001。

胡春惠：《民初的地方主义与联省自治》，中国社会科学出版社，2001。

胡代光、高鸿业主编《西方经济学大辞典》，经济科学出版社，2000。

胡兆量等编著《中国区域发展导论》，北京大学出版社，2000。

黄速建、魏后凯主编《西部大开发与东中部地区发展》，经济管理出版社，2001。

季卫东：《法治秩序的建构》，中国政法大学出版社，1999。

姜峰、毕竞悦编译《联邦党人与反联邦党人——在宪法批准中的辩论（1787—1788）》，中国政法大学出版社，2012。

李鑫生、蒋宝德主编《对外交流大百科》，华艺出版社，1991。

蒋碧昆编著《中国近代宪政宪法史略》，法律出版社，1988。

靳润成：《明朝总督巡抚辖区研究》，天津古籍出版社，1996。

景跃进、陈明明、肖滨主编《当代中国政府与政治》，中国人民大学出版社，2016。

李剑农：《中国近百年政治史：1840—1926 年》，复旦大学出版社，2002。

李林、翟国强：《健全宪法实施监督机制研究报告》，中国社会科学出版社，2015。

李明：《欧盟区域政策及其对中国中部崛起的启示》，武汉大学出版社，2010。

李煜兴：《区域行政规划研究》，法律出版社，2009。

厉以宁主编《区域发展新思路：中国社会发展不平衡对现代化进程的影响与对策》，经济日报出版社，1999。

廖盖隆等主编《马克思主义百科要览》（上卷），人民日报出版社，1993。

林来梵主编《宪法审查的原理与技术》，法律出版社，2009。

林尚立：《当代中国政治：基础与发展》，中国大百科全书出版社，2017。

林尚立：《国内政府间关系》，浙江人民出版社，1998。

林永波：《跨域治理》，五南图书出版公司（台北），2005。

刘君德、靳润成、周克瑜编著《中国政区地理》，科学出版社，1999。

刘君德主编《中国行政区划的理论与实践》，华东师范大学出版社，1996。

刘君德等：《中外行政区划比较研究》，华东师范大学出版社，2002。

刘树成主编《现代经济辞典》，凤凰出版社、江苏人民出版社，2005。

刘笑霞：《我国政府绩效评价理论框架之构建：基于公共受托责任理论的分析》，厦门大学出版社，2011。

陆大道等：《中国区域发展的理论与实践》，科学出版社，2003。

马斌：《政府间关系：权力配置与地方治理——基于省、市、县政府间关系的研究》，浙江大学出版社，2009。

马怀德主编《政府绩效评估指标体系研究报告》，中国政法大学出版社，2010。

毛寿龙、李梅：《有限政府的经济分析》，上海三联书店，2000。

毛寿龙等：《西方政府的治道变革》，中国人民大学出版社，1998。

浦善新：《中国行政区划改革研究》，商务印书馆，2006。

浦善新等：《中国行政区划概论》，知识出版社，1995。

秦前红、叶海波：《社会主义宪政研究》，山东人民出版社，2008。

秦前红：《宪法原则论》，武汉大学出版社，2012。

任剑涛主编《政治学：基本理论与中国视角》，中国人民大学出版社，2009。

沈立人：《地方政府的经济职能和经济行为》，上海远东出版社，1998。

施祖麟编著《区域经济发展：理论与实证》，社会科学文献出版社，2007。

舒庆：《中国行政区经济与行政区划研究》，中国环境科学出版社，1995。

孙兵：《区域协调组织与区域治理》，上海人民出版社、格致出版社，2007。

孙久文：《区域经济规划》，商务印书馆，2004。

孙久文主编《区域经济学》，首都经济贸易大学出版社，2014。

孙学玉：《公共行政学论稿》，人民出版社，1999。

覃成林：《中国区域经济差异研究》，中国经济出版社，1997。

唐丰鹤：《在经验和规范之间：正当性的范式转换》，法律出版社，2014。

童之伟：《国家结构形式论》，武汉大学出版社，1997。

汪伟全：《地方政府竞争秩序的治理：基于消极竞争行为的研究》，上海人民出版社，2009。

汪宇明：《中国省区经济研究》，华东师范大学出版社，2000。

王春业：《我国经济区域法制一体化研究——以立法协作为例》，人民出版社，2010。

王海洲：《合法性的争夺——政治记忆的多重刻写》，江苏人民出版社，2008。

王沪宁：《国家主权》，人民出版社，1987。

王洛林、魏后凯主编《中国西部大开发政策》，经济管理出版社，2003。

王梦奎主编《中国的全面、协调、可持续发展——中国发展高论坛2004》，人民出版社，2004。

王名扬：《美国行政法》，中国法制出版社，1995。

王青斌：《行政规划法治化研究》，人民出版社，2010。

王人博、程燎原：《法治论》，广西师范大学出版社，2014。

胡鞍钢、王绍光、康晓光：《中国地区差距报告》，辽宁人民出版社，1995。

王绍光、胡鞍钢：《中国：不平衡发展的政治经济学》，中国计划出版社，1999。

王绍光、胡鞍钢：《中国国家能力报告》，辽宁人民出版社，1993。

王绍光：《安邦之道：国家转型的目标与途径》，生活·读书·新知三联书店，2007。

王世杰、钱端升：《比较宪法》，中国政法大学出版社，2004。

王小鲁、樊纲主编《中国地区差距：20年变化趋势和影响因素》，经济科学出版社，2004。

王一鸣主编《中国区域经济政策研究》，中国计划出版社，1998。

韦伟：《中国经济发展中的区域差异与区域协调》，安徽人民出版社，1995。

魏后凯主编《从重复建设走向有序竞争》，人民出版社，2001。

魏后凯主编《现代区域经济学》，经济管理出版社，2006。

魏后凯等：《中国地区发展——经济增长、制度变迁与地区差异》，经济管理出版社，1997。

魏后凯等：《中国区域政策——评价与展望》，经济管理出版社，2011。

文正邦、付子堂主编《区域法治建构论：西部开发法治研究》，法律出版社，2006。

吴家麟主编《宪法学》，中央广播电视大学出版社，1991。

谢庆奎等：《中国地方政府体制概论》，中国广播电视出版社，1998。

辛向阳：《大国诸侯：中国中央与地方关系之结》，中国社会出版社，2008。

辛向阳、倪健中主编《东西论衡：天平上的中国》，中国社会出版社，1995。

辛向阳、倪健中主编《南北春秋：中国会不会走向分裂》，中国社会出版社，1996。

熊文钊主编《中国行政区划通览》，中国城市出版社，1998。

熊哲文：《法治视野中的经济特区——中国经济特区法治建设创新研究》，法律出版社，2006。

徐大同主编《现代西方政治思想》，人民出版社，2003。

徐湘林：《寻求渐进政治改革的理性——理论、路径与政策过程》，中国物资出版社，2009。

许崇德主编《中国宪法》，中国人民大学出版社，1989。

许崇德主编《中华法学大辞典·宪法学卷》，中国检察出版社，1995。

阎林：《政府组织结构调整与经济发展》，社会科学文献出版社，1999。

杨成良：《美国横向联邦制的演进》，人民出版社，2017。

杨洪编著《政府绩效管理：深圳的探索与实践》，新华出版社，2011。

杨丽艳：《区域经济一体化法律制度研究——兼评中国的区域经济一体化法律对策》，法律出版社，2004。

杨之刚：《公共财政学：理论与实践》，上海人民出版社，1999。

叶必丰等：《行政协议：区域政府间合作机制研究》，法律出版社，2010。

叶必丰主编《长三角法学论坛——论长三角法制协调》，上海社会科学院出版社，2005。

俞可平主编《治理与善治》，社会科学文献出版社，2000。

张春生主编《中华人民共和国立法法释义》，法律出版社，2000。

张敦富主编《区域经济学原理》，中国轻工业出版社，1999。

张紧跟：《当代中国政府间关系导论》，社会科学文献出版社，2009。

张军、周黎安编《为增长而竞争——中国增长的政治经济学》，格致出版社、上海人民出版社，2008。

张可云：《区域大战与区域经济关系》，民主与建设出版社，2001。

张可云：《区域经济政策：理论基础与欧盟国家实践》，中国轻工业出版社，2001。

张可云：《区域经济政策》，商务印书馆，2005。

张千帆：《宪法学导论》，法律出版社，2008。

张强：《美国联邦政府绩效评估研究》，人民出版社，2009。

张万清主编《区域合作与经济网络》，经济科学出版社，1987。

张文范：《中国省制》，中国大百科全书出版社，1995。

张文范主编《中国行政区划研究》，中国社会出版社，1995。

张文显主编《法理学》，高等教育出版社、北京大学出版社，2007。

张玉：《绩效评估视野下地方政府有效性的制度构建》，光明日报出版社，2010。

赵永茂等：《府际关系》，元照出版公司（台北），2001。

中国社会科学院法学研究所编《中国法治发展报告 NO.9（2011）》，社会科学文献出版社，2011。

周凯主编《政府绩效评估导论》，中国人民大学出版社，2006。

周克瑜：《走向市场经济——中国行政区与经济区的关系及其整合》，复旦大学出版社，1999。

周黎安：《转型中的地方政府：官员激励与治理》，格致出版社、上海人民出版社，2008。

周平：《民族政治学导论》，中国社会科学出版社，2001。

周平主编《政治文化与政治发展》，中央民族大学出版社，1999。

周顺：《联邦主义的理路与困境——以美国为例》，上海人民出版社，2015。

周旺生：《立法学》，法律出版社，2004。

周亚荣：《政府治理视角下的中国政府绩效审计研究》，武汉大学出版社，2010。

朱厚伦：《中国区域经济发展战略》，社会科学文献出版社，2004。

卓越主编《政府绩效管理导论》，清华大学出版社，2006。

三 学术论文及报纸

秦前红：《论宪法变迁》，《中国法学》2001 年第 2 期。

罗豪才、宋功德：《认真对待软法——公域软法的一般理论及其中国实践》，《中国法学》2006 年第 2 期。

金太军：《从行政区行政到区域公共管理——政府治理形态嬗变的博弈分析》，《中国社会科学》2007 年第 6 期。

权衡：《中国区域经济发展战略理论研究述评》，《中国社会科学》1997 年第 6 期。

叶必丰：《我国区域经济一体化背景下的行政协议》，《中国社会科学》2006 年第 2 期。

叶必丰：《区域经济一体化的法律治理》，《中国社会科学》2012 年第 8 期。

陈振明：《非市场缺陷的政治经济学分析——公共选择和政策分析学者的政府失败论》，《中国社会科学》1998 年第 6 期。

周佑勇：《裁量基准公众参与模式之选取》，《法学研究》2014 年第 1 期。

周佑勇：《行政裁量的治理》，《法学研究》2007 年第 2 期。

郝铁川：《论良性违宪》，《法学研究》1996 年第 4 期。

童之伟：《良性违宪不宜肯定——对郝铁川同志有关主张的不同看法》，《法学研究》1996 年第 6 期。

王书成：《合宪性推定的正当性》，《法学研究》2010 年第 2 期。

夏勇：《论西部大开发的法治保障》，《法学研究》2001 年第 2 期。

秦前红：《合宪性审查的意义、原则及推进》，《比较法研究》2018 年第 2 期。

饶常林、常健：《我国区域行政立法协作：现实问题与制度完善》，《行政法学研究》2009 年第 3 期。

韩大元：《关于推进合宪性审查工作的几点思考》，《法律科学（西北政法大学学报）》2018 年第 2 期。

韩大元：《社会变革与宪法的社会适应性——评郝、童两先生关于"良性违宪"的争论》，《法学论坛》1997 年第 5 期。

何渊：《论行政协议》，《行政法学研究》2006 年第 3 期。

季卫东：《程序比较轮》，《比较法研究》1993 年第 1 期。

李煜兴：《区域行政的兴起与行政法的发展变迁》，《武汉大学学报》（哲学社会科学版）2018 年第 4 期。

卢现祥：《我国制度经济学研究中的四大问题》，《中南财经大学学报》2002 年第 1 期。

潘华仿：《略论美国宪法的联邦主义原则和法律体系》，《比较法研究》1994 年第 Z1 期。

汪伟全：《论府际管理：兴起及其内容》，《南京社会科学》2005 年第 9 期。

叶必丰：《区域合作的现有法律依据研究》，《现代法学》2016 年第 2 期。

袁明圣：《宪法架构下的地方政府》，《行政法学研究》2011 年第 1 期。

周叶中、张彪：《促进我国区域协调组织健康发展的法律保障机制研究》，《学习与实践》2012 年第 4 期。

张彪、周叶中：《区域法治还是区域法制？——兼与公丕祥教授讨论》，《南京师大学报》（社会科学版）2015 年第 4 期。

张彪：《从合法性到正当性——地方政府跨域合作的合宪性演绎》，《南京社会科学》2017 年第 11 期。

张彪：《地方政府跨域合作的合宪性问题与制度进路》，《南京社会科学》2016 年第 8 期。

张彪：《区域冲突的法制化治理》，《学习与实践》2015 年第 3 期。

曾培炎：《推进形成主体功能区　促进区域协调发展》，《求是》2008 年第 2 期。

陈瑞莲：《论区域公共管理研究的缘起与发展》，《政治学研究》2003 年第 4 期。

陈剩勇、马斌：《区域间政府合作：区域经济一体化的路径选择》，《政治学研究》2004 年第 1 期。

杜鹰：《全面开创区域协调发展新局面》，《求是》2008 年第 4 期。

杜鹰：《我国区域协调发展的基本思路与重点任务》，《传承》2012 年第 3 期。

樊纲、王小鲁、张立文、朱恒鹏：《中国各地区市场化相对进程报告》，《经济研究》2003 年第 3 期。

范剑勇：《中国地区差距演变及其结构分析》，《管理世界》2002 年第 7 期。

黄宝玖：《国家能力：涵义、特征与结构分析》，《政治学研究》2004 年第 4 期。

江国华：《主权价值论》，《政治学研究》2004 年第 2 期。

李国平、范红忠：《生产集中、人口分布与地区经济差异》，《经济研究》2003 年第 11 期。

林毅夫、刘培林：《中国的经济发展战略与地区收入差距》，《经济研究》2003 年第 3 期。

马凯：《实施主体功能区战略　科学开发我们的家园》，《求是》2011 年第 17 期。

沈立人、戴园晨：《我国"诸侯经济"的形成及其弊端和根源》，《经济研究》1990 年第 3 期。

王春业：《论地方联合制定行政规章》，《中国行政管理》2011 年第 4 期。

王健、鲍春、刘小康、王佃利：《"复合行政"的提出——解决当代中国区域经济一体化与行政区划冲突的新思路》，《中国行政管理》2004 年第 3 期。

杨瑞龙：《我国制度变迁方式转换的三阶段论——兼论地方政府的制度创新行为》，《经济研究》1998 年第 1 期。

张成福、李昊城、边晓慧：《跨域治理：模式、机制与困境》，《中国行政管理》2012 年第 3 期。

张可云：《中国区域经济运行问题研究》，《经济研究》1992 年第 6 期。

中国行政管理学会联合课题组：《关于政府机关工作效率标准的研究报告》，《中国行政管理》2003 年第 3 期。

周黎安：《中国地方官员的晋升锦标赛模式研究》，《经济研究》2007 年第 7 期。

宋薇薇：《地方立法中的利益协调问题研究》，《人大研究》2011 年第 3 期。

王锴：《我国备案审查制度的若干缺陷及其完善——兼与法国的事先审查制相比较》，《政法论丛》2006 年第 2 期。

谢庆奎：《中国政府的府际关系研究》，《北京大学学报》（哲学社会科学版）2000 年第 1 期。

叶必丰：《长三角经济一体化背景下的法制协调》，《上海交通大学学报》（哲学社会科学版）2004 年第 6 期。

于立深：《行政立法过程的利益表达、意见沟通和整合》，《当代法学》2004 年第 2 期。

周迪：《论提高环境立法效益的可行路径：中央与地方环境立法事项合理分配》，《地方立法研究》2018 年第 4 期。

周刚志：《"过度分权"与"过度集权"：中国国家结构形式的"制度悖论"及其宪法释义》，《交大法学》2014 年第 4 期。

顾建亚：《法律位阶划分标准探新》，《浙江大学学报》（人文社科版）2006 年第 6 期。

欧阳景根、张艳肖：《国家能力的质量和转型升级研究》，《武汉大学学报》2014 年第 4 期。

王绍光：《国家治理与基础性国家能力》，《华中科技大学学报》（社会科学版）2014 年第 3 期。

傅永超、徐晓林：《府际管理理论与长株潭城市群政府合作机制》，《公共管理学报》2007 年第 2 期。

魏后凯：《外商直接投资对中国区域经济增长的影响》，《经济研究》2002 年第 4 期。

李善同、侯永杰：《我国地区差距的历史、现状和未来》，《改革》2004年第 5 期。

刘军宁：《善恶两种政治观与国家能力》，《读书》1994 年第 5 期。

汪丁丁：《经济学的"关键词"》，《读书》1995 年第 7 期。

王腊生：《地方立法协作重大问题探讨》，《法治论丛（上海政法学院学报）》2008 年第 3 期。

包健：《区域协调发展中的政府作用分析》，《中南财经大学学报》2007年第 2 期。

程彬：《长三角地区区域行政立法研究》，《法治论丛（上海政法学院学报）》2008 年第 5 期。

萨拜因：《博丹论主权》，邓正来译，《河北法学》2008 年第 9 期。

翟国强：《我国合宪性审查制度的双重功能》，《法学杂志》2021 年第 5 期。

何建辉：《立法：利益表达的过程》，《甘肃社会科学》2007 年第 5 期。

何渊：《美国的区域法制协调——从州际协定到行政协议的制度变迁》，《环球法律评论》2009 年第 6 期。

胡锦光：《论合宪性审查的"过滤"机制》，《中国法律评论》2018 年第 1 期。

林来梵：《合宪性审查的宪法政策论思考》，《法律科学（西北政法大学学报）》2018 年第 2 期。

温辉：《政府规范性文件备案审查制度研究》，《法学杂志》2015 年第 1 期。

钱颖一、许成钢、董彦彬：《中国的经济改革为什么与众不同——M 型的层级制和非国有部门的进入与扩张》，《经济社会体制比较》1993 年第 1 期。

王腊生：《新立法体制下我国地方立法权限配置若干问题的探讨》，《江海学刊》2017 年第 1 期。

张千帆：《主权与分权——中央与地方关系的基本理论》，《国家检察官学院学报》2011 年第 2 期。

全永波：《区域公共治理的法律规制比较研究》，《经济社会体制比较》2011 年第 5 期。

吴华琛：《从"法治国家"到"法治地方"——地方法治研究述评》，《中共福建省委党校学报》2013 年第 4 期。

张紧跟：《浅论协调地方政府间横向关系》，《云南行政学院学报》2003 年第 2 期。

崔之元：《"二元联邦主义"的消亡——关于美国第十四修正案》，《读书》1996 年第 9 期。

甘阳：《中国道路：三十年与六十年》，《读书》2007 年第 6 期。

高进田：《区域、经济区域与区域经济学的发展轨迹》，《改革》2007 年第 7 期。

国务院发展研究中心课题组：《"十一五"规划基本思路和 2020 年远景目标研究》，《决策咨询通讯》2005 年第 5 期。

杨爱平、陈瑞莲：《从"行政区行政"到"区域公共管理"——政府治理形态嬗变的一种比较分析》，《江西社会科学》2004 年第 11 期。

余源培：《以共识、共同、共容、共享引领社会创新管理》，《毛泽东邓小平理论研究》2011 年第 8 期。

姚秀兰：《论美国联邦制的特点》，《深圳大学学报》（人文社会科学版）1996 年第 4 期。

周宏、张巍、杨霁：《相对绩效评价理论及其新发展》，《经济学动态》2008 年第 2 期。

周黎安、李宏彬、陈烨：《相对绩效考核：中国地方官员晋升机制的一项经验研究》，《经济学报》2005 年第 6 期。

苏云婷、靳继东：《霍布斯与近代自由主义》，《燕山大学学报》2004 年第 1 期。

孙久文：《现代区域经济学主要流派和区域经济学在中国的发展》，《经济问题》2003 年第 3 期。

马丽、金凤君：《国外区域经济法律评述及对我国区域经济立法的启示》，《世界地理研究》2010 年第 4 期。

彭时平、吴建瓴：《地方政府相对绩效考核的逻辑与问题》，《经济体制改革》2010 年第 6 期。

钱颖一：《激励理论的新发展与中国的金融改革》，《经济社会体制比较》1996 年第 6 期。

王续添：《地方主义与民国社会》，《教学与研究》2000 年第 2 期。

吴良镛：《城市地区理论与中国沿海城市密集地区发展》，《城市规划》2003 年第 2 期。

游腾飞：《美国联邦主义理论比较研究》，《国外理论动态》2014 年第 8 期。

蔡之兵、张可云：《区域的概念、区域经济学研究范式与学科体系》，《区域经济评论》2014 年第 6 期。

范恒山：《充分发挥区域政策作用，促进经济平稳较快发展》，《宏观经济管理》2010 年第 5 期。

高国力：《我国主体功能区划分及其分类政策初步研究》，《宏观经济研究》2007 年第 4 期。

杭海、张敏新、王超群：《美、日、德三国区域协调发展的经验分析》，《世界经济与政治论坛》2011 年第 1 期。

刘建兴：《政府在欠发达地区经济发展中的角色定位》，《经济经纬》2005 年第 1 期。

刘君德、舒庆：《论行政区划、行政管理体制与区域经济发展战略》，《经济地理》1993 年第 1 期。

刘君德、舒庆：《中国区域经济的新视角——行政区经济》，《改革与战略》1996 年第 5 期。

刘君德：《中国转型期"行政区经济"现象透视——兼论中国特色人文经济地理学的发展》，《经济地理》2006 年第 6 期。

刘乃全、郑秀君、贾彦利：《中国区域发展战略政策演变及整体效应研究》,《财经研究》2005 年第 1 期。

刘宪法:《谨防渐进改革之路上的"陷阱"》,《开放导报》1998 年第
11 期。

刘亚平:《对地方政府间竞争的理念反思》,《人文杂志》2006 年第 2 期。

陆大道:《地区合作与地区经济协调发展》,《地域研究与开发》1997
年第 3 期。

吕志奎:《州际协议:美国的区域协作性公共管理机制》,《学术研究》
2009 年第 5 期。

石风光、李宗植:《美国、日本区域协调发展政策实践及启示》,《国际
问题研究》2008 年第 5 期。

包健:《发达国家解决区域发展不协调的经验及启示》,《国外理论动
态》2007 年第 6 期。

刘隆亨:《我国区域开发的沿革基本理论和立法定位研究》,《北京政法
职业学院学报》2005 年第 3 期。

刘明德、徐玉珍:《地方政府跨域合作模式与案例分析》,《公共行政学
报》2011 年第 41 期。

马洪范:《非均衡战略下的均衡思维——美国早期的发展经验与我国当
前的现实选择》,《中国金融》2006 年第 2 期。

宁杰:《四川省委副书记、省长张中伟代表提出:尽快制定西部开发
法》,《人民法院报》2006 年 3 月 11 日,第 5 版。

陈瑞莲、张紧跟:《试论我国区域行政研究》,《广州大学学报》(社会
科学版)2002 年第 4 期。

彭永东、朱平:《当代中国社会多元价值观理论研究》,《安庆师范学院
学报》(社会科学版)2011 年第 12 期。

钱昊平:《东三省"立法结盟"》,《浙江人大》2006 年第 11 期。

邱力生、赵宁:《我国跨区划公共经济管理机制形成探索——借鉴日本
广域行政的经验》,《广州大学学报》(社会科学版)2010 年第 2 期。

原国家计委宏观经济研究院课题组:《打破地方市场分割对策研究》,

《经济研究参考》2001 年第 27 期。

何渊：《地方政府间关系——被遗忘的国家结构形式维度》，《宁波广播电视大学学报》2006 年第 2 期。

胡鞍钢：《一个中国　四个世界》，《中国经济时报》2001 年 4 月 17 日。

胡联合、胡鞍钢：《我国地区间收入差距的两极化趋势》，《社会观察》2005 年第 6 期。

籍忠寅：《论中央集权与地方分权》，《庸言》第 1 卷第 5 期，1913 年。

康天军：《巩富文和西部开发法》，《人民法院报》2002 年 1 月 8 日，第 5 版。

舒庆、刘君德：《一种奇异的区域经济现象——行政区经济》，《战略与管理》1994 年第 5 期。

舒庆、刘君德：《中国行政区经济运行机制剖析》，《战略与管理》1994 年第 6 期。

王续添：《现代中国"地方主义"的政治解读》，《史学月刊》2002 年第 6 期。

吴天昊：《法国违宪审查制度的特殊经验及其启示》，《法国研究》2007 年第 1 期。

言咏：《"没有东西互动，资源只是潜在价值"——专访国务院西部开发办原副主任曹玉书》，《经济观察报》2010 年 2 月 18 日，第 10 版。

杨建旭：《制定西部开发法的构想》，《天水行政学院学报》2001 年第 4 期。

于浩：《备案审查的"忙"与"盲"》，《中国人大》2018 年第 1 期。

张可云：《区域政策项目评价的基本问题与分析框架》，《地域研究与开发》2006 年第 2 期。

张庆杰、申兵、国家发展改革委国土开发与地区经济研究所王希：《区域管理需要统一高效的组织机构——试论如何完善我国区域管理体制与机制的基本框架》，《中国经济导报》2009 年 4 月 23 日。

范恒山：《全方位深化中部地区对外开放与区域合作》，《经济研究参考》2013 年第 19 期。

宫瑞国：《袁承东代表建议——制定西部开发法》，《人民代表报》2007年 3 月 14 日，第 4 版。

巩富文：《试论制定〈西部开发法〉的必要性和迫切性》，《前进论坛》2000 年第 6 期。

赵亿宁：《分税制决策背景回放》，《瞭望新闻周刊》2003 年第 37 期。

赵永茂：《府际关系对地方自治权与自治发展的冲击》，《府际关系研究通讯》2008 年第 1 期。

郑大华：《张君劢与 1946 年〈中华民国宪法〉》，《淮阴师范学院学报》2003 年第 2 期。

周丽敏：《区域战略之变：从"帽子工程"到制度创新》，《中国经营报》2012 年 1 月 2 日。

陈秀山、刘红：《区域协调发展要健全区域互动机制》，《党政干部学刊》2006 年第 1 期。

周庆性、吴新中：《新一轮"官员下海"析》，《党政论坛》2005 年第2 期。

周振鹤：《关于我国行政区划改革的几点思考》，《社会科学》1989 年第 8 期。

邹东涛：《政治体制改革的目标——实现社会主义民主》，《学习时报》2008 年第 5 期。

艾晓金：《中央与地方关系的再思考——从国家权力看我国国家结构形式》，《浙江社会学刊》2001 年第 1 期。

卜希颖：《地方政府与区域经济发展》，《延边大学学报》1999 年第4 期。

陈传康：《区域概念及其研究途径》，《中原地理研究》1986 年第 1 期。

陈光：《论我国区域立法协调的必要性与可行性》，《齐齐哈尔大学学报》（哲学社会科学版）2009 年第 5 期。

阳火亮：《保护与服从——霍布斯论现代国家》，北京大学博士学位论文，2021。

夏能礼：《府际目标治理、权力配置结构与地区经济增长》，清华大学博士学位论文，2014。

周杰：《中央与地方事权划分的风险原因研究——中国的经验及其对财政联邦主义的意义》，浙江大学博士学位论文，2013。

王崇：《强化中央权威——改革开放时代中国中央权威构建研究》，吉林大学博士学位论文，2018。

王文锦：《中国区域协调发展研究》，中共中央党校博士学位论文，2001。

刘美彦：《激励视角下的政府绩效研究》，中央民族大学博士学位论文，2007。

孙曙生：《通往自由的道路——古典自由主义法治思想研究》，重庆大学博士学位论文，2008。

沈承诚：《区域公共管理制度创新——解决当代我国区域经济一体化中"行政区经济"问题的新思路》，南京师范大学博士学位论文，2007。

丁浩：《区域行政立法问题研究》，复旦大学硕士学位论文，2011。

刘莹：《区域行政立法协调研究》，中国政法大学硕士学位论文，2011。

徐俊：《形式理性与实质正义：法律形式主义与法律现实主义之争》，西南政法大学硕士学位论文，2019。

李悦：《中央与地方立法分权模式研究——以美洲 35 国宪法文本为样本》，西南政法大学硕士学位论文，2015。

四　重要文件

《中共中央国务院关于实施东北地区等老工业基地振兴战略的若干意见》（中发〔2003〕11 号）。

《中共中央国务院关于促进中部地区崛起的若干意见》（中发〔2006〕10 号）。

《中共中央国务院关于深入实施西部大开发战略的若干意见》（中发

〔2010〕11 号）。

《国务院关于打破地区间市场封锁 进一步搞活商品流通的通知》（国发〔1990〕61 号）。

《国务院关于全面推进依法行政的决定》（国发〔1999〕23 号）。

《国务院关于实施西部大开发若干政策措施的通知》（国发〔2000〕33 号）。

《国务院关于进一步推进西部大开发的若干意见》（国发〔2004〕6 号）。

《国务院关于加强国民经济和社会发展规划编制工作的若干意见》（国发〔2005〕33 号）。

《国务院关于编制全国主体功能区规划的意见》（国发〔2007〕21 号）。

《国务院关于印发全国主体功能区规划的通知》（国发〔2010〕46 号）。

《国务院办公厅转发国务院西部开发办关于西部大开发若干政策措施实施意见的通知》（国办发〔2001〕73 号）。

《国务院办公厅印发关于做好国务院 2004 年立法工作的几点意见和国务院 2004 年立法工作计划的通知》（国办发〔2004〕5 号）。

《国务院办公厅关于印发国务院振兴东北地区等老工业基地领导小组办公室主要职责内设机构和人员编制规定的通知》（国办发〔2004〕28 号）。

《国务院办公厅印发关于做好国务院 2006 年立法工作的意见和国务院 2006 年立法工作计划的通知》（国办发〔2006〕2 号）。

《党政领导班子和领导干部年度考核办法（试行）》《党政工作部门领导班子和领导干部综合考核评价办法（试行）》《地方党政领导班子和领导干部综合考核评价办法（试行）》（中组发〔2009〕13 号）。

《粤港澳大湾区发展规划纲要》（2019）。

《长江三角洲区域一体化发展规划纲要》（2019）。

《关于加快建设全国统一大市场的意见》（2022）。

五 英文文献

Francis Fukuyama, *Political Order and Political Decay*：*From the Industrial Revolution to the Globalization of Democracy*，Farrar，Strauss and Giroux，2011.

D. Otley, "Performance Management: A Framework for Management Control Systems Research," *Management Accounting Research*, 1999, (10).

J. G. Williamson, "Regional Inequality and the Process of National Development: A Description of the Patterns," *Economic Development and Culture Change*, 1965, 13 (4).

Andrew Skalaban, "Policy Cooperation among the States: The Case of Interstate Banking Reform," *American Journal of Political Science*, 1993, 37 (2).

B. M. Russett, *International Regions and the International System: A Study in Political Ecology*, Rand McNally&Co, 1967.

S. Joel, "Hellman and Winners Take All: The Politics of Partial Reform in Postcommunist Transitions," *World Politics*, 1998, 50 (2).

J. Buchanan, "A Contractran Paradigm for Appling Economics," *American Economic Review*, 1975, (5).

H. W. Richardson, "The State of Regional Economics: A Survey Article," *International Regional Science Review*, 1978, 3 (1).

Alwyn Young, "The Razor's Edge: Distortions and Incremental Reform in the People's Republic of China," *Quarterly Journal fo Economics*, 2000, CXV (4).

Michael Oakeshott, *Hobbes on Civil Association*, Liberty Fund, 2000.

James Wilson, *Works*, J. D. Andrews (ed.), Chicago, 1896.

Francis Fukuyama, *Political Order and Political Decay: From the Industrial Revolution to the Globalization of Democracy*, Farrar, Strauss and Giroux, 2011.

图书在版编目 (CIP) 数据

地方政府立法协作制度研究 / 张彪著. --北京：
社会科学文献出版社，2024.12. --ISBN 978-7-5228
-4660-6

Ⅰ. D927

中国国家版本馆 CIP 数据核字第 2024P9E115 号

地方政府立法协作制度研究

著　　者 / 张　彪

出 版 人 / 冀祥德
责任编辑 / 王小艳
文稿编辑 / 王楠楠
责任印制 / 王京美

出　　版 / 社会科学文献出版社·马克思主义分社 (010) 59367126
　　　　　　地址：北京市北三环中路甲 29 号院华龙大厦　邮编：100029
　　　　　　网址：www.ssap.com.cn
发　　行 / 社会科学文献出版社 (010) 59367028
印　　装 / 三河市龙林印务有限公司

规　　格 / 开　本：787mm×1092mm　1/16
　　　　　　印　张：15.5　字　数：235 千字
版　　次 / 2024 年 12 月第 1 版　2024 年 12 月第 1 次印刷
书　　号 / ISBN 978-7-5228-4660-6
定　　价 / 98.00 元

读者服务电话：4008918866